新工科·新商科·统计与数据科学系列教材

互联网统计学：方法与应用

程　豪　编著

电子工业出版社
Publishing House of Electronics Industry
北京·BEIJING

内 容 简 介

互联网统计学是在经典统计学基础上随着互联网技术的发展和推广逐渐形成的多学科融会贯通的现代统计科学。本书立足于互联网统计学，围绕社会、经济、科技、教育和医学五大领域谋篇布局，通过实际案例和软件操作诠释互联网统计方法与应用的内涵，并展示了EViews、UCINET、R和Python的操作过程，为读者提供有价值的参考工具和技术支持。

本书共6章，涵盖10类统计方法、10个实际案例、40道思考与练习题。第1章介绍了互联网统计学基础知识，包括互联网统计学的基本问题和技术基础。第2章至第6章依次解决社会、经济、科技、教育和医学领域的实际问题，每章有2个实际案例。

本书可作为高校经济管理类及统计学、大数据科学等相关专业学生的教材，也可供科研院所数据分析与统计建模科研人员及其他相关行业的专业技术人士参考。

未经许可，不得以任何方式复制或抄袭本书之部分或全部内容。
版权所有，侵权必究。

图书在版编目（CIP）数据

互联网统计学：方法与应用 / 程豪编著. — 北京：电子工业出版社，2023.8
ISBN 978-7-121-46140-8

Ⅰ.①互⋯ Ⅱ.①程⋯ Ⅲ.①互联网络－应用－统计学－高等学校－教材 Ⅳ.①C8

中国国家版本馆 CIP 数据核字（2023）第 153418 号

责任编辑：石会敏　　　　特约编辑：田学清
印　　　刷：三河市双峰印刷装订有限公司
装　　　订：三河市双峰印刷装订有限公司
出版发行：电子工业出版社
　　　　　北京市海淀区万寿路173信箱　邮编：100036
开　　本：787×1092　1/16　印张：11.75　字数：237千字
版　　次：2023年8月第1版
印　　次：2023年8月第1次印刷
定　　价：49.00元

凡所购买电子工业出版社图书有缺损问题，请向购买书店调换。若书店售缺，请与本社发行部联系，联系及邮购电话：(010)88254888，88258888。
质量投诉请发邮件至 zlts@phei.com.cn，盗版侵权举报请发邮件至 dbqq@phei.com.cn。
本书咨询联系方式：(010)88254537。

前　　言

随着互联网技术的发展，人们的生产生活方式、社会的组织结构和内在关系均发生了翻天覆地的变化。与此同时，数据生成、获取、存储、处理技术也在发生着日新月异的变化。在互联网背景下，统计思维在数据处理和分析中发挥着重要作用。互联网统计学是在经典统计学基础上随着互联网技术的发展和推广逐渐形成的多学科融会贯通的现代统计科学。本书立足于互联网统计学，围绕社会、经济、科技、教育和医学五大领域谋篇布局，通过实际案例和软件操作诠释互联网统计方法与应用的内涵。

本书面向社会、经济、科技、教育和医学五大领域，涉及 EViews、UCINET、R 和 Python 的运用。其中，EViews 通过点键式操作即可完成分析任务，常用于时间序列数据分析与预测，可以满足经济领域数据从特征分析到复杂建模的需求；UCINET 通过点键式操作即可完成分析任务，主要用于描述节点间关系的社会网络分析，可以用于但不限于医学领域指标数量过多且关系复杂的网络关系分析；相比之下，R 和 Python 更具有普适性，不同于 EViews 和 UCINET 的是，R 和 Python 都需要编程实现所有分析任务。编程基础较为薄弱的读者需要先大致了解 R 和 Python 的简单编程语言，但也不必过于焦虑，本书结合具体案例提供了详细代码和注释，读者仅以本书为参考，也可以独立完成分析任务。不得不承认，与 Python 相比，R 的发展时间较长，目前在本书涉及的函数型经济数据分析案例、基于结构方程模型的科技数据分析案例、基于分位数的二阶因子模型的医学数据分析案例方面具有 Python 无法实现的强大功能。但是，随着时间的推移，Python 的功能也在逐渐完善，尤其在大数据分析领域，Python 发挥着重要作用，深受业界人士喜爱。

本书共 6 章，涵盖 10 类统计方法、10 个实际案例、40 道思考与练习题。

第 1 章介绍了互联网统计学基础导论，包括互联网统计学的基本问题和技术基础。第 2 章至第 6 章依次解决社会、经济、科技、教育和医学领域的实际问题，每章有 2 个案例。

第 2 章面向社会数据，第一个案例是将分位回归模型应用于城乡职业收入的影响因素研究；第二个案例运用多重插补方法替换缺失数据，从而完成中老年家庭收入与医疗保健支出问题研究。两个案例介绍了社会数据不存在缺失和存在缺失的分位回归建模过程和 R 软件操作，并通过"启发视窗"版块介绍了分位回归模型参数估计的 Python 代码等内容。

第 3 章面向经济数据，第一个案例借助 EViews 软件，将时间序列预测模型用于个人所得税的税收发展状况预测；第二个案例通过 R 软件将函数型聚类分析方法用于全产业链结对子发展的路径选择研究。两个案例覆盖了经济数据中基于固定关系和基于动态关系的经济问题，并通过"启发视窗"版块介绍了时间序列分析中 ARIMA 模型参数估计的 R 代码等内容。

第 4 章面向科技数据，第一个案例将结构方程模型用于全球化国家科技创新能力研究；第二个案例将主题模型用于科技文献数据主题挖掘。两个案例使用 R 软件实现了结构化数值和非结构化文本的科技数据分析，并通过"启发视窗"版块介绍了相关主题模型等内容。

第 5 章面向教育数据，第一个案例通过 R 软件将数据包络分析方法用于高等学校科研办学效率的绩效分析；第二个案例通过 Python 软件，将综合指数编制方法用于教育现代化水平监测指标体系的构建与动态评估。两个案例实现了从计算效率到编制指数的教育问题分析，并通过"启发视窗"版块介绍了数据包络分析可视化及主成分分析的 R 代码。

第 6 章面向医学数据，第一个案例通过 UCINET 将社会网络分析方法用于医学指标间的网络关系研究；第二个案例通过 R 软件将基于分位数的二阶因子模型与 ROC 曲线用于中医宗气综合变量的构建及诊断效果研究。两个案例在方法层面上补充了互联网统计学中网络数据的讨论，也在应用层面上为智能化中医诊断提供了可行方案，并通过"启发视窗"版块介绍了社会网络中节点综合评价指标的构建方法，以及 ROC 曲线可视化的 R 代码。

本书的主要特色包含以下几个方面。①每章（第 1 章除外）都是一个独立专题，每个专题都列举了 2 个独立案例，读者可根据实际需求，选择研读任何一章内容或任何一个案例，而不必从头至尾阅读全书或全章。这样的设计有助于读者集中精力，用较短的时间掌握相关方法和软件操作。②每章单独列出参考文献，如果读者想进一步了解相关内容，那么可在章内"参考文献"中检索。为方便读者查阅，参考文献的出现顺序与正文一致，前半部分为第一个案例的引用文献，后半部分为第二个案例的引用文献。③每章（第 1 章除外）内容除正文表述外，都设置了"延展阅读"和"启发视窗"版块作为补充，感兴趣的读者可以从中了解更丰富的内容、更多元化的软件操作或更前沿的方法，基础较为薄弱或不感兴趣的读者可以直接忽略这部分内容，完全不影响对正文案例的理解和软件实现。④每章（第 1 章除外）案例根据不同领域的数据特点和理论方法，提供了常用且易于掌握的软件操作，并在"延展阅读"和"启发视窗"版块中给出不同软件或代码的具体内容，有助于读者更灵活地选择适合自己的软件。⑤每章（第 1 章除外）内容的整体逻辑一致、结构相同，每章包括 2 个案例，每个案例按照"案例背景"→"基本原理"→"软件操作"→"总结与讨论"→"思考与练习"详细展开，符合数据分析流程、学术成果撰写框架，也符合读者阅读、思考和操作的逻辑顺序。

前　言

本书的受众包括但不限于高校经济管理类及统计学、大数据科学等相关专业学生，科研院所数据分析与统计建模科研人员及其他相关行业的专业技术人士，本书也适合对社会、经济、科技、教育和医学领域感兴趣的读者阅读。

为更好地完成本书的撰写，作者整理了2008年至今从事的科研项目和工作任务的相关资料，尤其在社会、经济、科技、教育和医学这五大领域的数据提炼、分析、解释及软件操作方面，作者在前期积累和反复推敲的基础上尽力实现便于读者阅读、理解和使用的目标，也竭力从读者角度思考和撰写，希望能帮助读者更轻松地掌握互联网统计学方法。对于少数无法公开的实际数据，作者展示了生成模拟数据的代码，便于读者根据实际统计特征生成模拟数据，并针对模拟数据开展互联网统计学的方法与应用研究。

本书虽是作者独立完成的，但离不开在前期学习和积累过程中各位领导、师长及朋友的帮助和分享，在此表示感谢。本书的顺利完成也离不开作者在发表近70篇国内外学术期刊文章时积累的宝贵经验，尤其要感谢 *Mathematics and Computers in Simulation*、*Environment, Development and Sustainability*、*Communications in Statistics - Simulation and Computation*、*Computational Statistics*、《数理统计与管理》《统计与信息论坛》《今日科苑》等期刊给予作者的诸多专业且详细的评审意见，对文章质量的提高和作者研究视野的开阔起到了非常重要的作用。本书在互联网统计学应用方面的积累和呈现还离不开作者在大众媒体上发表理论学术文章时从政策角度对不同领域实际问题的理解和分析，这里特别感谢《科技日报》《工人日报》《农民日报》《中国科学报》《重庆科技报》，以及光明网和中国社会科学网。此外，作者还要感谢国家自然科学基金委员会青年科学基金"高维变系数多水平结构关系模型研究及应用"（72001197）等课题对本书相关研究和撰写工作给予的资助。最后，作者还要感谢来自家庭的温暖和关爱，感谢妻子对我工作、科研、学习和生活的理解与支持，感谢双方父母的养育和帮扶，感谢两个可爱的宝贝。

青年已成，未来可期，希望借由此书，能与广大读者充分交流、深入探讨，在共同学习和成长的过程中，不断完善和丰富《互联网统计学：方法与应用》一书的内容，如有任何意见或建议，欢迎发送至作者邮箱：chenghao0524@yeah.net。

目　　录

第 1 章　互联网统计学基础导论 ··· 1
　1.1　基本问题 ··· 2
　　1.1.1　互联网统计学的基本定义 ··· 2
　　1.1.2　互联网统计学的理论体系 ··· 3
　1.2　技术基础 ··· 3
　　1.2.1　互联网统计学的技术要求 ··· 3
　　1.2.2　互联网统计学的软件基础 ··· 4
　参考文献 ··· 6

第 2 章　面向社会数据的互联网统计方法与案例 ····································· 7
　2.1　案例 1：城乡职业收入的影响因素研究 ··· 8
　　2.1.1　案例背景 ·· 8
　　2.1.2　分位回归模型的基本原理 ··· 9
　　2.1.3　软件操作 ·· 11
　　2.1.4　总结与讨论 ··· 19
　　思考与练习 ·· 21
　2.2　案例 2：中老年家庭收入与医疗保健支出问题研究 ······················· 21
　　2.2.1　案例背景 ·· 21
　　2.2.2　多重插补方法的基本原理 ··· 22
　　2.2.3　软件操作 ·· 24
　　2.2.4　总结与讨论 ··· 34
　　思考与练习 ·· 36
　参考文献 ··· 37

第 3 章　面向经济数据的互联网统计方法与案例 ··································· 39
　3.1　案例 1：个人所得税的税收发展状况预测 ···································· 40
　　3.1.1　案例背景 ·· 40
　　3.1.2　时间序列预测模型的基本原理 ··· 41
　　3.1.3　软件操作 ·· 44
　　3.1.4　总结与讨论 ··· 56
　　思考与练习 ·· 58
　3.2　案例 2：全产业链结对子发展的路径选择研究 ······························ 58

互联网统计学：方法与应用

   3.2.1 案例背景 58
   3.2.2 函数型聚类分析方法的基本原理 60
   3.2.3 软件操作 61
   3.2.4 总结与讨论 79
   思考与练习 82
  参考文献 82

第4章 面向科技数据的互联网统计方法与案例 85
  4.1 案例1：全球化国家科技创新能力研究 86
   4.1.1 案例背景 86
   4.1.2 结构方程模型的基本原理 87
   4.1.3 软件操作 91
   4.1.4 总结与讨论 96
   思考与练习 98
  4.2 案例2：科技文献数据主题挖掘 99
   4.2.1 案例背景 99
   4.2.2 主题模型的基本原理 100
   4.2.3 软件操作 102
   4.2.4 总结与讨论 111
   思考与练习 113
  参考文献 114

第5章 面向教育数据的互联网统计方法与案例 117
  5.1 案例1：高等学校科研办学效率的绩效分析 118
   5.1.1 案例背景 118
   5.1.2 数据包络分析方法的基本原理 119
   5.1.3 软件操作 120
   5.1.4 总结与讨论 125
   思考与练习 127
  5.2 案例2：教育现代化水平监测指标体系的构建与动态评估 127
   5.2.1 案例背景 127
   5.2.2 综合指数编制方法和主成分分析方法的基本原理 128
   5.2.3 软件操作 132
   5.2.4 总结与讨论 140
   思考与练习 141
  参考文献 142

第6章 面向医学数据的互联网统计方法与案例 ·················· 145

6.1 案例1：医学指标间的网络关系研究 ·················· 146
- 6.1.1 案例背景 ·················· 146
- 6.1.2 社会网络分析方法的基本原理 ·················· 147
- 6.1.3 软件操作 ·················· 150
- 6.1.4 总结与讨论 ·················· 160
- 思考与练习 ·················· 161

6.2 案例2：中医宗气综合变量的构建及诊断效果研究 ·················· 162
- 6.2.1 案例背景 ·················· 162
- 6.2.2 基于分位数的二阶因子模型与ROC曲线的基本原理 ·················· 163
- 6.2.3 软件操作 ·················· 166
- 6.2.4 总结与讨论 ·················· 172
- 思考与练习 ·················· 174

参考文献 ·················· 175

第 1 章

互联网统计学基础导论

1.1 基本问题

1.1.1 互联网统计学的基本定义

统计学是收集、处理、分析、解释数据并从数据中得出结论的科学(贾俊平，何晓群，金勇进，2021)。可以看出，统计学的研究对象是数据，中间过程是收集、处理、分析和解释工作，最终目标是得出结论。互联网统计学可以看作以互联网技术为前提的现代统计科学。随着互联网技术的发展和成熟，互联网统计学在研究对象、中间过程和最终目标上发生了许多变化。

一是数据的互联网化。在网页爬虫(网页爬虫的一般流程见图1.1)等互联网技术的支持下，从传统统计调查数据到各个方面的业务数据、技术数据、行政数据，以及软件数据、文本数据和具有潜在量化可能的大量图像和音频信息(赵彦云，2021)，互联网统计数据的范畴在不断扩大，映射客观实际的统计总体范围也在扩大。反映个体、单位、市场、组织等主体在内的经济社会数据逐渐形成了从微观到宏观、从静态到动态、庞大且复杂的一体化的统计数据体系。

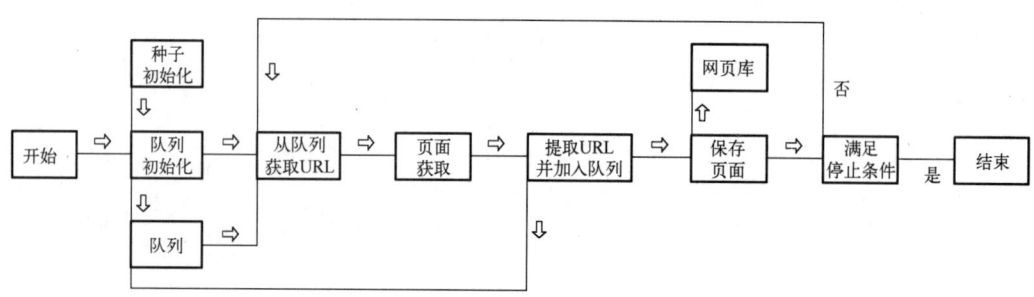

图 1.1 网页爬虫的一般流程

二是工作的互联网化。从传统人工统计报表到各个环节的计算机普及、软件操作、系统平台搭建，从多机并行的分布式计算方式到 Python、Hadoop、Spark 等互联网大数据编程语言的广泛应用和更新迭代，互联网统计学在收集、处理、分析和解释数据方面表现出从传统到前沿、从方法到技术、从离线到实时的根本性转变。显然，在互联网统计学中，计算机科学扮演着重要角色，为互联网统计学中间过程的具体操作提供全面支持。

三是结论的互联网化。从传统统计图表到结论的归纳提炼、可视化展示、交互式变化，以及数据背后隐藏信息的挖掘和剖析、非常规路径模式的捕捉和还原、流式数据冲击下结论的实时变化，互联网统计学在得出结论方面表现出多元化、准确性高、时效性强的特征。高效且准确地归纳和提炼研究结论并将有价值信息置于视觉空间中是互联网统计学的一大特色。

1.1.2 互联网统计学的理论体系

传统统计学包括描述统计和推断统计两个部分。描述统计包括数据收集、数据处理、数据汇总、图表描述、概括与分析等内容。推断统计是指通过有限数据来推断总体特征和规律。总体特征和规律需要用表达统计关系的模型加以刻画，能够对这种关系明确量化的就是模型中的参数。因此，推断统计需要解决的问题：一是通过有限数据估计未知参数，二是证明参数估计结果及统计结论的正确性。

互联网统计学在传统统计学的理论体系的基础上注入了互联网技术的强大活力，逐渐形成多学科融会贯通的现代统计科学。互联网统计学的理论体系同样包括互联网描述统计和互联网推断统计。更确切地说，互联网统计学是不同研究问题、不同应用领域中描述统计和推断统计的共存并举和融合交汇。在互联网技术的支持下，互联网统计学更有机、更完整地实现了互联网描述统计和互联网推断统计两部分内容的密切配合。

互联网统计学的理论体系不局限于互联网描述统计和互联网推断统计，还包括互联网技术支持下的方法和算法，这部分内容与数据挖掘、机器学习、大数据分析、人工智能、云计算等诸多领域交叉和重叠。从理论方法的角度来看，互联网统计学不仅包括概率论与数理统计的随机性统计对象的理论方法，还包括确定性统计对象的理论方法，以及二者相结合的理论方法研究和面向互联网的数字孪生的复杂统计系统等理论方法。在面对诸多实际挑战和困难时，互联网统计学的理论体系将得到不断丰富和补充，在此过程中积累的具体案例和实践经验可以进一步总结为不同场景下方法和算法的组合使用乃至改进和创新，并上升为互联网统计学理论体系中的重要组成部分。

1.2 技术基础

1.2.1 互联网统计学的技术要求

互联网统计学是在互联网技术基础上形成的现代统计科学。显然，互联网统计学离不开互联网技术的支持。在统计学领域，互联网技术是指在计算机科学基础上开发和建立的，用于收集、处理、分析、解释数据并从数据中得出结论的一种信息技术。具体来说，互联网技术可以从数字化技术、智能化技术和可视化技术这三个方面加以理解。

一是互联网统计学中的数字化技术。数字化技术是指利用互联网技术，将生产、生活等社会活动中的信息转换为数字格式，从而形成全新生产方式和社会组织机制。按照中文通识概念，数字化就是将互联网技术获取的数据信息进行全面量化，而全面量化就是全面统计。基于数字化技术的全面量化有助于增强对概念和事物关系的理解，有助于运用数理逻辑进行统计，准确归纳统计分布和统计预测的客观规律。可以看出，基于数字化技术的全面量化从数字化技术的角度诠释了互联网统计学的内涵。

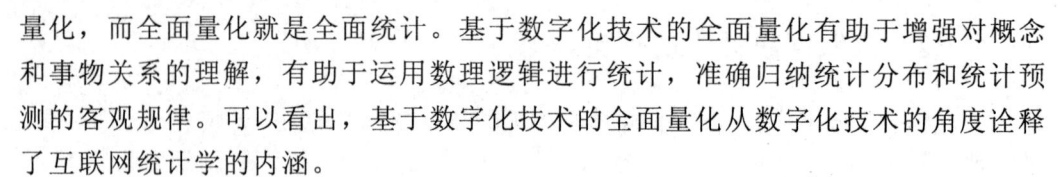

二是互联网统计学中的智能化技术。互联网统计学发展的基本特征是建立了全社会量化解析的生态体系，这是人工智能的应用基础。人工智能离不开计算机技术，但不完全等同于计算机技术。人工智能是通过自学积累人类知识体系的进化与优化，并通过计算机技术实现全面量化与统计分析。互联网统计学中的智能化技术实际上就是通过计算机学习数据信息的规律和路径模式，在思维和操作层面实现"人工智能"，以自动化、智能化地收集、处理、分析、解释数据并从数据中得出重要结论。

三是互联网统计学中的可视化技术。互联网统计学中的可视化技术可以理解为把数字置于视觉空间中，以更加直观地展示数据中的潜在模式，并从中发现常规统计方法很难挖掘到的信息。互联网统计学中的可视化技术不仅包括作表绘图，还包括根据分析需求提供直观化、关联化、艺术性、可交互的可视化结果。在互联网技术的支持下，互联网统计学中的可视化技术能够实现潜在信息的深度展示和实时数据的动态描绘。

1.2.2 互联网统计学的软件基础

一直以来，数据分析软件都是统计学在收集、处理数据尤其是分析数据时不可缺少的工具。常见的数据分析软件从操作属性上可分为两类：一类是点键式操作软件，另一类是编程式操作软件。软件存在的意义是帮助我们快速、准确地完成统计分析任务、发现重要结论。读者可根据自己的分析需求和掌握软件操作的能力自行选择点键式操作软件或编程式操作软件。尽管互联网统计学是在互联网技术支持的前提下发展起来的现代统计科学，但这不意味着在实际操作层面各个环节都要运用高级计算机编程语言。在统计学、计算机科学等多学科协同合作的基础上，读者在所参与的环节中熟练掌握并灵活运用少数数据分析软件才是互联网统计学的要义。

互联网统计学中应该选择哪些数据分析软件？通常来说，数据分析软件的选择因人而异，但需要格外注意以下几个基本原则：①数不在多，求同存异。读者在进行互联网统计分析时，不必以掌握大量软件为目标，应该结合自身优势选择最合适、最方便的软件，能够正确理解方法原理、准确完成软件操作即可。②因地制宜，量体裁衣。读者应该掌握为所在领域或所从事工作专门设计的软件，不必执着于"一件走天下"，徘徊于软件操作细节所花费的时间和精力往往是没有必要的，有时甚至还会影响分析效率。如果存在多种软件可用于数据分析，那么读者可根据自己的特点选择相对最佳的软件，往往事半功倍。③审时度势，顺势而为。与传统统计学相比，互联网统计学确实会面临更多挑战，读者在进行软件选择时有时较为被动，因为有些软件无法承受数据量级过大、问题难度过高所带来的挑战。在这种情况下，读者可以尝试选择编程式操作软件，尤其是大数据编程式操作软件。

下面简单列举4种点键式操作软件和编程式操作软件，也是本书后面章节涉及的软件（易丹辉，2020；刘军，2004；吴喜之，刘苗，2019）。需要说明的是，并不是所有点键式操作软件都没有编程功能，而是通常情况下通过点键式操作就可以完成数据分析任务。点键式操作软件包括EViews和UCINET，编程式操作软件包括R和Python软件。EViews尤为擅长处理时间序列数据，UCINET则更擅长社会网络数据分析。相比之下，R和Python软件更具有普适性，几乎能够满足所有数据分析需求。与Python软件相比，R软件由志愿者团队统一管理，语法较为一致，安装较为简易，并且自带操作手册和帮助文档。与R软件相比，Python软件在大数据领域发挥着重要作用。

EViews和UCINET虽然在操作方面较为便捷，但需要注意操作过程背后的方法原理、操作过程中的具体细节，需要格外注意涉及的具体参数设置，以保证数据分析结论的正确性。这里有一项基本原则供读者借鉴：如果没有特殊要求，那么相关参数的设置按软件默认即可。R和Python软件在大数据平台对接、方法模型的自主设计、算法思路的创新方面更具有优势，在应对互联网统计学中数据量级过大、问题难度过高的挑战时更加游刃有余①。

 启发视窗

互联网统计学的研究对象仍然是数据，下面列举一些在线数据资源。

(1)世界银行(World Bank，WB)公开数据，涵盖了全球人口统计数据、大量经济和发展指标的数据集。

(2)中国一带一路网(Belt and Road Portal)。

(3)联合国(United Nations，UN)官网。

(4)经济合作与发展组织(Organization for Economic Co-operation and Development，OECD)是由三十多个市场经济国家组成的政府间国际经济组织，旨在共同应对全球化带来的经济、社会和政府治理等挑战，并把握全球化带来的机遇。

(5)Scopus是全球最大的文献摘要与科研信息引用数据库。

---

① 在不同模块的具体代码实现中，不同软件包可能适合不同版本的R软件，因此若在运行过程中报错，则可考虑切换不同版本的R软件，以保证代码运行顺畅。本书涉及的R软件版本为R 3.4.2、R 3.6.1和R 4.1.2。

(6) 全球创新指数 (Global Innovation Index, GII) 报告。

(7) 约翰斯·霍普金斯大学 (Johns Hopkins University) 网站发布的病例数据。

参 考 文 献

[1] 贾俊平, 何晓群, 金勇进. 统计学[M]. 8版. 北京: 中国人民大学出版社, 2021.

[2] 赵彦云. 互联网统计[M]. 北京: 高等教育出版社, 2021.

[3] 易丹辉. 数据分析与EViews应用[M]. 3版. 北京: 中国人民大学出版社, 2020.

[4] 刘军. 社会网络分析导论[M]. 北京: 社会科学文献出版社, 2004.

[5] 吴喜之, 刘苗. 数据科学导论: R与Python实现[M]. 北京: 高等教育出版社, 2019.

第 2 章

面向社会数据的互联网统计方法与案例

2.1 案例1：城乡职业收入的影响因素研究

2.1.1 案例背景

城乡收入差距扩大是全世界普遍存在且较难解决的社会问题。作为城乡收入的主要组成部分，城乡职业收入是提高人民生活品质、保障平等共享、构建和谐社会的重要因素，因此研究城乡职业收入及其差距的影响因素具有非常重要的意义。

从收入来源来看，城市职业收入一般来自工资、奖金、津贴、补贴等，单位发放的与劳动密切相关的各种福利待遇，单位建立的按劳动贡献确定的补充保险，以及人们利用业余时间从事相关劳动所获得的稿酬、讲课费、咨询费、劳务费等。农村职业收入一般来自各种农、林、牧、副、渔等产品，乡镇企业就业人员的工薪收入，以及外出打工的农民工的各种劳务收入等。因此，城市和农村的职业收入来源差异较大，如何提炼城乡职业收入的影响因素并保证影响因素的可比性是重要课题。

作为城乡收入的主要组成部分和固定来源，城乡职业收入可借鉴劳动收入的定义理解为通过工作或劳动获得的薪资和报酬。很多专家对城乡收入差距和城乡职业收入差距问题展开了研究[①]。王涛和杜征征（2006）通过描述统计和政策分析探讨了我国城乡收入差距过大的现状、原因及对策；庞智强和仇菲菲（2007）系统述评了城乡收入差距的研究方法；鲁玲（2010）则对城乡收入差距、内部差距、地区差距及动态演变等问题展开了统计学分析；韩家彬、张震和于鸿君（2011）借助面板数据模型和非均衡发展战略理论，构建了中国城乡收入差距成因的理论框架；袁兴意（2013）利用普通最小二乘法、标准化系数法和分位数回归法分析了家庭因素对农民工职业收入的影响；钞小静和沈坤荣（2014）从劳动力供给视角出发，采用三阶段最小二乘法对城乡收入差距、劳动力质量与经济增长的关系进行经验检验；魏钦恭（2015）探讨了职业收入不平等的主观测量与容忍度；许永洪、萧珍丽和朱建平（2019）从教育扩展与教育不均两个方面探究了教育对城乡收入差距的影响；和红和谈甜（2019）利用倾向得分匹配法研究了居民的身心健康状况对职业收入的影响；赖俊明和徐保红（2019）从城乡劳动力流动角度研究了劳动者就业意愿；程豪（2021）提出了一种基于线性回归的分数插补法，用于城乡职业收入影响因素分析过程中的缺失数据的快速插补。

---

① 这里列举相关参考文献，为城乡职业收入研究提供更多具体案例。读者可以直接联系发表成果的作者，获取数据和软件资源，也欢迎联系本书作者，共同探讨相关成果的软件实现过程。

第 2 章　面向社会数据的互联网统计方法与案例

本案例所用数据来自 2015 年中国综合社会调查（Chinese General Social Survey，CGSS）。本案例旨在分析城乡职业收入的影响因素，可概括为 3 个分析任务：对城乡职业收入及影响因素进行描述性统计分析、建立城乡职业收入与影响因素之间的回归关系、比较城乡职业收入差距并分析原因。

2.1.2　分位回归模型的基本原理

回归模型是描述变量间因果关系的统计方法。两类变量在因果关系中扮演的角色不同，所以存在本质区别。一类是因变量，在回归模型中作为结果；另一类是自变量，在回归模型中作为原因。通常，人们较为熟悉的一类回归模型是线性回归模型，一元线性回归模型可以表示为

$$Y = \beta_0 + \beta_1 X + \varepsilon \tag{2-1}$$

式中，Y 为因变量，β_0 为截距项，β_1 为回归系数，X 为自变量，ε 为随机误差项。通常假设随机误差项 ε 服从均值为 0、方差为 δ^2 且相互独立的正态分布，随机误差项 ε 与自变量 X 也相互独立。这里，截距项 β_0 和回归系数 β_1 共同描绘因变量和自变量间的回归关系。在解释数据时，β_0 可以看作自变量 X 取 0 时因变量 Y 的取值，β_1 则可以看作自变量 X 每增加一个单位时因变量 Y 的增加值，通常表示回归关系"上升"或"下降"的趋势和幅度。

那么随机误差项代表什么？可以这么理解，回归模型中的因变量 Y 和自变量 X 是通过截距项 β_0 和回归系数 β_1 表达固定关系的，但当因变量 Y 和自变量 X 为实际数据时，模型表达的固定关系与实际数据呈现的关系会有出入，因此当我们将实际数据 Y 和 X 绘制在图中，并添加回归趋势线时，实际数据 Y 和 X 通常不会完全落在回归趋势线上，随机误差项可以通俗地理解为非人为造成又不可避免的误差。

延展阅读

线性回归模型是体现"平均数"思想的统计模型，对式(2-1)两端取期望（符号记为 E，可以理解为取平均），可以得到 $E(Y) = E(\beta_0 + \beta_1 X + \varepsilon)$。因为 ε 的均值为 0 且与自变量 X 相互独立，所以 $E(Y) = E(\beta_0 + \beta_1 X)$。因为 $\beta_0 + \beta_1 X$ 是固定效应，所以 $E(Y) = \beta_0 + \beta_1 X$，不难发现，线性回归模型中的因变量 $Y = E(Y) + \varepsilon$，因变量由其期望决定，有助于理解线性回归模型体现的"平均数"思想。

随着研究对象异质性的出现和统计实践需求的不断提高，人们对回归模型提出了更高要求，即不应局限于反映数据分布的平均水平，而应反映不同分位数水平下的数据分布规律，完整地展示数据信息。因此，Koenker 和 Bassett(1978)、Koenker(2005)

提出了分位回归模型，与体现"平均数"思想的线性回归模型不同，分位回归模型可以反映中位数水平、上四分位数水平、下四分位数水平等不同分位数水平下的回归关系，以一元分位回归模型为例，可以表示为

$$Q_\tau(Y) = \beta_{0,\tau} + \beta_{1,\tau} X, \quad \tau \in (0,1)$$

式中，Y 表示因变量，τ 表示分位数水平，X 表示自变量，$\beta_{0,\tau}$ 表示分位数水平 τ 下的截距项，$\beta_{1,\tau}$ 表示分位数水平 τ 下的回归系数[①]。与线性回归模型相比，分位回归模型最突出的特点是存在表示分位数水平的 τ，因此因变量、回归系数同步发生了变化。分位回归模型的"分位数"思想刻画了不同分位数水平下的回归关系，尤其适用于研究对象具有不同属性、存在异质性问题的情况。平均数易受到异常值的影响，而中位数反映的是中间位置数的大小，不受极端值和异常值的影响，因此当存在强影响点时，分位回归模型具有较好的稳健性，不会引起明显的变化。此外，分位回归模型在参数估计和推断时不要求数据的分布形式，而线性回归模型则要求数据符合严格的正态分布。

图 2.1 所示为北大西洋热带气旋的最大风速随年份的回归模型拟合曲线，纵坐标表示北大西洋热带气旋的最大风速，横坐标表示年份，取值范围是 1978~2009。图 2.1(b) 为分位数水平为 0.25、0.50、0.75 和 0.95 下的一元分位回归模型拟合曲线，不难发现，分位回归模型能够全面地拟合不同数据区域的回归关系，而不是将所有数据表达为同一条曲线。

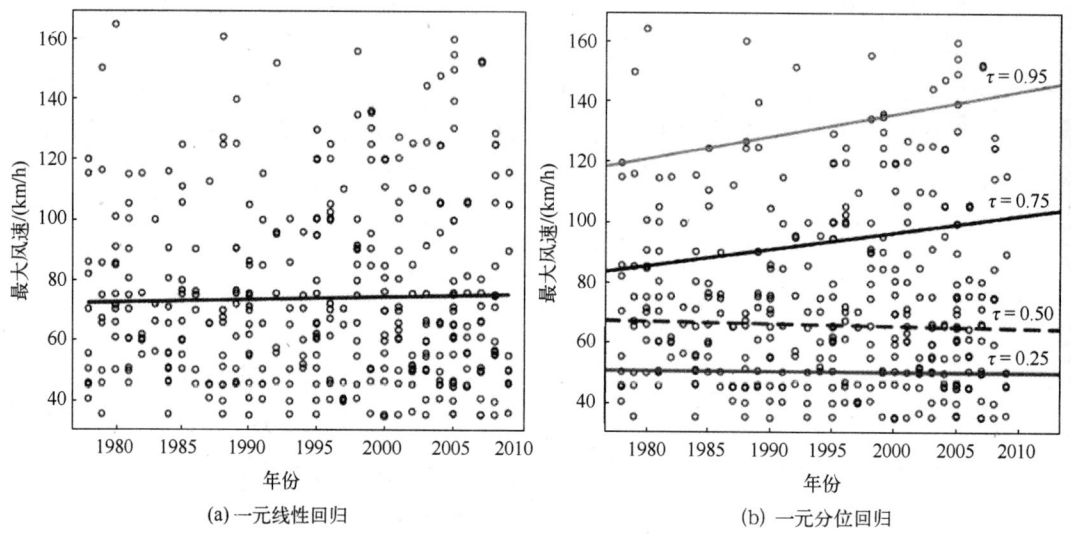

图 2.1　北大西洋热带气旋的最大风速随年份的回归模型拟合曲线

[①] 在一元分位回归模型中，只有一个自变量 X，截距项和回归系数均可视为分位数水平 τ 的函数。

第 2 章　面向社会数据的互联网统计方法与案例

2.1.3　软件操作

1. 数据说明

本案例采用 2015 年中国综合社会调查(CGSS)的部分数据,经数据清理和初步整理,形成城市数据(ch2_city.csv)和农村数据(ch2_countryside.csv),样本量分别为 420 和 410。变量包括全年职业收入(单位为千元,记为 inco)、周工作时间(单位为小时,记为 wtim)、民族(记为 nati)、教育程度(记为 edu)、单位类型(记为 type)和年龄(记为 age)。

民族、教育程度、单位类型为分类型变量,根据 CGSS 的设置,这些变量的取值情况及含义如下。

(1)民族:−8 表示无法回答,−3 表示拒绝回答,−2 表示不知道,−1 表示不适用,1 表示汉,2 表示蒙,3 表示满,4 表示回,5 表示藏,6 表示壮,7 表示维,8 表示其他。

(2)教育程度:−8 表示无法回答,−3 表示拒绝回答,−2 表示不知道,−1 表示不适用,1 表示没有受过任何教育,2 表示私塾、扫盲班,3 表示小学,4 表示初中,5 表示职业高中,6 表示普通高中,7 表示中专,8 表示技校,9 表示大学专科(成人高等教育),10 表示大学专科(正规高等教育),11 表示大学本科(成人高等教育),12 表示大学本科(正规高等教育),13 表示研究生及以上,14 表示其他。

(3)单位类型:−8 表示无法回答,−3 表示拒绝回答,−2 表示不知道,−1 表示不适用,1 表示党政机关,2 表示企业,3 表示事业单位,4 表示社会团体、居/村委会,5 表示无单位/自雇(包括个体户),6 表示军队,7 表示其他。

2. 数据读入与统计描述

首先用 R 软件读入数据 ch2_city.csv 和 ch2_countryside.csv,并分别对连续型变量和分类型变量进行描述性统计,R 软件代码如下。

```
#数据读入
city=read.csv("D:\\ch2_city.csv")
#通过 read.csv()读取.csv 格式的数据,并赋值给 city,文件所在位置为 D 盘
count=read.csv("D:\\ch2_countryside.csv")
#通过 read.csv()读取.csv 格式的数据,并赋值给 count,文件所在位置为 D 盘
```

然后对全年职业收入、周工作时间、民族、教育程度、单位类型和年龄进行描述性统计,相关 R 软件代码如下。

```
#连续型变量的描述性统计
summary(city$income); summary(city$wtim); summary(city$age)
#统计城市数据中的全年职业收入(inco)、周工作时间(wtim)和年龄(age)的最小值、第 1 分位数、中位数、均值、第 3 分位数、最大值
```

```
summary(count$income); summary(count$wtim); summary(count$age)
#统计农村数据中的全年职业收入(inco)、周工作时间(wtim)和年龄(age)的最小
值、第1分位数、中位数、均值、第3分位数、最大值

#分类型变量的描述性统计
table(city$nati); table(city$edu); table(city$type)
#统计城市数据中的民族(nati)、教育程度(edu)和单位类型(type)的取值情况
table(count$nati); table(count$edu); table(count$type)
#统计农村数据中的民族(nati)、教育程度(edu)和单位类型(type)的取值情况
```

连续型变量和分类型变量的描述性统计如表 2.1 和表 2.2 所示。

表 2.1 连续型变量的描述性统计

变量	类型	最小值	第1分位数	中位数	均值	第3分位数	最大值
全年职业收入/千元	城市	0	20	30	52.04	60	1000
	农村	0	10	20	30.72	40	1000
周工作时间/h	城市	3	40	45	48.72	56	112
	农村	2	40	56	53.08	70	140
年龄/岁	城市	22	35	45	44.34	52	80
	农村	22	36	46	45.93	54	79

表 2.2 分类型变量的描述性统计

变量	取值含义	城市 频数	城市 百分比	农村 频数	农村 百分比
民族	汉	398	94.76%	380	92.68%
	蒙	1	0.24%	1	0.24%
	满	3	0.71%	4	0.98%
	回	9	2.14%	5	1.22%
	壮	0	0.00%	4	0.98%
	其他	9	2.14%	16	3.90%
教育程度	没有受过任何教育	7	1.67%	14	3.41%
	私塾、扫盲班	1	0.24%	2	0.49%
	小学	47	11.19%	77	18.78%
	初中	92	21.90%	199	48.54%
	职业高中	10	2.38%	4	0.98%
	普通高中	80	19.05%	63	15.37%
	中专	37	8.81%	14	3.41%
	技校	5	1.19%	3	0.73%
	大学专科(成人高等教育)	23	5.48%	5	1.22%
	大学专科(正规高等教育)	33	7.86%	10	2.44%

第 2 章 面向社会数据的互联网统计方法与案例

续表

变量	取值含义	城市 频数	城市 百分比	农村 频数	农村 百分比
	大学本科(成人高等教育)	18	4.29%	7	1.71%
	大学本科(正规高等教育)	55	13.10%	12	2.93%
	研究生及以上	12	2.86%	0	0.00%
单位类型	党政机关	19	4.52%	13	3.17%
	企业	215	51.19%	141	34.39%
	事业单位	48	11.43%	33	8.05%
	社会团体、居/村委会	13	3.10%	16	3.90%
	无单位/自雇(包括个体户)	124	29.52%	204	49.76%
	其他	1	0.24%	3	0.73%

由表 2.1 可知,城市和农村全年职业收入的均值分别为 5.204 万元和 3.072 万元,中位数分别为 3 万元和 2 万元,第 1 分位数分别为 2 万元和 1 万元,第 3 分位数分别为 6 万元和 4 万元,可以反映出城乡职业收入存在一定差距[①]。农村周工作时间的跨度(最大值−最小值)比城市周工作时间的跨度大,周工作时间的均值也相对较大。从最值、分位数、均值这些指标来看,城市和农村受访者在年龄上较为接近,均值差距不大。

由表 2.2 可知,在城市和农村的受访者中,汉族占绝大多数,农村受访者比城市受访者多一种民族:壮族。从教育程度来看,农村地区没有出现研究生及以上学历。从单位类型来看,城市受访者中企业的百分比最大,其次是无单位/自雇(包括个体户),农村受访者中无单位/自雇(包括个体户)的百分比最大,其次才是企业。

3. 模型构建与参数估计

本案例分别构建线性回归模型和分位回归模型[②]:

在线性回归模型中,令 $\beta_0^L, \beta_1^L, \beta_2^L, \beta_3^L, \beta_4^L, \beta_5^L$ 为待估参数,模型表达式为

$$\text{inco} = \beta_0^L + \beta_1^L \text{wtim} + \beta_2^L \text{nati} + \beta_3^L \text{edu} + \beta_4^L \text{type} + \beta_5^L \text{age}$$

在分位回归模型中,令 $\beta_{0,\tau}^Q, \beta_{1,\tau}^Q, \beta_{2,\tau}^Q, \beta_{3,\tau}^Q, \beta_{4,\tau}^Q, \beta_{5,\tau}^Q$ 为待估参数,模型表达式为

$$Q_\tau(\text{inco}) = \beta_{0,\tau}^Q + \beta_{1,\tau}^Q \text{wtim} + \beta_{2,\tau}^Q \text{nati} + \beta_{3,\tau}^Q \text{edu} + \beta_{4,\tau}^Q \text{type} + \beta_{5,\tau}^Q \text{age}$$

式中,分位数可以在 0~1 的取值范围内取任何值,本案例仅展示分位数为 0.1、

---

① 需要说明的是,在表 2.1 中全年职业收入的单位是千元,原因是保证纳入模型的连续型变量(全年职业收入、周工作时间、年龄)在数据量级上保持一致(由表 2.1 的均值、中位数可以看出),效果类似于无量纲化处理,但在结果描述中需要转换为常用的计量单位。

② 为加以区分,待估参数右上角的"L"和"Q"分别表示线性回归(Linear Regression)和分位回归(Quantile Regression)。

0.5 和 0.9 的参数估计结果。

首先通过 R 软件安装分位回归模型软件，并设置分位数的取值，相关 R 软件代码如下。

```
#安装、调用分位回归模型软件包 quantreg
#install.packages("quantreg")
#首次使用该软件包的读者需要通过 install.packages("")函数安装
library(quantreg)
#每次使用该软件包里的函数时，需要通过 library()先行调用
tau=c(0.1,0.5,0.9)
#分位数的取值为 0.1、0.5、0.9
#若分位数的取值范围为[0,1]，间隔为 0.05，则等间隔取 21 个数，可以通过以下代码实现
#tau=seq(0,1,length=21)[-c(1,21)];extendtau=c(0,tau,1)
```

在 R 软件中，分位回归模型的软件包为 quantreg，更多详细内容可见 R 软件自带的学习文档，相关代码如下。

```
#线性回归模型
lm_city=lm(city$inoc~city$wtim+city$nati+city$edu+city$type+city$age)
#针对城市数据，以 inco 为因变量，wtim、nati、edu、type 和 age 为自变量，构建线性回归模型，并通过 lm()函数完成参数估计
lm_count=lm(count$inco~count$wtim+count$nati+count$edu+count$type+count$age)
#针对农村数据，以 inco 为因变量，wtim、nati、edu、type 和 age 为自变量，构建线性回归模型，并通过 lm()函数完成参数估计
summary(lm_city)
#汇总基于城市数据的线性回归模型的参数估计结果
summary(lm_count)
#汇总基于农村数据的线性回归模型的参数估计结果
#分位回归模型
qr_city=rq(city$inco~city$wtim+city$nati+city$edu+city$type+city$age, tau)
#针对城市数据，以 inco 为因变量，wtim、nati、edu、type 和 age 为自变量，构建分位回归模型，并通过 rq()函数完成参数估计
qr_count=rq(count$inco~count$wtim+count$nati+count$edu+count$type+count$age,tau)
#针对农村数据，以 inco 为因变量，wtim、nati、edu、type 和 age 为自变量，构建分位回归模型，并通过 rq()函数完成参数估计
summary(qr_city)
#汇总基于城市数据的分位回归模型的参数估计结果
summary(qr_count)
#汇总基于农村数据的分位回归模型的参数估计结果
```

图 2.2 所示为 summary(lm_city)的 R 软件运行原始结果。由图 2.2 可见，

第 2 章　面向社会数据的互联网统计方法与案例

"Call:"后面的内容为城市数据线性回归模型的形式,可见残差(Residuals)的最小值为-83.51,第 1 分位数为-31.98,中位数为-13.10,第 3 分位数为 5.80,最大值为 951.25。参数(Coefficients)估计结果具体包括参数估计值(Estimate)、标准差(Std.Error)、t 统计量值(t value)和 p 值(Pr(>|t|))。线性回归模型中的截距项(Intercept)为-27.7533,自变量 city$wtim、city$nati、city$edu、city$type、city$age 对应的回归系数分别为 0.1542、-2.5772、7.3431、-2.1423、0.7053。显著性编码(Signif.codes)表示不同显著性水平及相应假设检验结果,取值范围为 0~1。'***'表示通过了显著性水平为 0.001 的假设检验,'**'表示通过了显著性水平为 0.01 的假设检验,'*'表示通过了显著性水平为 0.05 的假设检验,'.'表示通过了显著性水平为 0.1 的假设检验,' '表示未通过假设检验。"Residual standard error: 85.59 on 414 degrees of freedom"表示残差标准差的自由度为 414,残差标准差的取值为 85.59。多重 R^2(Multiple R-squared)的取值为 0.07016,调整后 R^2(Adjusted R-squared)的取值为 0.05893。"F-statistic: 6.248 on 5 and 414 DF"表示 F 统计量的自由度为 5 和 414,F 统计量的取值为 6.248。模型整体假设检验 P 值(p-value)为 1.332e-05。

```
> summary(lm_city)
Call:
lm(formula = city$inco ~ city$wtim + city$nati + city$edu + city$type +
    city$age)

Residuals:
    Min      1Q  Median      3Q     Max
 -83.51  -31.98  -13.10    5.80  951.25

Coefficients:
             Estimate Std. Error t value Pr(>|t|)
(Intercept)  -27.7533    32.2946  -0.859   0.3906
city$wtim      0.1542     0.2442   0.631   0.5281
city$nati     -2.5772     3.8078  -0.677   0.4989
city$edu       7.3431     1.5509   4.735 3.02e-06 ***
city$type     -2.1423     3.2754  -0.654   0.5135
city$age       0.7053     0.4039   1.746   0.0816 .
---
Signif. codes:  0 '***' 0.001 '**' 0.01 '*' 0.05 '.' 0.1 ' ' 1

Residual standard error: 85.59 on 414 degrees of freedom
Multiple R-squared:  0.07016,   Adjusted R-squared:  0.05893
F-statistic: 6.248 on 5 and 414 DF,  p-value: 1.332e-05
```

图 2.2　summary(lm_city) 的 R 软件运行原始结果

图 2.3 所示为 summary(qr_city) 的 R 软件运行原始结果。由图 2.3 可见,"Call:"后面的内容为城市数据分位回归模型。"tau:[1] 0.1"表示分位数为 0.1 的参数估计结果。参数估计结果具体包括参数估计值(coefficients)、下限(lower bd）和上限（upper bd）。分位回归模型中的截距项（Intercept）为−1.706436e+01，自变量 city$wtim、city$nati、city$edu、city$type、city$age 对应的回归系数分别为 7.097000e−02、3.709700e−01、2.808600e+00、−1.658100e−01、1.055100e−01。不难发现，线性回归和分位回归模型在参数估计结果上存在较大差异，这是因为线性回归和分位回归模型的基本原理和假设条件不同，线性回归模型强调"平均数"思想且对数据分布有要求，而分位回归模型强调"分位数"思想且对数据分布无要求。

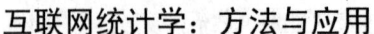

```
> summary(qr_city)
Call: rq(formula = city$inco ~ city$wtim + city$nati + city$edu + city$type +
    city$age, tau = tau)

tau: [1] 0.1
Coefficients:
              coefficients    lower bd        upper bd
(Intercept)  -1.706436e+01   -3.063973e+01   -2.084000e+00
city$wtim     7.097000e-02   -2.152000e-02    1.693800e-01
city$nati     3.709700e-01   -1.797693e+308   1.547290e+00
city$edu      2.808600e+00    6.496300e-01    3.417510e+00
city$type    -1.658100e-01   -1.850280e+00    1.418600e+00
city$age      1.055100e-01    4.463000e-02    2.307300e-01
```

图 2.3 summary(qr_city) 的 R 软件运行原始结果（分位数为 0.1 的情况）

通过上述图 2.2 和图 2.3 的相关解释，可见 R 软件对线性回归和分位回归模型运行结果的解释，但是仅对参数估计结果进行截图是不够的，需要通过规范的表格对结果加以解释，因此并非所有参数估计结果都需要展示出来。线性回归模型最需要关注的是参数估计值、p 值、模型整体假设检验 P 值和模型拟合优度，分位回归模型通常需要关注参数估计值，线性回归模型和分位回归模型的参数估计结果如表 2.3 所示。

表 2.3 线性回归模型和分位回归模型的参数估计结果

	线性回归模型		分位回归模型					
	城市（p 值）	农村（p 值）	城市			农村		
			0.1	0.5	0.9	0.1	0.5	0.9
截距项	−27.75(0.39)	38.53(0.03)	−17.06	8.73	−45.14	8.14	22.47	34.28
周工作时间	0.15(0.53)	0.03(0.81)	0.07	−0.01	0.58	0.01	0.01	0.24
民族	−2.58(0.50)	−2.52(0.17)	0.37	0.02	1.09	−0.32	−1.72	−4.26
教育程度	7.34(0.00)	1.26(0.33)	2.81	4.23	11.73	0.56	2.21	4.13
单位类型	−2.14(0.51)	−2.37(0.20)	−0.17	−1.47	−3.08	−0.72	−1.07	2.30

第 2 章 面向社会数据的互联网统计方法与案例

续表

	线性回归模型		分位回归模型					
	城市(p 值)	农村(p 值)	城市			农村		
			0.1	0.5	0.9	0.1	0.5	0.9
年龄	0.71(0.08)	−0.07(0.76)	0.11	0.07	0.84	−0.04	−0.10	−0.32
多重 R^2	0.07	0.01						
调整后 R^2	0.06	0.00						
P 值	0.00	0.30						

表 2.3 包括左右两部分，左半部分是线性回归模型的参数估计结果，右半部分是分位回归模型的参数估计结果，各自又分别展示了城市和农村的参数估计结果。由线性回归模型的参数估计结果可以看出，城市地区只有教育程度的 p 值(等于 0.00)小于 0.05，通过了假设检验，而且教育程度的参数估计结果为 7.34，说明教育程度对于城市职业收入的提高起到了非常重要的作用。农村地区的教育程度的 p 值(等于 0.33)大于 0.05，未通过假设检验，但是参数估计结果为 1.26，教育程度对于农村职业收入的提高也起到了非常重要的作用。对于城市和农村地区，民族和单位类型的参数估计结果为负且取值的绝对值均大于 2.00，这里需要结合两个自变量取值的实际含义加以解释。民族和单位类型的取值越大，对职业收入的负向影响越大。从分位回归模型的参数估计结果可以看出，不同分位数下的参数估计结果有所不同，但是教育程度仍然对职业收入的提高起到正向作用，而且随着分位数的增大，这种正向作用愈发明显。综上所述，无论是城市地区还是农村地区，教育程度对于职业收入的提高均起到了非常重要的作用。

多重 R^2 和调整后 R^2 的取值范围是[0,1]，从它们的取值来看，线性回归模型的拟合效果非常不好，线性回归模型未能贴合自变量间的关系，数据并未表现出明显的多元线性规律，因此对于本案例来说，线性回归模型不是理想模型。从模型整体假设检验 P 值来看，城市地区的 P 值为 0.00，通过了假设检验，农村地区的 P 值为 0.30，未通过假设检验。

通过 R 语言还可以得到更多分位回归模型的参数估计结果，如线性回归模型中出现的参数估计值(Estimate)、标准差(Std.Error)、t 统计量值(t value)和 p 值(Pr(>|t|))。下面通过 R 软件汇总城市数据 city 和农村数据 count 的分位回归模型的参数估计结果，代码如下。

```
summary(qr_city, se = "nid")
#汇总基于城市数据的分位回归模型的参数估计结果
summary(qr_count, se = "nid")
#汇总基于农村数据的分位回归模型的参数估计结果
```

表 2.4 所示为不同分位数下分位回归模型的参数估计结果。

表 2.4　不同分位数下分位回归模型的参数估计结果

分位数	参数	城市 参数估计值	城市 标准差	城市 t 统计量值	城市 p 值	农村 参数估计值	农村 标准差	农村 t 统计量值	农村 p 值
0.10	截距项	−17.06	9.73	−1.75	0.08	8.14	6.00	1.36	0.18
	周工作时间	0.07	0.06	1.11	0.27	0.01	0.03	0.43	0.67
	民族	0.37	1.83	0.20	0.84	−0.32	0.29	−1.11	0.27
	教育程度	2.81	0.77	3.66	0.00	0.56	0.59	0.95	0.34
	单位类型	−0.17	0.92	−0.18	0.86	−0.72	0.62	−1.17	0.24
	年龄	0.11	0.12	0.85	0.40	−0.04	0.07	−0.55	0.58
0.50	截距项	8.73	7.35	1.19	0.24	22.47	6.57	3.42	0.00
	周工作时间	−0.01	0.05	−0.24	0.81	0.01	0.05	0.22	0.83
	民族	0.02	0.29	0.06	0.95	−1.72	0.25	−6.88	0.00
	教育程度	4.22	0.53	8.03	0.00	2.21	0.48	4.66	0.00
	单位类型	−1.47	0.75	−1.95	0.05	−1.07	0.64	−1.68	0.09
	年龄	0.07	0.10	0.71	0.48	−0.10	0.08	−1.23	0.22
0.90	截距项	−45.14	48.58	−0.93	0.35	34.28	31.83	1.08	0.28
	周工作时间	0.58	0.39	1.49	0.14	0.24	0.22	1.08	0.28
	民族	1.09	4.38	0.25	0.80	−4.26	1.32	−3.24	0.00
	教育程度	11.73	3.27	3.59	0.00	4.13	2.63	1.57	0.12
	单位类型	−3.08	5.14	−0.60	0.55	2.30	3.39	0.68	0.50
	年龄	0.84	0.68	1.24	0.21	−0.32	0.38	−0.83	0.41

由表 2.4 可知，对于城市地区，不同分位数下教育程度的 p 值都为 0.00，均通过了假设检验。对于农村地区，分位数为 0.50 时，教育程度的 p 值等于 0.00，通过了假设检验，而分位数为 0.10 和 0.90 时，教育程度的 p 值大于 0.05，未通过假设检验。通过上述分析，我们可以尝试构建职业收入与教育程度的分位回归模型，并绘图展示职业收入和教育程度的数据分布情况，相关 R 软件代码如下。

```
par(mfrow=c(1,2))
#绘制图片，按照一行两列排列
#城市地区
plot(city$edu, city$inco, col="blue", xlab="教育程度", ylab="职业收入")
#绘制以教育程度为 x 轴、以职业收入为 y 轴的散点图
abline(lm(city$inco~city$edu), col="red")
#添加以教育程度为 x、以职业收入为 y 的线性回归趋势线
taus <- c(0.10,0.50,0.90)
#分位数取值为 0.10、0.50 和 0.90
for( i in 1:length(taus)){abline(rq(city$inco ~ city$edu,tau=
```

```
taus[i]), col="gray")}
    #通过设置 for()循环代码,逐一构建以教育程度为 x、以职业收入为 y 的分位回
归趋势线
    #农村地区
    plot(count$edu, count$inco, col="blue",xlab="教育程度", ylab="职
业收入")
    #绘制以教育程度为 x 轴、以职业收入为 y 轴的散点图
    abline(lm(count$inco~count$edu), col="red")
    #添加以教育程度为 x、以职业收入为 y 的线性回归趋势线
    taus <- c(0.10,0.50,0.90)
    #分位数取值为 0.10、0.50 和 0.90
    for( i in 1:length(taus)){abline(rq(count$inco~count$edu,tau=
taus[i]), col="gray")}
    #通过设置 for()循环代码,逐一构建以教育程度为 x、以职业收入为 y 的分位回
归趋势线
```

图 2.4 所示为职业收入和教育程度的数据分布情况,职业收入存在取值为 1000 的异常点,导致图中的散点和趋势线均集中在下半部分。而 x 的取值范围与 y 的取值范围相比存在较大差距,通常可以对职业收入取对数,在 R 软件中使用函数 log(),但需要注意的是存在职业收入的取值为 0 的情况,此时取对数没有意义。

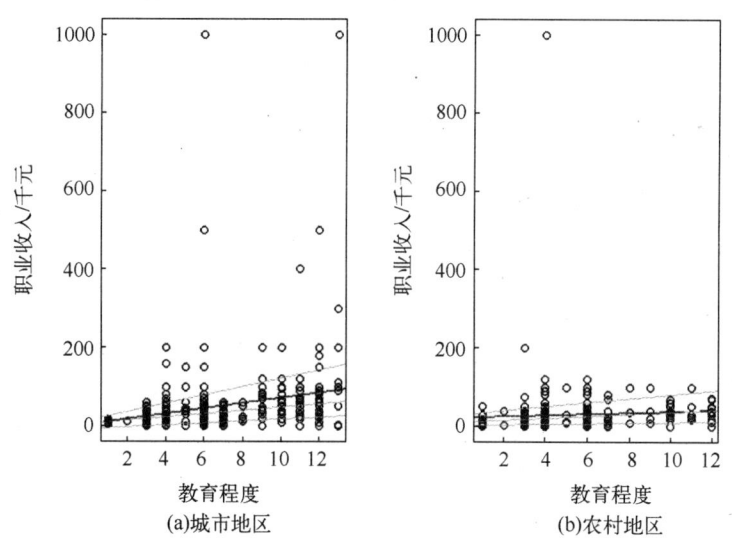

图 2.4 职业收入和教育程度的数据分布情况

2.1.4 总结与讨论

通过建立职业收入与其影响因素间的回归关系,可以发现城市地区和农村地区的职业收入的影响因素存在一定差异。在城市地区,教育程度对于职业收入的

提高起到了非常重要的作用；在农村地区，民族对中高职业收入水平的农村居民影响最大，对于中等职业收入水平的农村居民，教育程度也是重要的影响因素。综合来看，对于城市地区，提高自身学历水平、提升职业技能是提高职业收入的重要途径；对于农村地区，教育程度差异及具有民族聚集特征的地域差异是影响农村居民职业收入的重要因素。因此，未来可以采取以下措施提高城乡职业收入、缩小城乡职业收入差距。

一是做好薪酬制度的顶层分类设计，充分考虑国内生产总值、物价消费水平、城镇居民人均可支配收入等因素，兼顾不确定因素，建立体现不同行业规律、符合不同地域特征的分级分类薪酬分配机制。重点考虑志愿服从基层、具有奉献精神的农村高技能人才，根据实际突出业绩和重大贡献，制定配套薪酬制度，单独列出绩效奖励核定办法，建立绩效工资发放的"绿色通道"。保障城市与农村高技能人才的薪酬待遇和社会地位，营造积极向上、崇尚教育、重点帮扶、全面普涨的良好生态。

二是推动建立城乡职业收入正常增长机制。中共中央办公厅、国务院办公厅印发的《关于提高技术工人待遇的意见》指出"建立企业技术工人工资正常增长机制。推动企业建立健全反映劳动力市场供求关系和企业经济效益的工资决定及正常增长机制，积极推进工资集体协商，引导企业科学确定技术工人工资水平并实现合理增长。"以此为重要指示，提高城乡职业收入，实现工资水平的科学、合理增长。依托乡村振兴，持续增加农民就业机会，适度提高劳务报酬占比。党的十九届四中全会指出"健全劳动、资本、土地、知识、技术、管理、数据等生产要素由市场评价贡献、按贡献决定报酬的机制"，推动城乡高技能人才享受促进科技成果转化的有关政策。以政府激励为导向、企业奖励为主体、社会奖励为辅助，统筹财政拨款、企业支出和社会赞助等多种渠道的经费来源，保证城乡高技能人才持续、稳定地获得激励。

三是加强政府宏观调控。城乡职业收入除受到个人层面的影响因素外，还与城乡产业类型、分配政策及宏观调控、财政体制改革等诸多方面存在密不可分的关系。各级政府应因地制宜、发挥特色，根据实际地域优势大力培育农村龙头企业。一方面，应结合当前国际和国内形势，进一步稳定并持续扩大就业形势，健全农村教育培训体系，提高城乡居民的文化水平和工作技能，形成城乡居民团结一致、共同富裕的良好局面。另一方面，应加强政府对收入分配的调控力度，引导城市支持农村、工业反哺农业，带领农村引进创新生产技术，以促进全民共享经济和科技的发展成果，更为平等地获得职业收入。

 启发视窗

Python 软件也有用于分位回归模型的分析模块，下面以软件自带的 engel 数据为例，给出具体 Python 代码：

```
#先导入statsmodels库中的相应模块，再进行分位回归模型的参数估计
import statsmodels.api as sm
import statsmodels.formula.api as smf
data = sm.datasets.engel.load_pandas().data
#导入软件自带的engel数据，并命名为data
mod = smf.quantreg("foodexp~income", data)
#建立foodexp为因变量、income为自变量的分位回归模型，数据来自data
res = mod.fit(q=0.5)
#获取分位数为0.50的分位回归模型的参数估计结果
print(res.summary())
#汇总结果
```

思考与练习

1．与线性回归模型相比，分位回归模型有何特点？具体表现在哪些方面？

2．如何使用 R 软件分别绘图展示同一连续型变量或分类型变量在城市和农村地区的数据分布特点。请以连续型变量"职业收入"、分类型变量"民族"为例，使用 R 软件绘制城市和农村地区"职业收入"的小提琴对比图和"民族"的柱形对比图。

3．以分位数为 0.25 和 0.75 为例，使用 R 软件和 Python 软件实现分位回归模型的参数估计，并对结果进行比较。

4．以软件自带的 engel 数据为例，以数据中的 foodexp 为因变量、income 为自变量，分别构建线性回归模型和分位回归模型，并完成参数估计。

2.2 案例2：中老年家庭收入与医疗保健支出问题研究

2.2.1 案例背景

随着中国经济水平的迅速提高、医疗体制的逐步改革和医疗卫生技术的不断改进，人民的家庭收入状况和生活质量得以改善。与此同时，人民对健康的关注程度和主观诉求与日俱增。对于中老年群体，家庭收入和医疗保健支出尤为重要。2022 年，医药卫生体制改革继续出现在中国共产党第二十次全国代表大会上的报告中，对进一步推进健康中国建设，规划了更为充分的改革发展路线图。本案例以中老年人群为目标，深入研究不同家庭的收入与医疗保健支出等各项生活必需

消费项目，探究医疗保健支出对不同家庭收入的贡献，挖掘不同家庭各个消费项目对收入的不同作用规律，有助于进一步推动医药卫生体制改革，大幅度提高全国人民的医疗卫生待遇，具有颇为重大的研究价值和现实意义。

近年来，很多专家对收入、医疗、保健相关主题展开了深入研究和讨论。黄成凤、汤小波和杨燕绥（2017）通过回归分析和协整检验分析研究城乡居民人均可支配收入对医疗保健支出的影响及区域差异；范周予和施和俊（2017）借助混合效应模型、固定效应和随机效应检验等研究城镇居民收入结构对医疗保健支出的影响；徐昕（2017）将推广后的广义泊松回归用于医疗保险领域的研究；赵建国和陈亮（2018）采用随机效应模型研究区域收入差距对居民健康的影响；曹阳和戴玉娟（2018）使用固定效应模型定量分析老龄化背景下农村居民收入对其医疗保健支出的影响；谢聪、宇传华和张爽等（2018）通过面板分位回归模型分析中国城乡居民医疗保健支出的影响因素；王芳和黄莉芳（2019）基于中国家庭追踪调查数据，研究家庭特征对居民消费支出的影响；王沛立和李恩平（2019）利用弹性网方法分析中国居民医疗负担及其影响因素；张跃华和王翌宵（2019）通过断点回归等方法探讨新型农村社会养老保险对贫困群体生活的影响；程豪（2022）提出一种非参数逆概率加权分位回归模型，并展开了相应的理论推导、模型研究和实证分析，用于分析自变量和因变量均存在缺失数据时不同分位数水平下的中老年家庭收入与医疗保健支出间的回归关系。但是，由于该模型涉及核函数及带宽等相关参数的选择，理论较难理解，编程技术要求较高，因此在自变量和因变量均存在缺失的情况下，如何通过较为便捷的软件操作来解决实际问题有待进一步讨论。

本案例所用数据来自2015年中国健康与养老追踪调查（China Health And Retirement Longitudinal Study, CHARLS）。

结合该领域的研究进展，本案例选择家庭收入、健康状况、生活费用、社会支出为自变量，医疗保健支出为因变量，构建不同分位数下的回归关系。此外，鲜少研究探讨因变量和自变量均存在缺失的情况，本案例使用多重插补方法，并以完整资料分析法、逆概率加权法、均值插补法和中位数插补法为参照，探讨不同分位数下中老年家庭收入与医疗保健支出间的回归关系。

2.2.2 多重插补方法的基本原理

众所周知，缺失机制包括完全随机缺失（Missing Completely At Random, MCAR）、随机缺失（Missing At Random, MAR）和非完全随机缺失（Not Missing At Random, NMAR）。完全随机缺失表示缺失与缺失数据、可观测数据均无关，随机缺失表示缺失仅与可观测数据有关，非完全随机缺失表示缺失与缺失数据、可观测数据均有关。无论是何种类型的缺失机制，不当的处理均可能影响最终的分析结果，因为缺失机制会在不同程度上影响抽取数据的代表性、导出规则的准确

第 2 章　面向社会数据的互联网统计方法与案例

性、统计模型的正确性。当聚焦到具体研究问题时，直接忽视缺失机制在分析上构成的风险会使我们停留在小数据时代。当缺失问题集中于某类特定人群或发生在某些重要特征上时，问题更加严重，不但数据无法代表总体，而且缺失重要特征变量会导致相关分析工作无法顺利开展。随着数据量的增大，缺失数据产生的比例也会相应增大，尤其当一个样本中出现多项缺失时，会加大处理的难度，除构造模型的准确性受影响外，还存在时间复杂度方面的问题。从缺失机制的角度来看，本案例将待解决的缺失问题界定为随机缺失。

以回归模型为背景，存在缺失数据的变量可以是自变量，也可以是因变量，自变量缺失可进一步细化为与因变量无关及与因变量有关两种类型，因变量缺失也有类似的分类。通常，现有研究绝大多数单方面解决自变量缺失问题或因变量缺失问题，很少有学者探讨同时处理自变量缺失和因变量缺失的方法。因此，本案例以自变量和因变量均存在缺失为研究问题，以期提供具有一定参考价值的分析思路和处理方法。回归模型可以只有一个因变量缺失或只有一个自变量缺失，这些均属于缺失变量数为 1 的情况。缺失变量也可以是多个，如自变量缺失、因变量和一个自变量缺失，以及因变量和自变量均缺失。结合回归模型背景，本案例待解决的缺失数据问题可界定为回归关系中因变量和自变量均存在随机缺失的情况。

一般地，现有缺失数据的处理方法可大致归纳为以下类别(Little，Rubin，1987)：①完整资料(Complete Case，CC)分析法。作为一种简单易行的缺失处理途径，完整资料分析法仅采用可完整观测的样本，对于数据缺失的样本，无论缺失程度如何，均不作为完整资料分析法的研究对象。例如，现有三个中老年家庭 A、B 和 C，A 的家庭收入和医疗保健支出均可获取，B 的家庭收入可获取但医疗保健支出未知，C 的家庭收入和医疗保健支出均未知。完整资料分析法仅使用 A 的数据，B 和 C 的数据均不采用，即便会浪费 B 的家庭收入数据，因此该方法在缺失机制不是完全随机缺失时会产生偏差。②逆概率加权(Inverse Probability Weighting，IPM)法。当缺失机制为随机缺失时，对完整资料进行加权，可以有效减少偏差，这里可以用抽样理论加以解释。对于完整资料分析法，每条完整数据记录的权重均为 1，可以理解为简单随机抽样，即每条完整的数据记录以相同的抽样概率纳入分析。当缺失机制不是完全随机缺失时，完整观测部分并不能代表总体或总体的一个有偏样本，此时需要设定完整数据记录的抽样概率加以修正，常见的方法是逆概率加权法：先计算每个可观测因变量的概率，并取其倒数，作为被观测到的因变量的权重，再修正由缺失数据或有偏抽样带来的估计偏差，但是逆概率加权法会增加参数估计方差，影响估计的有效性。③单值插补法。该方法是指根据可完整观测的数据计算缺失数据的插补值，包括均值(Mean)和中位数(Median)插补法等。实际上，这种方法并未注入新信息，用均值或中位数替换缺失值后，总体均值或中位数仍然没有发生变化，因为在这种情况下，对于含缺失数据的样本，插补值不受样本本身的影响，而是由缺失数据所属变量的可观测部分决定。当完成插补时，新总体增加了缺失数据个数的样本量，新总体的数据之和增加了缺失数据个数的原总体均值或中位数，因此新总体的均值或中位数未发生变化。④基于模型的处理方法。该方法的基本思路是利用可观测的数据构建一个基础模型，并用似然分布或后验分布进行推断，通常这类方法的原理及算法较为复杂，如 Cheng 和 Wei（2018）及 Wei、Ma 和 Carroll（2012）的基于分位回归的插补方法，Kim（2011）基于线性回归的分数插补法，以及 Robins、Rotnitzky 和 Zhao（1994）在此基础上提出的一系列双稳健的插补方法，而且这类方法很少用于处理因变量和自变量均存在缺失的情况。本案要使用多重插补（Multiple Imputation, MI）方法构建不同分位数下中老年家庭收入与医疗保健支出间回归关系的模型。

本案例使用的多重插补方法的基本原理为假设完整数据 Y 是从含 p 个变量的多变量分布 $P(Y|\theta)$ 中随机抽取的观测值，其中，θ 为未知向量，决定了 Y 的分布。因此，需要先得到 θ 的分布，再从 $P(Y|\theta)$ 中抽取数据对缺失数据进行插补。在多重插补方法中，θ 的后验分布可通过 Gibbs 迭代抽样得到，这里 Gibbs 迭代的收敛速度快于一般的马尔可夫链蒙特卡洛（Markov Chain Monte Carlo，MCMC）方法。构建基于多重插补方法的中老年家庭收入与医疗保健支出间回归关系模型的基本思路是首先从一个缺失数据开始，通过多重插补方法返回一个包含多个完整数据集的对象，在 R 软件中，多重插补方法得到的完整数据集的数量默认为 5，由于插补有随机的成分，因此每一个完整数据集都略有不同；然后，针对每一个完整数据集建立中老年家庭收入与医疗保健支出间的分位回归模型，得到 5 组参数估计结果；最后，对 5 组参数估计结果取均值，得到最终的参数估计结果。

2.2.3 软件操作

1. 数据说明

原始数据经预处理后形成样本量为 633、变量数为 18 的数据，其中，4 个基本信息变量分别是性别、年龄（由出生年份计算得到）、地域和受教育程度（不包括成人教育），纳入模型的变量有健康状况、生活费用、社会支出、家庭收入、医疗保健支出。需要说明的是，健康状况、生活费用、社会支出和家庭收入均为自变量，医疗保健支出为因变量。从缺失数据的角度来看，家庭收入、医疗保健支出的数据存在缺失，缺失百分比分别为 17.22% 和 3.32%。健康状况、生活费用、社会支出的数据不存在缺失。医疗保健支出这一因变量是医疗支出和保健费用之和，若医疗支出或保健费用有一个存在缺失，则求和后的医疗保健支出也定义为缺失数据。纳入模型的变量说明如表 2.5 所示。

第 2 章 面向社会数据的互联网统计方法与案例

表 2.5 纳入模型的变量说明

变量	变量类型	说明	符号	缺失百分比
健康状况	自变量	受访者的健康状况分为极好、很好、好、一般、不好、很不好	hea	0.00%
生活费用	自变量	生活费用包括衣、食、住、行等基本生活费用	liv	0.00%
社会支出	自变量	社会支出包括上交给政府相关部门的税费和杂费，不包括所得税、社会捐助支出（如现金、食品、衣服等）	soc	0.00%
家庭收入	自变量	家庭收入为受访者、配偶及其他家庭成员的收入之和	inc	17.22%
医疗保健支出	因变量	医疗保健支出包括交通费、营养费、陪护费等间接支出，以及健身锻炼及产品器械、保健品等涉及的支出	meh	3.32%

2．数据读入与统计描述

数据读入及数据合并的 R 软件代码如下所示。

```
#数据读入
datawhole=read.csv("D:\\CHARLSdata.csv")
#通过 read.csv()读取.csv 格式的数据，并赋值给 datawhole
dat=cbind(datawhole$meh/1000,datawhole$hea,datawhole$liv/1000,datawhole$soc/1000,datawhole$inc/1000,datawhole$obmeh,datawhole$obinc,datawhole$observed)
#因变量医疗保健支出，自变量生活费用、社会支出和家庭收入均除以 1000，所有变量重新按顺序排列，并赋值给 dat
n=dim(dat)[1]
#获取样本量
x=dat[,2:5]
#将数据 dat 中的第 2 列至第 5 列定义为自变量 x
y=dat[,1]
#将数据 dat 中的第 1 列定义为因变量 y
data=data.frame(y,x,dat[,6:8])
#将因变量 y、自变量 x 及三个表示是否缺失的示性变量整理为数据框，并赋值给 data
colnames(data)=c("meh","hea","liv","soc","inc","obmeh","obinc","observed")
#命名 data 的列
```

计算各变量的缺失百分比的 R 软件代码如下。

```
n1y=sum(data$obmeh==1)
#对数据 data 中表示因变量是否缺失的示性变量 obmeh 的取值求和，并赋值给 n1y
n0y=n-n1y
#样本量 n 减去可观测到的因变量取值的频数 n1y
n1x2=sum(data$obinc==1)
#对数据 data 中表示自变量 inc 是否缺失的示性变量 obinc 的取值求和，并赋值
```

互联网统计学：方法与应用

```
给 n1x2
    n0x2=n-n1x2
    #样本量 n 减去可观测到的自变量 inc 取值的频数 n1x2
    n0y/n
    #因变量的缺失百分比
    n0x2/n
    #自变量的缺失百分比
```

对数据中涉及的变量进行描述性统计，具体 R 软件代码如下所示。

```
table(datawhole$sex)
#统计 datawhole 中性别(记为 sex)的取值频数
table(datawhole$region)
#地域(记为 region)的取值频数
table(datawhole$education)
#受教育程度(记为 education)的取值频数
```

性别、地域和受教育程度的描述性统计如表 2.6[①]所示。通过对性别、年龄(由出生年份计算得到)、地域和受教育程度进行描述性统计，可以得到如下分析结果：①有 400 位男性(占 63.20%)和 233 位女性(占 36.80%)；②年龄的最小值为 42，最大值为 94，平均值为 60.55，最小年龄低于该调查目标人群的年龄下限(45 岁)，原因可能是这里的年龄由身份证或户口本上登记的出生日期计算得到，与真实出生日期存在一定出入；③除 108 位来自主城区(占 17.10%)外，有 432 位来自村庄(占 68.20%)，占绝大多数；④有 482 位的受教育程度为没有变化(占 76.10%)，在发生变化的群体中，多数受教育程度为高中毕业及以下，仅有 5 位本科毕业(占 0.80%)，有 1 位硕士毕业(占 0.20%)。

表 2.6 性别、地域和受教育程度的描述性统计

变量	取值	频数	百分比	变量	取值	频数	百分比
性别	男性	400	63.20%	受教育程度	未受过教育	29	4.60%
	女性	233	36.80%		未读完小学	23	3.60%
地域	主城区	108	17.10%		小学毕业	30	4.70%
	城乡接合区	24	3.80%		初中毕业	36	5.70%
	镇中心区	36	5.70%		高中毕业	17	2.70%
	镇乡接合区	22	3.50%		中专毕业	4	0.60%
	乡中心区	11	1.70%		大专毕业	6	0.90%
	村庄	432	68.20%		本科毕业	5	0.80%
					硕士毕业	1	0.20%
					没有变化	482	76.10%

---

① 具体解释请见 2015 年中国健康与养老追踪调查。

第 2 章　面向社会数据的互联网统计方法与案例

3. 模型构建与参数估计

基于因变量医疗保健支出(meh)和自变量健康状况(hea)、生活费用(liv)、社会支出(soc)、家庭收入(inc)，可构建如下所示的分位回归模型：

$$Q_\tau(\text{meh}) = \beta_0 + \beta_{1,\tau}\text{hea} + \beta_{2,\tau}\text{liv} + \beta_{3,\tau}\text{soc} + \beta_{4,\tau}\text{inc}$$

其中，n 表示样本量，取 633。相应地，上述分位回归模型的估计方程为 $S_n^*(\beta) = \sum_{i=1}^{n}\rho_\tau(\text{meh}_i - \beta_0 - \beta_{1,\tau}\text{hea}_i - \beta_{2,\tau}\text{liv}_i - \beta_{3,\tau}\text{soc}_i - \beta_{4,\tau}\text{inc}_i)$。其中，$n$ 表示样本量，$\rho_\tau(r) = r(\tau - I)$，$r < 0$ 表示损失函数。考虑到家庭收入(inc)和医疗保健支出(meh)存在缺失，令 δ_i 表示是否缺失(取值为 1 表示可观测，取值为 0 表示存在缺失)，pr 表示逆概率加权法中的概率。

基于多重插补方法(l 表示第 l 次插补后得到的完整数据)，估计方程可以更新为

$$S_n^*(\beta) = \sum_{i=1}^{n}\rho_\tau(\text{meh}_i^{(l)} - \beta_0^{(l)} - \beta_{1,\tau}^{(l)}\text{hea}_i - \beta_{2,\tau}^{(l)}\text{liv}_i - \beta_{3,\tau}^{(l)}\text{soc}_i - \beta_{4,\tau}^{(l)}\text{inc}_i^{(l)})$$

基于完整资料分析法，估计方程可以更新为

$$S_n^*(\beta) = \sum_{i=1}^{n}\delta_i\rho_\tau(\text{meh}_i - \beta_0 - \beta_{1,\tau}\text{hea}_i - \beta_{2,\tau}\text{liv}_i - \beta_{3,\tau}\text{soc}_i - \beta_{4,\tau}\text{inc}_i)$$

基于逆概率加权法，估计方程可以更新为

$$S_n^*(\beta) = \sum_{i=1}^{n}(\delta_i/\text{pr}_i)\rho_\tau(\text{meh}_i - \beta_0 - \beta_{1,\tau}\text{hea}_i - \beta_{2,\tau}\text{liv}_i - \beta_{3,\tau}\text{soc}_i - \beta_{4,\tau}\text{inc}_i)$$

基于均值插补法(ME 表示均值插补后的完整数据)，估计方程可以更新为

$$S_n^*(\beta) = \sum_{i=1}^{n}\rho_\tau(\text{meh}_i^{\text{ME}} - \beta_0 - \beta_{1,\tau}\text{hea}_i - \beta_{2,\tau}\text{liv}_i - \beta_{3,\tau}\text{soc}_i - \beta_{4,\tau}\text{inc}_i^{\text{ME}})$$

基于中位数插补法(MD 表示中位数插补后的完整数据)，估计方程可以更新为

$$S_n^*(\beta) = \sum_{i=1}^{n}\rho_\tau(\text{meh}_i^{\text{MD}} - \beta_0 - \beta_{1,\tau}\text{hea}_i - \beta_{2,\tau}\text{liv}_i - \beta_{3,\tau}\text{soc}_i - \beta_{4,\tau}\text{inc}_i^{\text{MD}})$$

对于多重插补方法得到的参数估计结果 $(\beta_0^{(l)}, \beta_{1,\tau}^{(l)}, \beta_{2,\tau}^{(l)}, \beta_{3,\tau}^{(l)}, \beta_{4,\tau}^{(l)})$ 分别求平均得到最终的参数估计结果，具体计算表达式如下：$\beta_0 = 1/L\sum_{l=1}^{L}\beta_0^{(l)}$，$\beta_{1,\tau} = 1/L\sum_{l=1}^{L}\beta_{1,\tau}^{(l)}$，$\beta_{2,\tau} = 1/L\sum_{l=1}^{L}\beta_{2,\tau}^{(l)}$，$\beta_{3,\tau} = 1/L\sum_{l=1}^{L}\beta_{3,\tau}^{(l)}$，$\beta_{4,\tau} = 1/L\sum_{l=1}^{L}\beta_{4,\tau}^{(l)}$，$\beta_{5,\tau} = 1/L\sum_{l=1}^{L}\beta_{5,\tau}^{(l)}$。

本案例经过初步建模，可以发现直接将实际数据纳入上述模型会得到过大的截距项和参数估计值，而自变量中存在值 0 和缺失值 NA，因此数据处理欠妥，本案例在进行参数估计前，对因变量医疗保健支出及自变量生活费用、社会支出和家庭收入均除以 1000，经过处理，这些变量以千元为单位。

使用完整资料分析法对缺失数据进行插补的 R 软件代码如下：

```
library(quantreg)
#因为要使用分位回归函数，因此调用 quantreg 软件包
tau=c(0.25,0.50,0.75)
#设置分位数为 0.25、0.50 和 0.75
t1 = Sys.time()
#记录运算的起始时间
CC=rq(data[,1]~data[,2]+data[,3]+data[,4]+data[,5],tau,data=data, subset=observed==1)$coef
#使用分位回归函数 rq()对因变量 data[,1]和自变量 data[,2]、data[,3]、data[,4]、data[,5]建立回归模型，分位数为 tau，数据为 data，参数估计取可完整观测数据的那部分子集，最后将分位回归模型的参数估计结果赋值给 CC
t2 = Sys.time()
#记录运算的结束时间
rtimeCC= t2-t1
#计算运算时间：起始时间减去结束时间
```

按照与完整资料分析法相同的编程逻辑实现基于逆概率加权法的分位回归模型参数估计，R 软件代码如下：

```
t1 = Sys.time()
#记录运算的起始时间
glmfit=glm(data$observed~data[,2]+data[,3]+data[,4],family=binomial, data=data)
#利用 glm()函数，以样本是否可以完整观测的示性变量为因变量、不存在缺失数据的变量为自变量，建立回归关系，计算每一个可观测因变量的概率
p=fitted(glmfit)
#将得到的概率值赋值给 p
w=1/p
#对计算得到的概率取倒数，此为"逆概率"的由来
IPW=rq(data[,1]~data[,2]+data[,3]+data[,4]+data[,5],tau,data=data, weight=w,subset=observed==1)$coef
#使用分位回归函数 rq()对因变量 data[,1]和自变量 data[,2]、data[,3]、data[,4]、data[,5]建立回归模型，分位数为 tau，数据为 data，权重为 w，参数估计取可完整观测数据的那部分子集，最后将分位回归模型的参数估计结果赋值给 IPW
t2 = Sys.time()
#记录运算的结束时间
rtimeIPW= t2-t1
#计算运算时间：起始时间减去结束时间
```

第 2 章　面向社会数据的互联网统计方法与案例

完整资料分析法和逆概率加权法都没有产生缺失数据的替换值,而均值插补法和中位数插补法会产生缺失数据的替换值,具体的 R 软件代码如下:

```
#均值插补法
t1 = Sys.time()
#记录运算的起始时间
dat=data
#将数据 data 赋值给 dat,这样操作的好处在于若后续代码操作失误将原数据覆盖,则可以快速找到覆盖前的数据
sub6 <- which(is.na(dat[,5]))
#找到自变量 inc 存在缺失数据的位置
if(any(dat$obinc==0)){l=which(dat$obinc==0);dat[l,5]=mean(dat[-sub6,5])}
#将自变量 inc 中可观测数据的均值作为缺失数据的替换值
suby <- which(is.na(dat[,1]))
#找到因变量 meh 存在缺失数据的位置
if(any(dat$obmeh==0)){l=which(dat$obmeh==0);dat[l,1]=mean(dat[-suby,1])}
#将因变量 meh 中可观测数据的均值作为缺失数据的替换值
MEAN=rq(dat[,1]~dat[,2]+dat[,3]+dat[,4]+data[,5],tau,data= dat)$coef
#使用分位回归函数 rq()对因变量 data[,1]和自变量 data[,2]、data[,3]、data[,4]、data[,5]建立回归模型,分位数为 tau,数据为 dat,将分位回归模型的参数估计结果赋值给 MEAN
t2 = Sys.time()
#记录运算的结束时间
rtimeMEAN= t2-t1
#计算运算时间:起始时间减去结束时间

#中位数插补法
t1 = Sys.time()
#记录运算的起始时间
datm=data
#将数据 data 赋值给 datm,这样操作的好处在于若后续代码操作失误将原数据覆盖,则可以快速找到覆盖前的数据
sub6 <- which(is.na(datm[,5]))
#找到自变量 inc 存在缺失数据的位置
if(any(datm$obinc==0)){l=which(datm$obinc==0);datm[l,5]=median(datm[-sub6,5])}
#将自变量 inc 中可观测数据的均值作为缺失数据的替换值
suby <- which(is.na(datm[,1]))
#找到因变量 meh 存在缺失数据的位置
if(any(datm$obmeh==0)){l=which(datm$obmeh==0);datm[l,1]=median(datm[-suby,1])}
#将因变量 meh 中可观测数据的均值作为缺失数据的替换值
```

```
MEDIAN=rq(datm[,1] ~ datm[,2]+datm[,3]+datm[,4]+data[,5],tau,data=
datm)$coef
#使用分位回归函数 rq()对因变量 data[,1]和自变量 data[,2]、data[,3]、
data[,4]、data[,5]建立回归模型，分位数为 tau,数据为 datm,将分位回归模型的参
数估计结果赋值给 MEDIAN
t2 = Sys.time()
#记录运算的结束时间
rtimeMEDIAN= t2-t1
#计算运算时间：起始时间减去结束时间
```

多重插补方法的 R 软件代码如下：

```
#多重插补方法
BEMI<-NULL
#预先设定 BEMI,以便后面存储参数估计结果
t1 = Sys.time()
#记录运算的起始时间
install.packages("mice")
#安装多重插补方法所需的软件包
library(mice)
#调用多重插补方法相应的软件包
m=5
#设定多重插补方法的插补套数为 5
imp <- mice(data, m=5)
#对存在缺失数据的 data 进行 5 次插补
for (i in 1:m)
#设定循环，从第 1 套插补数据到第 5 套插补数据
{
    data=complete(imp,i)
#提取第 i 套插补后的数据
    beMI=rq(data[,1] ~ data[,2]+data[,3]+data[,4]+data[,5],tau)
$coef
#对第 i 套插补后的数据建立分位回归模型，分位数为 tau,并将参数估计结果赋
值给 beMI
    BEMI=rbind(BEMI,beMI)
#存储 5 套插补后的数据对应的 5 组参数估计结果，赋值给 BEMI
}
#下面整理 5 组参数估计结果
ind = c(1:nrow(BEMI))%%5
BEMI1=BEMI[which(ind==1),];BEMI2=BEMI[which(ind==2),];BEMI3=B
EMI[which(ind==3),];BEMI4=BEMI[which(ind==4),];BEMI0=BEMI[which(ind=
=0),]
#将截距项、4 个自变量对应的参数估计值分别赋值给 BEMI1、BEMI2、BEMI3、
BEMI4 和 BEMI0
MI=rbind(apply(BEMI1,2,mean),apply(BEMI2,2,mean),apply(BEMI3,2,m
ean),apply(BEMI4,2,mean),apply(BEMI0,2,mean))
```

第 2 章　面向社会数据的互联网统计方法与案例

```
#分别求 5 组参数估计结果的平均值,作为最终得到的多重插补方法的参数估计结果
t2 = Sys.time()
#记录运算的结束时间
rtimeMI= t2-t1
#计算运算时间:起始时间减去结束时间
```

运行上述 R 代码后可以得到完整资料分析法(CC)、逆概率加权法(IPW)、均值插补法(ME)、中位数插补法(MD)和多重插补方法(MI)这 5 种缺失数据插补方法处理后分位回归模型的参数估计结果。通过下面的 R 软件代码汇总 5 种缺失数据插补方法处理后得到的参数估计结果。

```
raw1=rbind(as.vector(CC[1,]),as.vector(IPW[1,]),as.vector(MI[1,]), as.vector(MEAN[1,]),as.vector(MEDIAN[1,]))
#将 5 种缺失数据插补方法处理后得到的分位回归模型的截距项估计值赋值给 raw1
raw2=rbind(as.vector(CC[2,]),as.vector(IPW[2,]),as.vector(MI[2,]), as.vector(MEAN[2,]),as.vector(MEDIAN[2,]))
#将 5 种缺失数据插补方法处理后得到的分位回归模型的第 1 个自变量对应的系数估计值赋值给 raw2
raw3=rbind(as.vector(CC[3,]),as.vector(IPW[3,]),as.vector(MI[3,]), as.vector(MEAN[3,]),as.vector(MEDIAN[3,]))
#将 5 种缺失数据插补方法处理后得到的分位回归模型的第 2 个自变量对应的系数估计值赋值给 raw3
raw4=rbind(as.vector(CC[4,]),as.vector(IPW[4,]),as.vector(MI[4,]), as.vector(MEAN[4,]),as.vector(MEDIAN[4,]))
#将 5 种缺失数据插补方法处理后得到的分位回归模型的第 3 个自变量对应的系数估计值赋值给 raw4
raw5=rbind(as.vector(CC[5,]),as.vector(IPW[5,]),as.vector(MI[5,]), as.vector(MEAN[5,]),as.vector(MEDIAN[5,]))
#将 5 种缺失数据插补方法处理后得到的分位回归模型的第 4 个自变量对应的系数估计值赋值给 raw5
raw=cbind(raw1,raw2,raw3,raw4,raw5)
#将 raw1,raw2,raw3,raw4 和 raw5 按列组合在一起,赋值给 raw
colnames(raw)=c(0.25,0.5,0.75,0.25,0.5,0.75,0.25,0.5,0.75,0.25,0.5,0.75,0.25,0.5,0.75)
#raw 列名的取值为分位数的值,即 0.25,0.50 和 0.75
rownames(raw)=c("CC","IPW","MI","MEAN","MEDIAN")
#raw 行名的取值为缺失数据插补方法的名称
write.csv(round(raw, 3),"D:\\CHARLSresult_raw.csv")
#保存参数估计值,生成文件 CHARLSresult_raw.csv
rangetime=rbind(rtimeCC,rtimeIPW,rtimeMI,rtimeMEAN,rtimeMEDIAN)
#将不同缺失数据插补方法的运算时间按行排列,并赋值给 rangetime
write.csv(round(rangetime,3),"D:\\rangetime_raw.csv")
#保存运算时间,生成文件 rangetime_raw.csv
```

互联网统计学：方法与应用

经过不同缺失数据插补方法的处理后，不同分位数水平下的模型参数估计结果如表 2.7 所示。表 2.7 由三部分组成，第一部分是分位数为 0.25（低分位数水平）时不同缺失数据插补方法处理后的模型参数估计结果，第二部分是分位数为 0.50（中分位数水平）时不同缺失数据插补方法处理后的模型参数估计结果，第三部分是分位数为 0.75（高分位数水平）时不同缺失数据插补方法处理后的模型参数估计结果。在低分位数水平下，完整资料分析法（CC）和逆概率加权法（IPW）的参数估计结果相同，说明此时的数据缺失具有充分的随机性，逆概率加权法的权重未体现出在调整偏差方面的修正作用，多重插补方法（MI）与均值插补法（ME）、中位数插补法（MD）除截距项以外的参数估计结果相同。综上所述，一定程度上表明在低分位数水平下，这三种缺失数据插补方法未表现出明显的差异；在中分位数水平和高分位数水平下，不同的缺失数据插补方法在模型参数估计结果上表现出不同程度的差异。但是，均值插补法和中位数插补法的参数估计结果始终保持一致。

表 2.7 不同分位数水平下的模型参数估计结果

分位数	方法	截距项	健康状况	生活费用	社会支出	家庭收入
0.25	CC	−0.21	0.10	0.00	0.13	0.00
	IPW	−0.21	0.10	0.00	0.13	0.00
	MI	−0.21	0.10	0.00	0.02	0.00
	ME	−0.22	0.10	0.00	0.02	0.00
	MD	−0.22	0.10	0.00	0.02	0.00
0.50	CC	−0.57	0.38	0.00	0.05	0.00
	IPW	−0.72	0.42	0.00	0.05	0.00
	MI	−1.03	0.50	0.00	0.05	0.00
	ME	−0.98	0.48	0.00	0.04	0.01
	MD	−0.98	0.48	0.00	0.04	0.01
0.75	CC	−1.11	1.01	0.00	0.04	0.02
	IPW	−1.10	1.01	0.00	0.04	0.02
	MI	−1.44	1.11	0.00	−0.01	0.03
	ME	−1.20	1.04	0.00	0.01	0.03
	MD	−1.20	1.04	0.00	0.01	0.03

对于低分位数水平的中老年群体，无论选择何种缺失数据插补方法，健康状况、社会支出的回归系数均较大，生活费用、家庭收入的回归系数较小。显然，在低分位数水平下，中老年群体的健康状况对于他们的医疗保健支出产生了较大的影响。此外，社会支出在中老年群体各项支出中的占比一定程度上会影响他们的医疗保健支出，所以在中分位数水平和高分位数水平下的中老年群体无论选择何种缺失数据插补方法，健康状况对于他们的医疗保健支出都会产生较大的影

第 2 章 面向社会数据的互联网统计方法与案例

响，社会支出对医疗保健支出的影响次之，生活费用的影响最小。

不同缺失数据插补方法处理后的不同分位数水平下的模型参数估计结果还可以通过绘图来展示，具体 R 软件代码如下。

```
setwd("D:\\")
#将读取与存储文件的位置固定在 D 盘
library(lattice)
#调用 lattice 软件包
install.packages("MEMSS")
#安装 MEMSS 软件包
library(MEMSS)
#调用 MEMSS 软件包
data=read.csv("CHARLSresult_rawplot.csv")
#读取 csv 格式的数据文件 CHARLSresult_rawplot.csv
attach(data)
#后续所有操作都基于 data 数据
linetype=c(1:5);colors=rainbow(5)
#设定 5 种类型和 5 种颜色的线
keyv <- list(space = "right", text = list(levels(method)),points = list(pch = 1:5,col=colors))
#在图的右方设置图例，用 5 种颜色、5 种类型的点表示不同缺失数据插补方法
graph1=paste("FIGURE",".pdf")
#将图存储为名为 FIGURE 的 pdf 文件
pdf(file=graph1, width=9.5, height=5,family="GB1")
#设定 pdf 格式的文件，横向宽度为 9.5，纵向高度为 5，字体为标准宋体 GB1
xyplot(value~variable |indicator, groups = method, pch=1:5,
lty=linetype, col=colors,
    xlab = "变量", ylab = "估计结果", type="o", add=TRUE, key = keyv)
#用 xyplot()函数绘图，value 表示参数估计值，variable 表示截距项及自变量，indicator 表示分位数水平，groups 表示按照方法分组，点和线设置为 5 种类型、5 种颜色，x 轴为变量，y 轴为参数估计结果，type="o"表示实线通过所有点，add=TRUE 表示在当前图上增加新元素，图例为 keyv
dev.off()
#运行后才能得到格式为 pdf 的图片文件
```

运行上述代码可以得到不同缺失数据插补方法处理后各分位数水平下的模型参数估计结果折线图（见图 2.5）[①]。

使用多重插补方法时通常需要考虑运算时间，尤其当变量数众多时，多重插补方法会先生成多套数据，再汇总参数估计结果，因此通常会产生较大的运算负担。表 2.8 所示为不同缺失数据插补方法的运算时间。

---

① 读者需要注意，R 代码设置了 5 种不同类型和 5 种不同颜色的折线来表示不同缺失数据插补方法处理后的参数估计结果。上面给出了不同颜色的代码，方便读者在操作时进行更多元化的操作。

互联网统计学：方法与应用

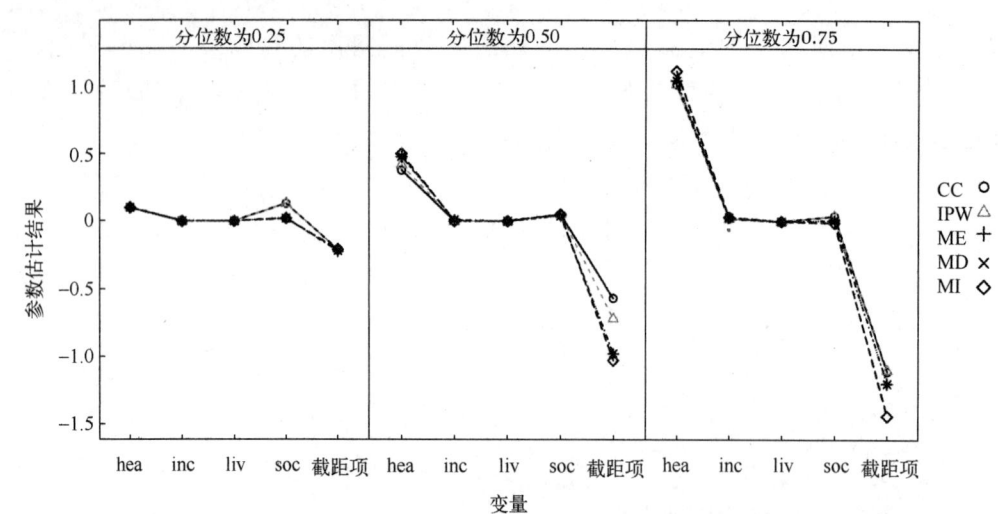

图 2.5 不同缺失数据插补方法处理后各分位数水平下的模型参数估计结果折线图

表 2.8 不同缺失数据插补方法的运算时间

方法	运算时间/s
CC	0.09
IPW	0.24
MI	0.80
ME	0.27
MD	0.31

由表 2.8 可以看出，多重插补方法(MI)的运算时间为 0.80s，比其他缺失数据插补方法的运算效率低；完整资料分析法(CC)的运算时间为 0.09s，运算效率最高；逆概率加权法(IPW)、均值插补法(ME)和中位数插补法(MD)的运算时间几乎相当。需要补充说明的是，在实际操作中，缺失数据的处理情况较为复杂，需要先确定能够切实服从数据分布、满足数据规律的缺失数据插补值，再考虑运算效率。

2.2.4 总结与讨论

当前，中国医疗卫生条件正在逐步改善，人民健康意识也在不断提高，但同时也承受着不同程度的医疗保健支出负担，中老年群体在此方面的需求和支出较为突出。本案例的结果表明，在不同分位数水平下的中老年群体，无论选择何种缺失数据插补方法，与生活费用和家庭收入相比，健康状况和社会支出对医疗保健支出均存在较大影响，健康状况对医疗保健支出的影响最大，社会支出次之。究其原因，与其他群体相比，中老年群体的收入较为固定，社会支出在他们各项支出中占有一定比例，在一定程度上会影响他们的医疗保健支出。因此，深入研

第 2 章 面向社会数据的互联网统计方法与案例

究中老年群体的收入现状、提高医疗保健支出是值得关注的研究课题。下面从以下三个方面提出政策建议。

一是在保障制度层面向中老年群体收入倾斜。在逐步加大经济保障覆盖面、加快薪酬福利制度落地的基础上，建立和健全中老年人的补贴制度，尤其向城镇社保未覆盖的职工家属及农村人口中的老年群体的家庭收入适当倾斜。不仅按原有额度发放退（离）休金，还要建立保值优惠机制，在保障基本生活条件的同时补给适应市场消费水平的收入差额。探索建立责任共担的福利服务制度，政府承担主体责任，合理分担家庭供养责任。

二是在医疗卫生资源层面改善医疗保健环境。进一步增加我国医疗卫生机构数量、卫生人员数量、村卫生室的提供数量、医疗卫生机构床位的提供数量、乡镇卫生院医疗服务的提供数量及卫生总投入。通过医疗卫生制度的不断革新和政府部门的有效介入，加快推动我国医疗保健资源配置的逐步优化。加大我国政府卫生支出、社会卫生支出，减少中老年人在医疗保健方面的个人支出，营造"保健无忧虑、看病无负担"的医疗保健生态。

三是在反馈通道层面关注中老年群体的多元化需求。进一步畅通中老年群体在家庭收入和医疗保健方面需求的反馈渠道，及时收集、归纳不同中老年人的实际困难和真实诉求，发展多元化的医疗保健体制，为中老年群体反映的不同问题给予具体指导和帮助，有效地跟踪和解决问题。针对患有重大疾病但经济基础薄弱的中老年群体，应开辟"绿色通道"满足治病就医需求，多关注中老年群体的精神生活，将心理呵护纳入医疗保健体系。

启发视窗

在广义上，多重插补方法是指先对缺失数据进行多次插补，得到多套完整数据，再汇总多次分析结果。下面简单介绍 Wei、Ma 和 Carroll（2012）提出的分位回归中的多重插补方法。由于原理较为复杂，读者可酌情掌握。

考虑到确定分位回归下的条件密度函数首先需要估计相应的参数取值（分位系数过程），因此在估计条件密度函数 $f(x|y,z)$ 之前，仅用可观测的完整数据计算分位回归的参数估计结果（分位回归中的截距项和回归系数的估计值），以 y 为因变量，以 x 和 z 为自变量，建立分位回归模型，将参数估计结果记为 $\hat{\beta}_{n_1,\tau}$。对于任意分位数 τ，$\hat{\beta}_{n_1,\tau} = \underset{\beta}{\arg\min} \sum_{i=1}^{n_1} \rho_\tau \{y_i - (x_i^T, z_i^T)\beta\}$，$\rho_\tau(r) = r\{\tau - I\}(r<0)$ 是非对称的 L_1 损失函数，分位数 τ 一般在 $(0,1)$ 上等间隔取值，根据 $f(x|y,z) \propto f(y|x,z)f(x|z)$ 估计条件密度函数 $f(x|y,z)$。

（1）估计条件密度函数 $f(x|z)$。在给定 z 的条件下，x 的函数可以写为

$f(x|z,\eta)$。在随机缺失的情况下,η 的估计依赖于可观测的完整数据。记 η 的估计为 $\hat{\eta}$,则在给定 z 的条件下,x 的条件密度函数估计为 $f(x|z,\hat{\eta})$。建立基于 x 和 z 的可观测完整数据部分的线性回归,将参数估计结果与残差平方和除以自由度的平方根记为 $\hat{\eta}$。

(2) 估计条件密度函数 $f(y|x,z)$。对于任意分位数 τ,线性分位回归模型 $Q_\tau(y) = x^T \beta_{1,\tau} + z^T \beta_{1,\tau}$ 的条件密度函数 $f(y|x,z)$ 是一个分位系数过程的函数,即 $f\{y|x,z;\beta_0(\tau)\} = F'\{y|x,z;\beta_0(\tau)\}$。其中,$\beta_0(\tau)$ 是一个真实的分位系数过程,$F'\{y|x,z;\beta_0(\tau)\} = \inf\{\tau \in (0,1): (x^T, z^T)\beta_0(\tau) > y\}$。为了表明 $f(y|x,z)$ 与分位函数 $\beta_0(\tau)$ 有关,将 $f(y|x,z)$ 写为 $f\{y|x,z;\beta_0(\tau)\}$,因为分位函数 $Q_{\tau_k}(y)$ 是分布函数 $F(y)$ 的逆函数,所以条件密度函数 $f(y|x,z)$ 可以表示为分位函数的一阶导数,具体可通过 $\hat{f}\{y|x,z;\hat{\beta}_{n_i}(\tau)\}$ 逼近。

得到 $f(x|z)$ 和 $f(y|x,z)$ 两个条件密度函数后,即可唯一确定 $f(x|y,z)$。根据 $\hat{f}(x|y,z) \propto \hat{f}\{y|x,z;\hat{\beta}_{n_i}(\tau)\} f(x|z,\hat{\eta})$。对于每一个 j($j=1,2,\cdots,n_0$),通过抽取一个在 $(0,1)$ 上均匀分布的随机变量,从 $\hat{f}(x|y,z)$ 生成缺失数据的插补值,进而插入分位函数 $\hat{F}^{-1}(u|y,z): u \in (0,1)$。令 u_l 表示第 l 个生成的服从 $(0,1)$ 均匀分布的随机变量,定义 $\tilde{x}_{j(l)} = F^{-1}(u_l|y,z)$,最终可得 $\tilde{x}_{j(l)} \sim \hat{f}(x|y,z)$。

完成条件密度函数 $f(x|y,z)$ 的估计后,即可获得缺失数据的插补值。利用插补后的完整数据,重新估计回归系数。基于可观测的完整数据和第 l 次插补后数据的新目标函数可以表示为

$$S_{n(l)}(\beta) = \sum_{i=1}^{n_1} \rho_\tau\{y_i - (x_i^T, z_i^T)\beta\} + \sum_{j=1}^{n_0} \rho_\tau\{y_i - (\tilde{x}_{j(l)}^T, z_i^T)\beta\}$$

定义 $\hat{\beta}_{*(l)} = \underset{\beta}{\operatorname{argmin}} S_{n(l)}(\beta)$ 为第 l 次插补后的参数估计结果,重复 m 次多重插补后的参数估计结果为 $\tilde{\beta}_{n,\tau} = m^{-1} \sum_{l=1}^{m} \hat{\beta}_{*(l)}$。

思考与练习

1. 不同缺失数据插补方法有哪些特点?如何根据实际问题选择合适的方法?

2. 参考案例1,通过 R 软件编程,获得案例2中除系数估计值以外的其他参数估计结果:标准差(Std.Error)、t 统计量值(t value)和 p 值(Pr(>|t|))。

3. 在案例2的基础上,构建基于不同缺失数据插补方法的线性回归模型,并通过 R 软件编程获得参数估计结果。

4. 请思考,当缺失数据百分比达到40%甚至更高时,应该如何处理缺失数据?采用哪种方法相对最佳?

第 2 章　面向社会数据的互联网统计方法与案例

参 考 文 献

[1] 王涛，杜征征. 我国城乡收入差距过大的现状与对策选择[J]. 现代经济探讨，2006，(1)：61-65.

[2] 庞智强，仇菲菲. 城乡居民收入差距的研究方法述评[J]. 统计与信息论坛，2007，22(4)：102-105.

[3] 鲁玲. 中国城乡居民收入差距的统计学分析[J]. 统计与信息论坛，2010，25(1)：36-40.

[4] 韩家彬，张震，于鸿君. 非均衡发展战略与中国城乡收入差距的关系：来自省级面板数据的经验分析[J]. 统计与信息论坛，2011，26(12)：54-58.

[5] 袁兴意. 家庭因素与农民工职业收入：一个实证分析[J]. 新疆农垦经济，2013，(10)：60-64.

[6] 钞小静，沈坤荣. 城乡收入差距、劳动力质量与经济增长[J]. 经济研究，2014，49(6)：30-43.

[7] 魏钦恭. 收入不平等的主观测量与容忍度分析：基于职业收入分殊的视角[J]. 社会发展研究，2015，(3)：32-50+242.

[8] 许永洪，萧珍丽，朱建平. 教育缓解了收入分配不平衡吗[J]. 数理统计与管理，2019，38(4)：704-718.

[9] 和红，谈甜. 居民身心健康状况对职业收入的影响：基于倾向得分匹配法(PSM)的实证研究[J]. 中国卫生政策研究，2019，12(2)：27-34.

[10] 赖俊明，徐保红. 城乡劳动力流动中劳动者就业意愿影响研究[J]. 数理统计与管理，2019，38(3)：405-417.

[11] 程豪. 基于分数插补法的城乡职业收入影响因素研究[J]. 数理统计与管理，2021，40(4)：705-719.

[12] KOENKER R, BASSETT G J. Regression Quantiles[J]. *Econometrica*, 1978, 46(1): 33-50.

[13] KOENKER R. Quantile Regression[M]. Cambridge: Cambridge University Press, 2005.

[14] 黄成凤，汤小波，杨燕绥. 城乡居民人均可支配收入对医疗保健支出影响及区域差异分析[J]. 卫生软科学，2017，31(12)：23-27.

[15] 范周予，施和俊. 城镇居民收入结构对医疗保健消费的影响：基于 2007—2015 年省级面板数据[J]. 价值工程，2017，36(14)：34-36.

[16] 徐昕. 广义泊松回归模型的推广及其在医疗保险中应用[J]. 数理统计与管理，2017，36(02)：215-225.

[17] 赵建国，陈亮. 区域收入差距对居民健康的影响研究[J]. 财经问题研究，2018，(11)：122-128.

[18] 曹阳，戴玉娟. 老龄化背景下收入对农村居民医疗保健消费的影响：基于省级面板数据的实证分析[J]. 经济研究导刊，2018，(9)：28-41.

[19] 谢聪，宇传华，张爽，等. 基于省际面板分位回归的中国城乡居民医疗保健支出影响因素分析[J]. 中国卫生统计，2018，35(1)：26-32.

[20] 王芳，黄莉芳. 家庭特征对居民消费支出的影响分析：基于中国家庭追踪调查数据[J]. 数理统计与管理，2019，38(3)：381-393.

[21] 王沛立，李恩平. 我国居民医疗负担及其影响因素分析：基于弹性网方法的实证研究[J]. 数学的实践与认识，2019，49(14)：97-107.

[22] 张跃华，王翌宵. 新型农村社会养老保险对贫困群体生活的影响：基于 CHARLS 2011—2015 面板数据的分析[J]. 保险研究，2019，(5)：69-80.

[23] 程豪. 非参数逆概率加权分位回归模型及其在 CHARLS 数据中的应用研究[J]. 数理统计与管理，2023，42(3)：403-415.

[24] LITTLE R J A, RUBIN D B. Statistical Analysis with Missing Data[M]. New York: Wiley, 1987.

[25] CHENG H, WEI Y. A Fast Imputation Algorithm in Quantile Regression[J]. *Computational Statistics*, 2018, 33(4): 1589-1603.

[26] WEI Y, MA Y, CARROLL R J. Multiple Imputation in Quantile Regression[J]. *Biometrika*, 2012, 99(2): 423-438.

[27] KIM J K. Parametric Fractional Imputation for Missing Data Analysis[J]. *Biometrika*, 2011, 98(1): 119-132.

[28] ROBINS J M, ROTNITZKY A, ZHAO L P. Estimation of Regression Coefficients When Some Regressors are not Always Observed[J]. *Journal of the American Statistical Association*, 1994, 89(427): 846-866.

第 3 章

面向经济数据的互联网统计方法与案例

3.1 案例1：个人所得税的税收发展状况预测

3.1.1 案例背景

税收是国家政府公共财政主要的收入形式和来源，体现了以国家为主体的分配关系，是国家调控社会经济的重要手段。税收是财政收入的重要组成部分，税收预测为各级决策者制定税收和经济政策提供了科学依据。因此，研究影响税收收入的主要因素，确定税收影响因素的作用机理和影响程度，建立系统的税收预测模型体系，客观且准确地预测全国税收收入，对于合理界定财政预算支出、完善我国当前的财政税收体制、进一步规范预算构成均具有非常深远的意义。

个人所得税是调整征税机关与自然人（居民个人、非居民个人）之间在个人所得税的征纳与管理过程中所发生社会关系的法律规范的总称。根据第十三届全国人民代表大会常务委员会第五次会议关于修改《中华人民共和国个人所得税法》的决定，"在中国境内有住所，或者无住所而一个纳税年度内在中国境内居住累计满一百八十三天的个人，为居民个人。居民个人从中国境内和境外取得的所得，依照本法规定缴纳个人所得税。在中国境内无住所又不居住，或者无住所而一个纳税年度内在中国境内居住累计不满一百八十三天的个人，为非居民个人。非居民个人从中国境内取得的所得，依照本法规定缴纳个人所得税。纳税年度，自公历一月一日起至十二月三十一日止。"具体来说，应当缴纳个人所得税的个人所得包括工资、薪金所得，劳务报酬所得，稿酬所得，特许权使用费所得，经营所得，利息、股息、红利所得，财产租赁所得，财产转让所得和偶然所得。

近年来，很多专家学者深入讨论了税收预测及其统计方法。程豪和易丹辉（2016）运用时间序列预测方法和分位回归模型讨论了加入税基因素后的个人所得税预测模型；谢波峰（2017）开展了基于大数据的税收经济分析和预测探索；刘建民、左亚林和吴金光（2017）分析了我国税收收入预测模型的构建及预测；Beate 和 Robert（2017）从政治经济学角度对 1996 年至 2012 年 OECD 国家数据进行税收预测，研究发现政治家可能有动机影响税收预测；李华（2019）认为在高质量发展目标的要求下，税收是国家调控经济运行、调节收入分配的重要政策工具，还应进一步转变模式减税；赖慧慧（2019）在大数据背景下借助 ARMA 模型预测增值税销项税额，并证明该模型在增值税销项税额预测方面表现了良好的性能；邵明振、马舒瑞、屈小芳等（2020）探讨了在新型冠状病毒感染环境下税收在我国经济稳定且高质量发展中的作用；田昭、付粉玲和刘洋（2020）选择多元回归模型，预测我国未来的税收收入。

第 3 章　面向经济数据的互联网统计方法与案例

研究预测目标与时间的演变关系是指根据统计规律性构造拟合个人所得税随时间变化的最佳数学模型，浓缩时间序列信息，简化时间序列的表示，并用最佳数学模型预测。个人所得税的预测就是根据个人所得税的时间序列数据归纳趋势和规律，推测未来的个人所得税走势，从而预测个人所得税规模。

3.1.2　时间序列预测模型的基本原理

时间序列数据的波动规律主要概括为 4 种类型：趋势变动、季节变动、循环变动和不规则变动。趋势变动是指时间序列朝着一定的方向持续上升或下降，或停留在某一水平上的倾向，它反映了客观事物的主要变化趋势；季节变动是指重复出现的周期性变化(如季度或月度)，如销量在不同季节的销量变化；循环变动通常是指周期为一年以上，由非季节因素引起的涨落波形相似的波动，如 GDP 增长率随经济周期的变化；不规则变动可分为突然变动和随机变动，如某次促销活动导致的销售量骤然上升属于突然变动，随机变动则指随机因素导致时间序列的小幅度波动。

传统的时间序列预测模型包括趋势模型、季节模型、指数平滑模型等。

1．趋势模型

趋势模型适用于时间序列数据自身发展变化具有确定性规律的情形。趋势模型的基本形式为 $\hat{y}_t = f(t)$，其中，t 表示时间变量，f 表示具体函数形式，通常根据时间序列数据的基本规律特征选择具体形式。例如，$\hat{y}_t = a + bt$ 表示线性增长或下降的直线趋势模型，$\hat{y}_t = a + bt^2$ 表示二次曲线趋势模型。

延展阅读

(1) 常用趋势模型的基本形式如下。

直线：$\hat{y}_t = a + bt$。

指数曲线：$\hat{y}_t = ab^t$。

幂函数曲线：$\hat{y}_t = at^b$。

对数曲线：$\hat{y}_t = a + b\ln(t)$。

多项式：$\hat{y}_t = b_0 + b_1 t + b_2 t^2 + \cdots + b_k t^k$。

Logistic 曲线：$\hat{y}_t = L / (1 + ae^{bt})$。

(2) 趋势模型可以理解为以时间为自变量、以时间序列数据为因变量且不包括随机误差项的线性回归模型。之所以可用线性回归模型来理解，是因为无论趋势模型采取何种表达形式，均可以通过重新定义自变量和因变量的方式将其转化为线性回归模型的形式。例如，令 $t = t_1$，$t^2 = t_2$，$\cdots$，$t^k = t_k$，则多项式趋势模型可转化为 $\hat{y}_t = b_0 + b_1 t_1 + b_2 t_2 + \cdots + b_k t_k$。

2. 季节模型

季节模型主要用于具有季节性变动规律的情形，这种季节变动规律主要反映的是在一定时间段内的周期性变动规律，造成这种周期性变动的因素可能是自然因素，也可能是历史、人文或制度因素。需要说明的是，季节模型更多表达的是针对包含季节变动规律的时间序列数据提取的受季节因素影响的部分(称为季节因子)，以方便进行季节调整，提高模型对真实数据的预测精度。在现实的预测工作中，季节变动往往与趋势变动混合在一起，因此基于趋势变动、季节变动、循环变动和不规则变动的乘法模型和加法模型在提取季节变动部分时的意义不大，现实数据通常较为复杂，往往只能从理论层面阐述构成时间序列数据变动规律的各个部分，而无法准确刻画各个部分对形成最终变化的贡献。

延展阅读

趋势(Trend)变动、季节(Seasonal)变动、循环(Circle)变动和不规则(Irregular)变动分别记为 T、S、C、U，四种变动与原始序列(Y)之间的关系可概括为以下两种模型。

乘法模型：$Y=TSCI$，其中，T、S、C 相关。

加法模型：$Y=T+S+C+I$，其中，T、S、C 相互独立。

相应地，对原始序列进行季节调整是指从序列中去除季节变动，基本思路如下。

乘法模型：$Y/S=(TSCI)/S=TCI$。

加法模型：$Y-S=(T+S+C+I)-S=T+C+I$。

3. 一次指数平滑模型

趋势模型和季节模型往往适合于比较有规律的数据，而在实际数据中，趋势变动、季节变动、循环变动和不规则变动往往同时存在，展示出较为复杂的变动规律，在这种情况下可考虑采用指数平滑模型。

一次指数平滑模型的形式为 $\hat{y}_t = ay_{t-1}+(1-a)\hat{y}_{t-1}$，其中，$y_{t-1}$ 是真实值序列，$\hat{y}_t$ 是平滑值序列，$\hat{y}_{t-1}$ 是上期平滑值，a 是平滑系数，取值范围是 $0 \leq a \leq 1$。不难看出，一次指数平滑模型给出的是第 t 期和第 $t-1$ 期真实值和预测值的递推公式，经过推导可得

$$\hat{y}_t = ay_{t-1} + a(1-a)y_{t-2} + a(1-a)^2 y_{t-3} + \cdots + (1-a)^{t-1}\hat{y}_1$$

令第1期的预测值等于第1期的真实值，即 $\hat{y}_1 = y_1$，$\hat{y}_t$ 是真实值序列($y_t, y_{t-1}, \cdots, y_1$)历史数据的加权平均数，权数 $a, a(1-a), a(1-a)^2, \cdots, (1-a)^{t-1}$ 在一定程度上反映了一次指数平滑模型总是依赖于最新样本数据的特点，即距离第 t 期数据越远，对预测第 t 期数据的贡献越小。不难看出，平滑系数 a 的选择会影响预测的准确性，

第 3 章 面向经济数据的互联网统计方法与案例

建议取值范围为 0.1～0.3。从实际应用角度来看，平滑系数 a 不一定局限于该取值范围，还取决于不同期时间序列数据的使用程度。具体来说，如果时间序列数据存在较大幅度的变化，那么往往应该加强对近期数据的重视程度，这时宜选择较大的平滑系数 a；如果时间序列数据变化平稳、展示出经过长期积累而形成的特点，那么宜选择较小的平滑系数 a。可以具体选择几个平滑系数 a 分别预测，最后选择与真实值相比预测误差最小的 a 值。

4．二次指数平滑模型

一次指数平滑模型是通过平滑值计算得到的且仅涉及一个参数 a，通过 a 和 $(1-a)$ 两个元素构成模型中相应的参数。在一次指数平滑模型的基础上，二次指数平滑模型可以理解为两次使用一次指数平滑模型的表达形式，具体可以表示为

$$S_t = ay_{t-1} + (1-a)S_{t-1}$$

$$D_t = aS_t + (1-a)D_{t-1}$$

其中，S_t 是一次指数平滑序列；D_t 是二次指数平滑序列。二次指数平滑模型可以表示为

$$\hat{y}_{t+k} = A_t + B_t k$$

$$A_t = 2S_t - D_t$$

$$B_t = [a/(1-a)](S_t - D_t)$$

5．Holt-Winters 无季节模型

在二次指数平滑模型的基础上，Holt-Winters 无季节模型引入了两个平滑参数 a 和 b（$0 \leq a, b \leq 1$）。同样地，可通过类似的形式 a 和 $(1-a)$、b 和 $(1-b)$ 构造模型参数。Holt-Winters 无季节模型可以表示为

$$\hat{y}_{t+k} = S_t + D_t k$$

$$S_t = ay_t + (1-a)(S_{t-1} - D_{t-1})$$

$$D_t = b(S_t - S_{t-1}) + (1-b)D_{t-1}$$

其中，参数 $k \geq 1$。

6．Holt-Winters 季节模型

上述指数平滑模型和 Holt-Winters 无季节模型均考虑的是线性趋势预测的情形，未考虑季节效应。在传统的时间序列分析方法中，考虑季节效应的模型有 Holt-Winters 季节迭加模型和 Holt-Winters 季节乘积模型。

Holt-Winters 季节迭加模型和 Holt-Winters 季节乘积模型引入了三个平滑参数 a、b、c（$0 \leq a,b,c \leq 1$）。可以通过类似的形式 a 和 $(1-a)$、b 和 $(1-b)$、c 和 $(1-c)$ 构造模型参数。Holt-Winters 季节迭加模型可以表示为

$$\hat{y}_{t+k} = (S_t + D_t k)W_{t-s+k}$$

$$S_t = a(y_t - W_{t-s}) + (1-a)(S_{t-1} + D_{t-1})$$

$$D_t = b(S_t - S_{t-1}) + (1-b)D_{t-1}$$

$$W_t = c(y_t - S_t) + (1-c)W_{t-s}$$

其中，W_t 是季节因子（季节指数），参数 $k \geq 1$，s 是季节周期长度。例如，月度数据的周期为 12，季度数据的周期为 4，可以明显看出 Holt-Winters 季节迭加模型增加了季节项，适合既有趋势变动又有季节变动的数据。

Holt-Winters 季节乘积模型可以表示为

$$\hat{y}_{t+k} = (S_t + D_t k)W_{t-s+k}$$

$$S_t = a(y_t / W_{t-s}) + (1-a)(S_{t-1} + D_{t-1})$$

$$D_t = b(S_t - S_{t-1}) + (1-b)D_{t-1}$$

$$W_t = c(y_t / S_t) + (1-c)W_{t-s}$$

其中，W_t 是季节因子（季节指数），所有参数 $k \geq 1$，s 是季节周期长度。例如，月度数据的周期为 12，季度数据的周期为 4，可以明显看出 Holt-Winters 季节乘积模型增加了季节项，适合既有趋势变动又有季节变动的数据。

3.1.3 软件操作

本案例采用的个人所得税年度数据来自国家统计局，时间跨度为 2012 年至 2021 年。先通过 EViews 软件读入数据（ch3_iit.csv），具体操作是打开 EViews 软件，选择"Create a new EViews workfile"选项，在"Workfile structure type"的下拉列表中选择默认的"Dated – regular frequency"选项，在"Frequency"的下拉列表中选择默认的"Annual"选项，在"Start date"和"End date"的文本框内分别填入"2012"和"2021"，最后单击"OK"按钮。EViews 创建工作文件操作如图 3.1 所示。

接下来完成 EViews 数据读入操作（见图 3.2），依次选择"Proc"→"Import"→"Import from file…"选项，选择数据文件 ch3_iit.csv 所在位置，双击数据文件后弹出"Text Read – Step 1 of 5"窗口，所有设置选择默认，单击"下一步"按钮直到弹出"Text Read – Step 5 of 5"窗口，单击"Finish"按钮，弹出"Link

第 3 章　面向经济数据的互联网统计方法与案例

imported series and alpha object(s) to external source"窗口，最后单击"Yes"按钮。

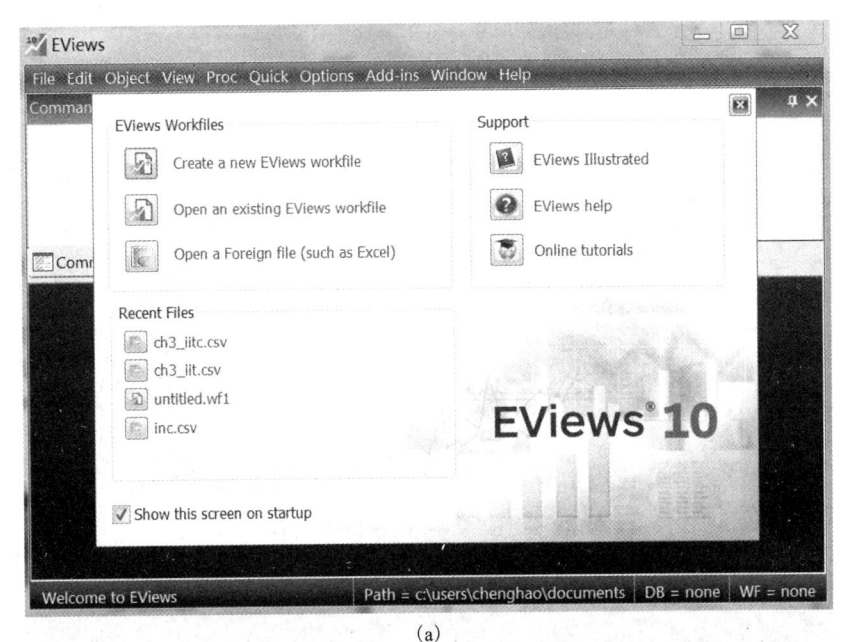

(a)

(b)

图 3.1　EViews 创建工作文件操作

双击图 3.2 中的"iit"就可以打开导入成功的个人所得税数据。在"View"的选项卡中选择"Graph…"选项，选择默认的"Line & Symbol(折线图)"选项，最后单击"OK"按钮，得到图 3.3 所示的 EViews 数据折线图。

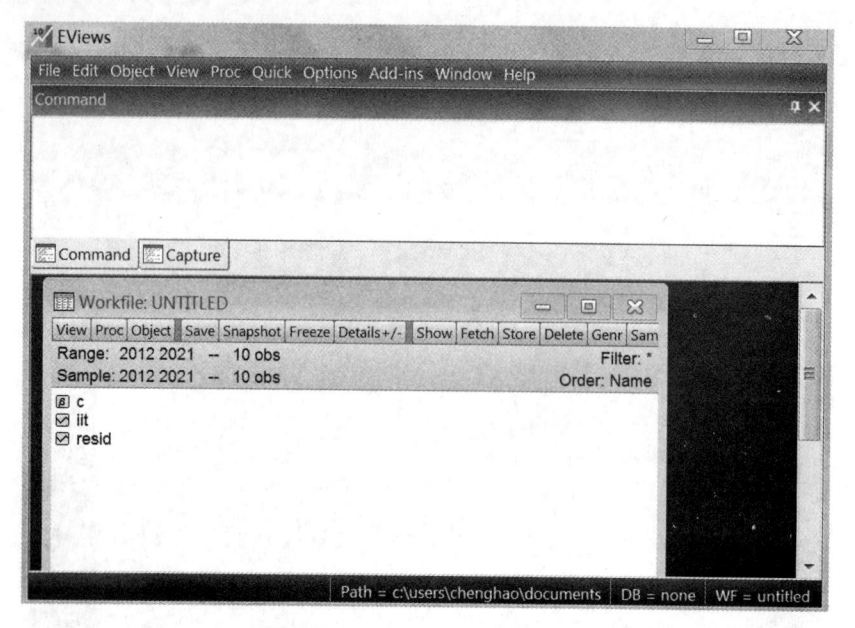

图 3.2　EViews 数据读入操作

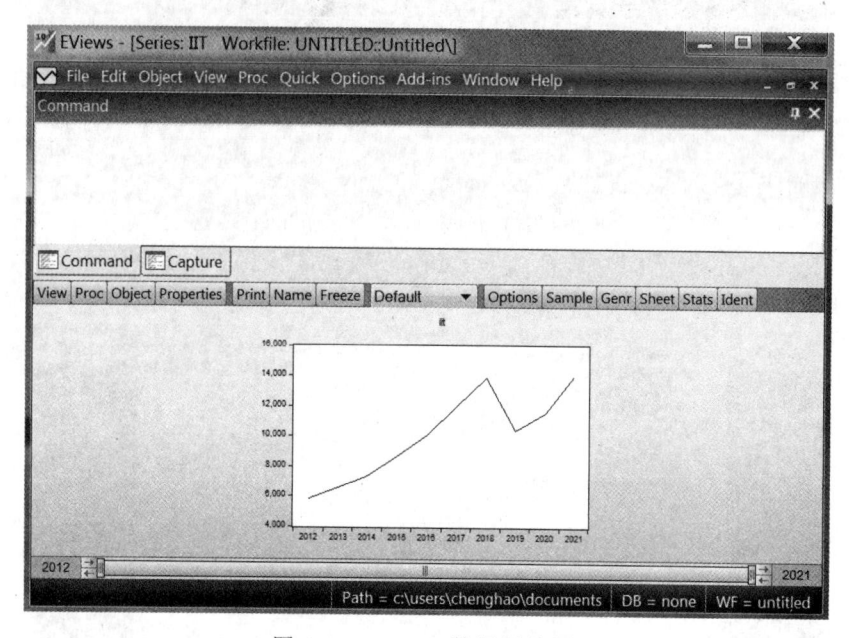

图 3.3　EViews 数据折线图

由图 3.3 可见，2012—2018 年的个人所得税（单位：亿元）呈现出较明显的增长趋势，2019 年出现大幅度下跌，而后又呈现出较明显的增长趋势。而且 2016 年—2018 年和 2019—2021 年这两个时长为 3 年的阶段在直观上曲线呈现出"近似平行"的状态，说明这两个阶段的增长率非常相近。经查阅数据发现，2016 年、2017 年和 2018 年的个人所得税数据分别约为 10088.98 亿元、11966.37 亿元和

第 3 章 面向经济数据的互联网统计方法与案例

13871.97 亿元，2019 年、2020 年和 2021 年的个人所得税数据分别约为 10388.53 亿元、11568.26 亿元和 13992.64 亿元。不难发现，2019 年与 2016 年、2020 年与 2017 年、2021 年与 2018 年在个人所得税上分别相差 299.55 亿元、398.11 亿元和 120.67 亿元，差距非常小，在数据层面上印证了"近似平行"的状态。

另一方面，2016 年的个人所得税在 2012—2015 年逐年增长的基础上呈现出新波动。单从 2012—2021 年个人所得税的年度数据规律来看，很难预判 2022 年数据是回落到 2019 年以呈现出 2016—2021 年的周期性季节变动规律，还是保持 2019—2021 年的持续增长趋势。

下面对个人所得税年度数据进行时间序列预测分析，所采用的方法包括一次指数平滑模型、二次指数平滑模型、Holt-Winters 无季节模型、Holt-Winters 季节迭加模型和 Holt-Winters 季节乘积模型。在 EViews 软件环境中，具体操作是在"Proc"的选项卡中选择"Exponential Smoothing"选项，窗口如图 3.4 所示。

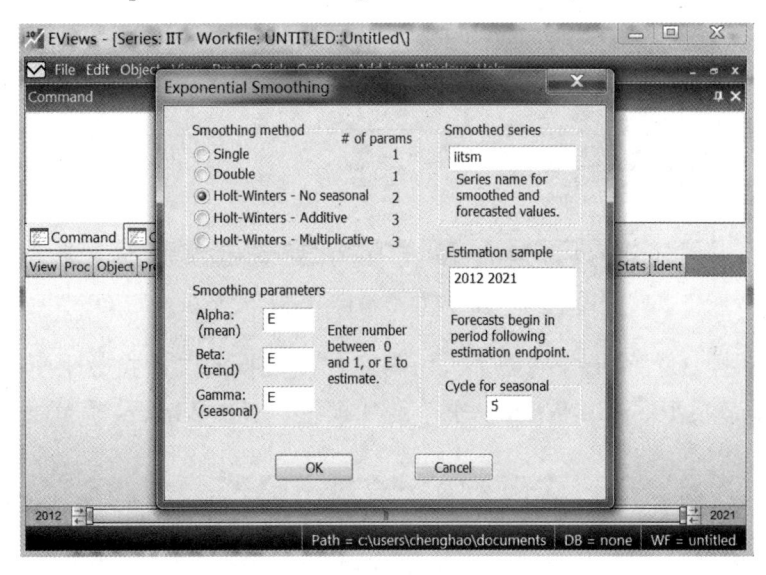

图 3.4 窗口

表 3.1 所示为图 3.4 涉及的时间序列预测方法的中英文对照表。需要说明的是，图 3.4 中"Smoothing parameters"为模型中涉及的参数。其中，参数"Alpha"是模型中的"a"，表示均值(mean)水平；参数"Beta"是模型中的"b"，表示趋势(trend)水平；参数"Gamma"是模型中的"c"，表示季节(seasonal)水平；这三个参数的取值范围是 0～1，也可以默认为"E"，表示待估计。"Smoothed series"表示原始数据序列光滑或者预测后的数据序列，命名为"iitsm"。"Estimation sample"表示样本数据时间段。"Cycle for seasonal"表示季节变动的周期，默认为 5，根据前面对数据的讨论可填为 3。一次指数平滑模型的运行结果如图 3.5 所示。

表 3.1　时间序列预测方法的中英文对照表

英文名称	中文名称
Single	一次指数平滑模型
Double	二次指数平滑模型
Holt-Winters – No seasonal	Holt-Winters 无季节模型
Holt-Winters – Additive	Holt-Winters 季节迭加模型
Holt-Winters – Multiplicative	Holt-Winters 季节乘积模型

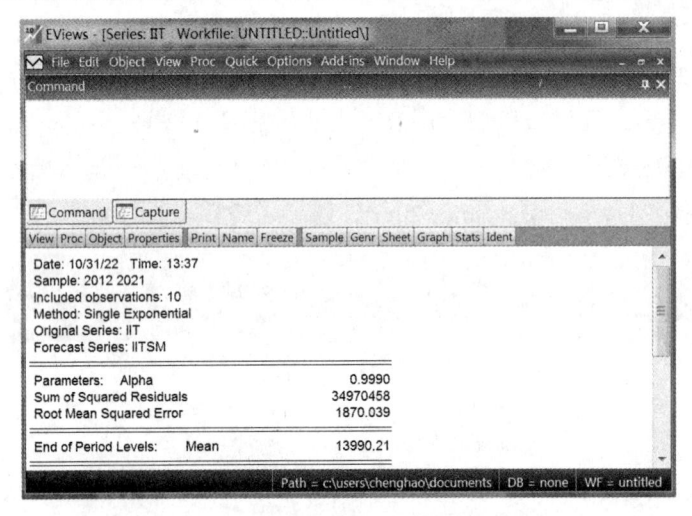

图 3.5　一次指数平滑模型的运行结果

图 3.6～图 3.9 所示分别为个人所得税年度数据的二次指数平滑模型、Holt-Winters 无季节模型、Holt-Winters 季节迭加模型、Holt-Winters 季节乘积模型的运行结果。

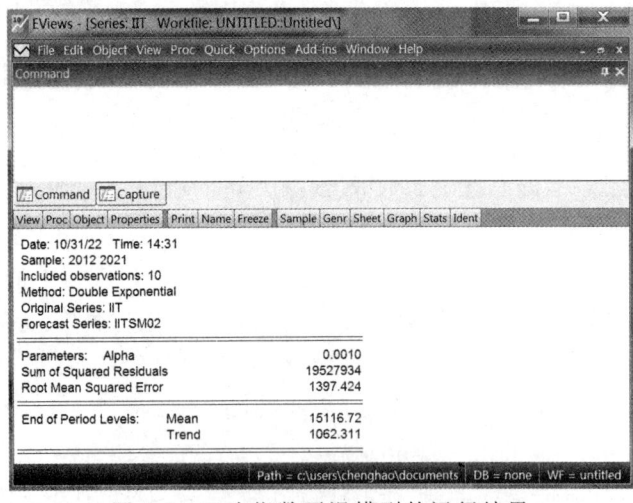

图 3.6　二次指数平滑模型的运行结果

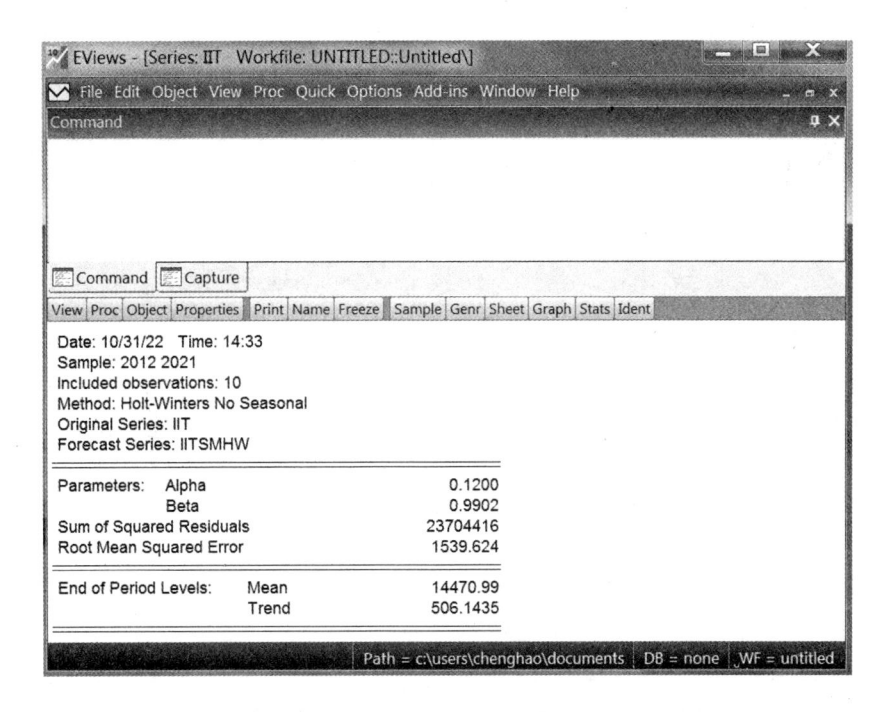

第 3 章 面向经济数据的互联网统计方法与案例

图 3.7 Holt-Winters 无季节模型的运行结果

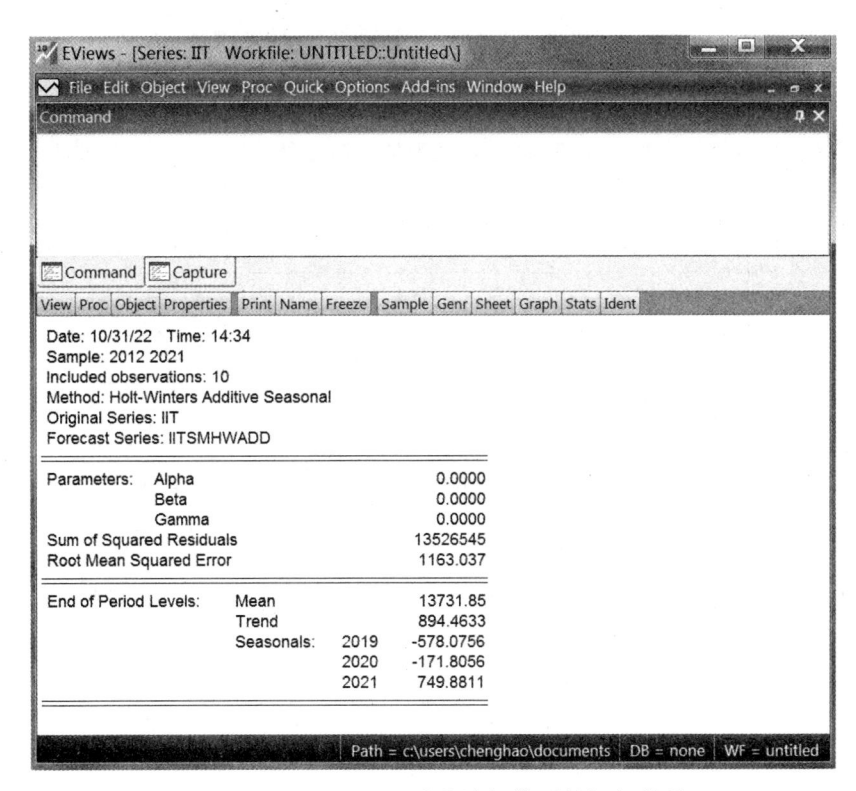

图 3.8 Holt-Winters 季节迭加模型的运行结果

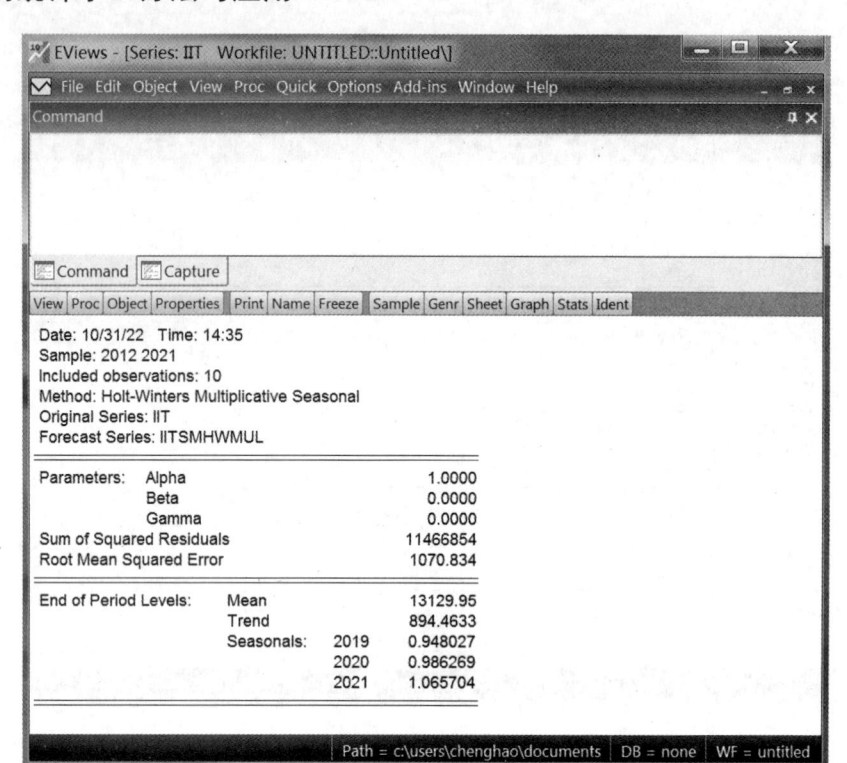

图 3.9　Holt-Winters 季节乘积模型的运行结果

不同模型的预测结果如表 3.2 所示。

表 3.2　不同模型的预测结果　　　　　　　单位：亿元

年份	真实值	一次指数平滑模型	二次指数平滑模型	Holt-Winters 无季节模型	Holt-Winters 季节迭加模型	Holt-Winters 季节乘积模型
2012	5820.28	7686.93	5562.31	5820.28	6431.56	6054.99
2013	6531.53	5822.15	6625.14	7049.50	5998.06	6025.57
2014	7376.61	6530.82	7687.26	8155.06	7298.80	7677.19
2015	8617.27	7375.76	8748.96	9136.92	9114.95	8923.96
2016	10088.98	8616.03	9811.01	10088.09	8681.45	8513.71
2017	11966.37	10087.51	10873.88	11101.82	9982.19	11378.14
2018	13871.97	11964.49	11938.37	12321.83	11798.34	13883.39
2019	10388.53	13870.06	13004.56	13808.20	11364.84	13188.17
2020	11568.26	10392.01	14061.64	14292.25	12665.58	11689.77
2021	13992.64	11567.08	15118.97	14536.20	14481.73	13453.22

为了比较不同时间序列预测模型的个人所得税预测精度，通过"（预测值−真实值）/真实值"计算得到不同模型的相对误差百分比（见表 3.3）。

第 3 章 面向经济数据的互联网统计方法与案例

表 3.3 不同模型的相对误差百分比

年份	一次指数平滑模型	二次指数平滑模型	Holt-Winters 无季节模型	Holt-Winters 季节迭加模型	Holt-Winters 季节乘积模型
2012	32.07%	−4.43%	0.00%	10.50%	4.03%
2013	−10.86%	1.43%	7.93%	−8.17%	−7.75%
2014	−11.47%	4.21%	10.55%	−1.05%	4.07%
2015	−14.41%	1.53%	6.03%	5.78%	3.56%
2016	−14.60%	−2.76%	−0.01%	−13.95%	−15.61%
2017	−15.70%	−9.13%	−7.22%	−16.58%	−4.92%
2018	−13.75%	−13.94%	−11.17%	−14.95%	0.08%
2019	33.51%	25.18%	32.92%	9.40%	26.95%
2020	−10.17%	21.55%	23.55%	9.49%	1.05%
2021	−17.33%	8.05%	3.88%	3.50%	−3.86%

由表 3.3 可见，在整体上，一次指数平滑模型在 2012—2021 年预测值的相对误差百分比的绝对值均大于 10.00%，最大值为 33.51%。在 2016—2021 年出现较大波动时，二次指数平滑模型预测值的相对误差百分比的绝对值最小值为 2.76%，最大值为 25.18%；Holt-Winters 无季节模型预测值的相对误差百分比的绝对值最小值为 0.01%，最大值为 32.92%。这三种未考虑季节效应的时间序列预测模型在预测精度方面表现非常不稳定，整体预测效果不太理想。

因此，需要考虑加入季节效应的时间序列预测模型：Holt-Winters 季节迭加模型和 Holt-Winters 季节乘积模型。Holt-Winters 季节乘积模型的预测精度整体上优于一次指数平滑模型、二次指数平滑模型和 Holt-Winters 无季节模型。但是，在 2019 年个人所得税突然降低时，Holt-Winters 季节乘积模型的预测效果不佳，相对误差百分比为 26.95%。相比之下，Holt-Winters 季节迭加模型在 2016—2018 年和 2019—2021 年这两个时长为 3 年的阶段的相对误差百分比表现得很均衡，绝对值取值分别在 15.00% 左右和 10% 以内。尤其是面对 2019 年个人所得税突然降低的情况，Holt-Winters 季节迭加模型的相对误差百分比仍然保持在 9.40%，与其他预测模型相比，预测效果较为理想。

实际上，还可以通过绘制时序图来展示不同模型预测值与真实值间的差距。具体操作是在图 3.10 中同时勾选原始序列"iit"和一次指数平滑模型得到的预测序列"iitsm01"，右击"iitsm01"后依次选择"Open"和"as Group"选项，自动弹出两列数据，选择"Quick"选项卡后选择"Graph…"选项，在"Series List"窗口中单击"OK"按钮，会自动弹出"Graph Options"窗口，单击"OK"按钮就可以得到图 3.11 所示的原始序列和一次指数平滑模型下预测序列的时序图。其

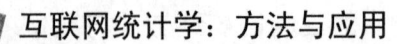

他模型的预测序列与原始序列的时序图请读者自行操作。图3.11(a)是原始截图，图3.11(b)在原始截图基础上分别对两条曲线进行标注，可见一次指数平滑模型的预测序列比原始序列滞后一年，这一点从表3.2中的预测结果也可以直接看出，与一次指数平滑模型的基本原理有关。

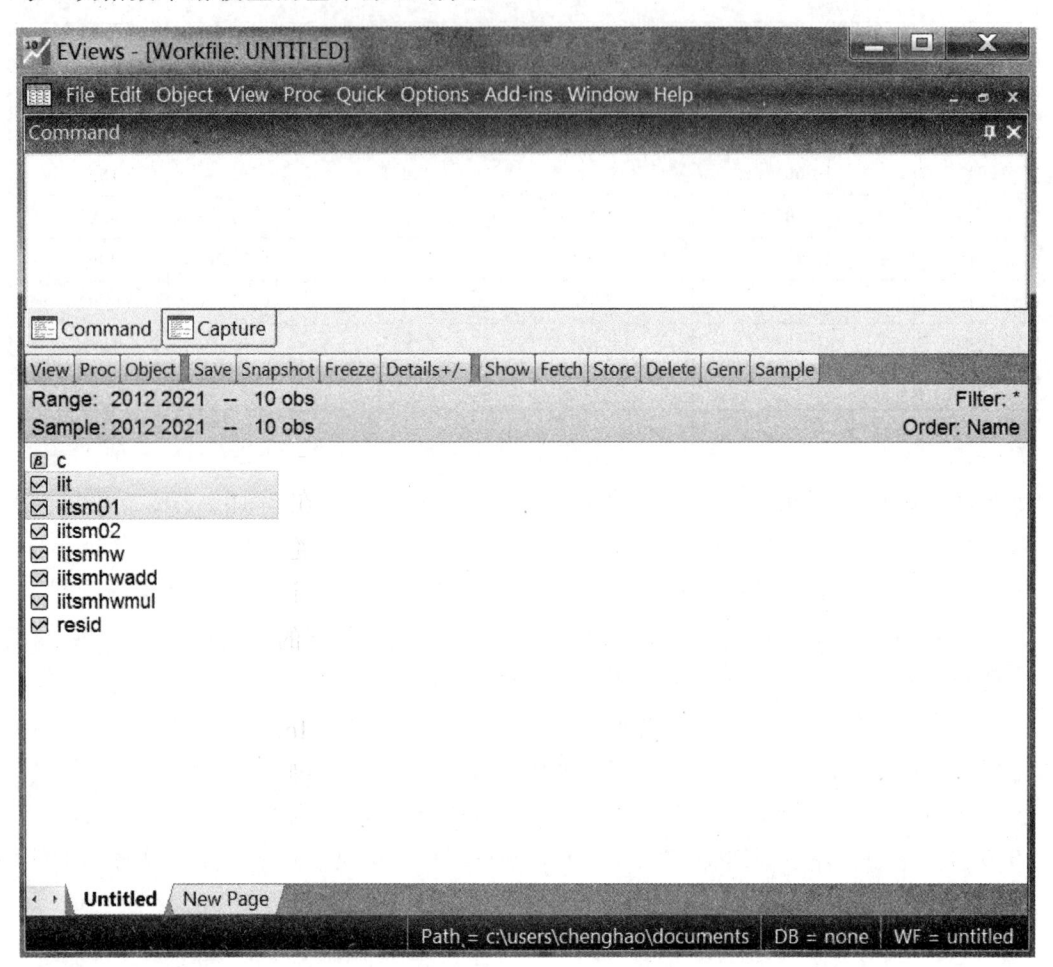

图3.10 原始序列和不同模型的预测序列

在图3.10中同时勾选原始序列"iit"和其他预测模型的预测序列"iitsm01""iitsm02""iitsmhw""iitsmhwadd"和"iitsmhwmul"，右击"iitsm01"后依次选择"Open"和"as Group"选项，自动弹出两列数据，选择"Quick"选项卡后选择"Graph…"选项，在"Series List"窗口中单击"OK"按钮，会自动弹出"Graph Options"窗口，单击"OK"按钮就可以得到图3.12。图3.12(a)是原始截图，图3.12(b)在原始截图基础上分别对6条曲线进行了标注，当同一个图中出现所有的预测结果时，6条曲线交叉在一起，难以识别原始序列和预测序列间的差距，因此建议按照预测模型逐一绘制时序图。

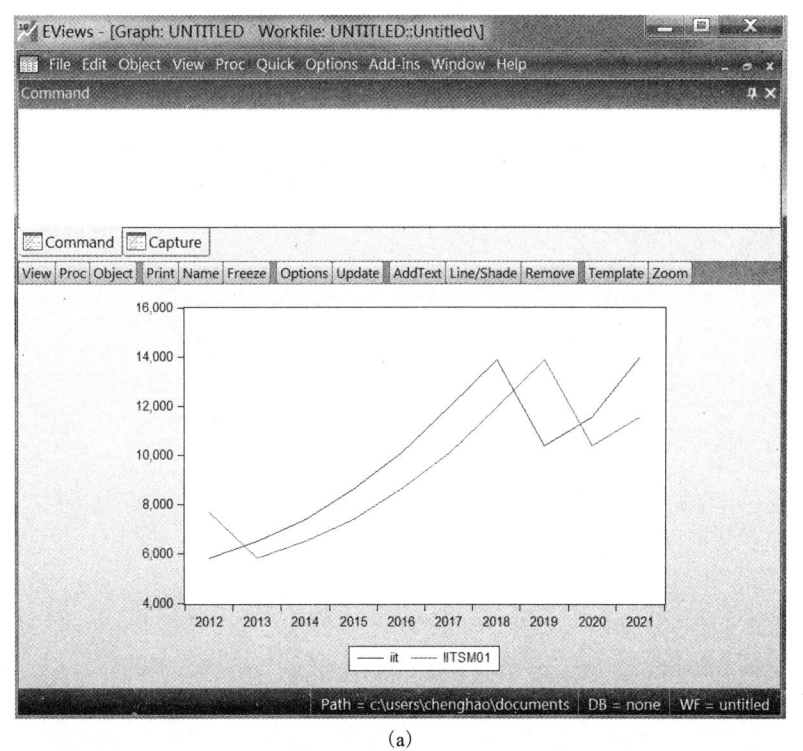

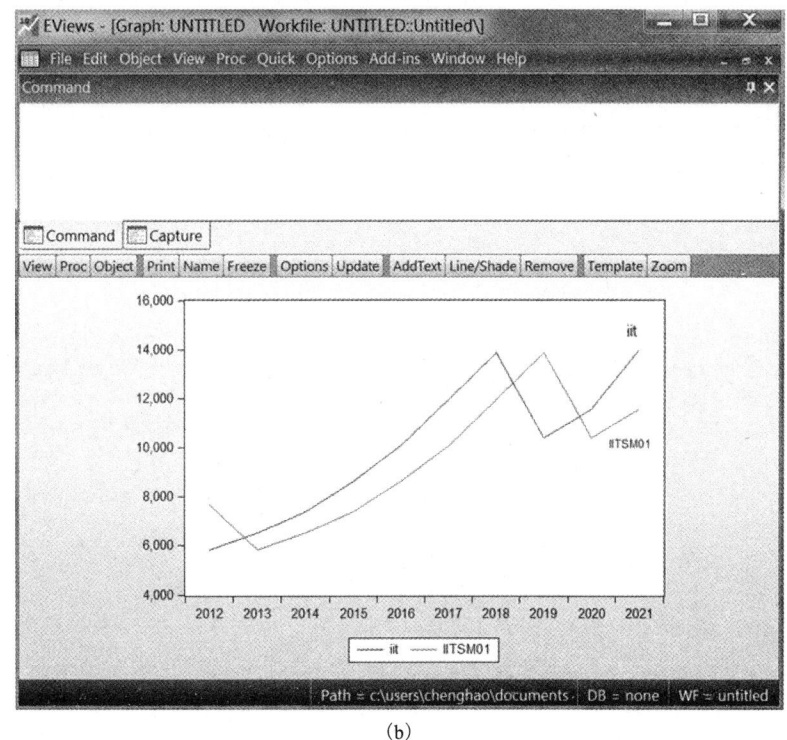

第 3 章　面向经济数据的互联网统计方法与案例

(a)

(b)

图 3.11　原始序列和一次指数平滑模型下预测序列的时序图

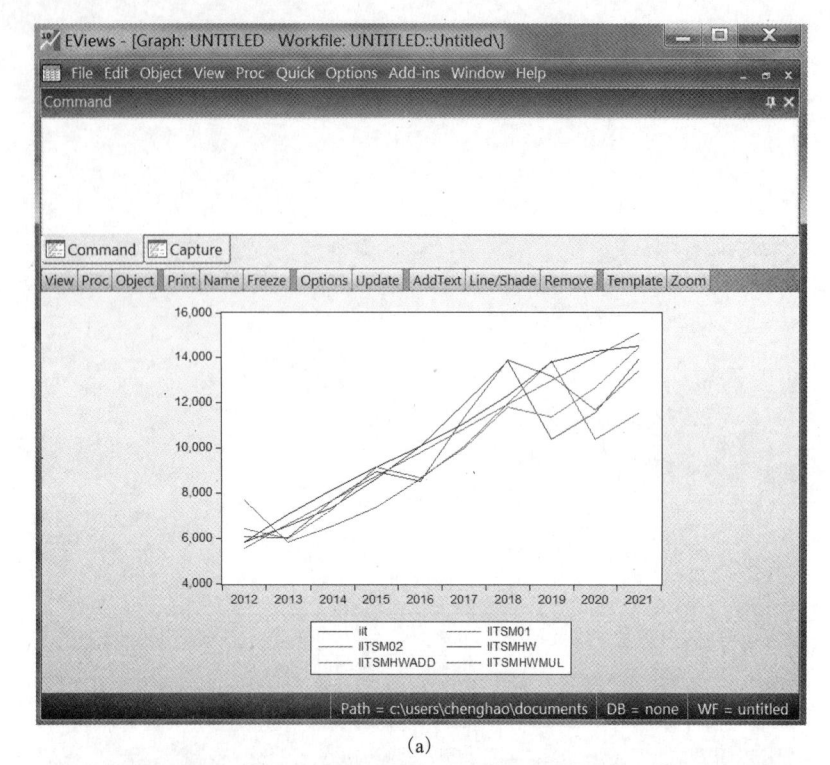

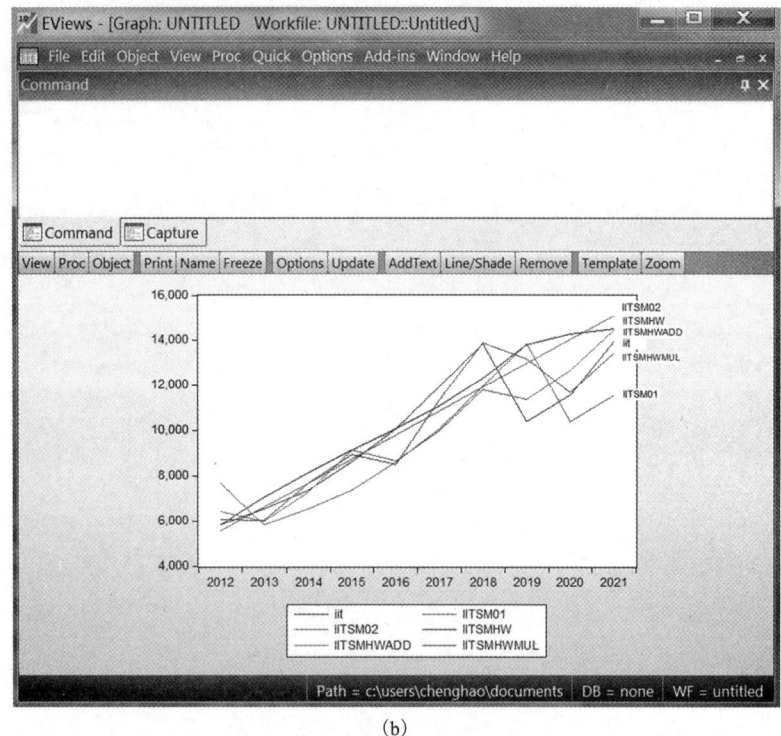

图 3.12 原始序列和所有模型预测序列的时序图

第 3 章　面向经济数据的互联网统计方法与案例

延展阅读

预测个人所得税还可以考虑引入税基因素,即城镇居民人均可支配收入。首先,通过国家统计局获取城镇居民人均可支配收入的年度数据,以城镇居民人均可支配收入作为自变量,以个人所得税为因变量,建立不同类型的回归模型;然后,预测城镇居民人均可支配收入,并通过回归关系计算个人所得税的预测值。具体研究方案如下:

(1)训练预测模型。用 2012—2018 年个人所得税及税基数据训练不同类型的回归预测模型。

(2)测试预测模型。代入 2019—2021 年税基数据,预测 2019—2021 年个人所得税,计算误差百分比,选择预测效果最佳的回归预测模型。

(3)预测 2022 年税基数据。利用时间序列预测模型预测 2022 年税基数据,以预测精度为标准,选择最佳预测值。

(4)预测 2022 年个人所得税数据。将 2022 年的税基预测值代入最佳回归预测模型,预测 2022 年个人所得税。

事实上,目前还未在真正意义上开展预测,只是基于现有数据比较真实值和预测值的拟合效果,进而比较不同时间序列预测模型的预测精度。下面使用 EViews 软件预测 2022 年个人所得税。读入数据前,在数据文件中的年份列增加 2022 年数据,先不填入个人所得税的值,数据为 ch3_iitc.csv。读者可按照上述操作,读入和预测数据 ch3_iitc.csv。逐一操作一次指数平滑模型、二次指数平滑模型、Holt-Winters 无季节模型、Holt-Winters 季节迭加模型和 Holt-Winters 季节乘积模型,可以得到 2022 年个人所得税预测值(见表 3.4)。其中,增长率的计算方法是(2022 年预测值−2021 年真实值)/2021 年真实值,2021 年真实值为 13992.64 亿元。

表 3.4　2022 年个人所得税预测值

模型类别	2022 年预测值/亿元	增长率(与 2021 年相比)
一次指数平滑模型	13990.21	−0.02%
二次指数平滑模型	16179.03	15.63%
Holt-Winters 无季节模型	14977.14	7.04%
Holt-Winters 季节迭加模型	14048.23	0.40%
Holt-Winters 季节乘积模型	13295.51	−4.98%

不难发现,表 3.4 中不同模型对个人所得税的预测值及增长率存在不同程度的差异。其中,二次指数平滑模型预测值为 16179.03,增长率为 15.63%,明显高于其他预测模型的增长率。Holt-Winters 无季节模型的预测值为

14977.14，增长率为 7.04%。而 Holt-Winters 季节乘积模型和一次指数平滑模型对 2022 年个人所得税的预测值分别为 13295.51 和 13990.21，低于 2021 年。Holt-Winters 季节迭加模型对 2022 年个人所得税的预测值为 14048.23，增长率为 0.40%。这里计算可得 2013 年至 2021 年的个人所得税增长率分别为 12.22%、12.94%、16.82%、17.08%、18.61%、15.92%、−25.11%、11.36% 和 20.96%，可以作为 2022 年个人所得税预测模型的参考依据[①]。

3.1.4 总结与讨论

作为重要的税源之一，个人所得税的税源广泛，能够保证稳定的财政收入。因此，预测个人所得税的税收发展情况并对一定时期收入总量和结构发展趋势做出科学测算和推断是科学且合理地编制政府预算、安排政府工作的前提。本案例通过预测个人所得税税收发展情况，尝试使用传统时间序列预测模型，列举不同模型的预测结果，以期为个人所得税税收预测工作提供简单快捷、易解释的方法工具。本案例研究表明，5 种时间序列预测模型对于 2022 年个人所得税的预测结果不同，与 2021 年相比的增长率也存在差异。需要说明的是，用于预测个人所得税的模型还有很多种，本案例仅尝试采用 5 种传统时间序列预测模型，尚不能代表 2022 年个人所得税的实际情况。在实际工作中，税收收入预测工作较为复杂，影响因素较多，往往存在很多难以规避的困难和挑战。下面提出三个方面的建议供读者参考。

一是同步使用多种模型，发挥组合优势。税收收入预测是较复杂的系统工程，涉及财政税收、经济统计、经济计量理论、统计软件等。在实际税收预测过程中，通常需要根据数据规律，选择适用的时间序列预测模型。最终汇总预测结果时主要考虑以下几类评价标准：如果多种模型的预测结果较为一致，那么最终的预测结果即为多种模型预测结果的平均值；如果多种模型的预测结果相差较大，那么根据近期数据真实值和预测值间的差距，选择预测误差相对较小的模型。

二是结合经验辅助预测，提高预测精度。税收收入预测不仅是对数据本身的预测，其背后蕴含的实际规律也需要借助经验加以修正。实际税收收入预测的模型实际上仅是对现实世界的一个简化近似描述。因为税收收入受到诸多方面的影响，在某一阶段的变化规律很可能在下一阶段不再适用，这时若继续采用原来的模型，则会导致预测结果与实际规律相违背。因此，在预测时应该注意经验的累积和运用，结合定量的税收收入预测与定性经验分析，不断调整以缩小预测值与真实值间的差距，才能取得较好的预测效果。

---

① 还有一种方法供读者参考，计算可得 5 种预测模型的预测值均值约为 14498 亿元，增长率约为 3.61%，可以作为 2022 年个人所得税的最终预测结果。

第 3 章 面向经济数据的互联网统计方法与案例

三是纵观长期发展规律,倾向短期预测。历经长期的发展变化,我国税收领域积累了税种丰富的年度数据、季度数据、月度数据等。当然,我们希望置身于长期的税收收入发展变化中,用较为理想的统计模型捕捉税收收入的数据规律。但是,现实世界往往存在大气候、大政策的变化,税收收入也会随之出现完全不同的规律。在这种情况下,短期预测效果将更为准确。尤其在考虑不确定、突发性影响因素时,预测期数过长在实际工作中意义不大。因此,建议读者综合长期趋势和短期突发因素分析,从而达到更好的预测效果。

启发视窗

在时间序列分析中,还有一类模型是 ARIMA 模型,用于处理平稳时间序列数据。这里的平稳是对数据随时间变化规律的描述,既不是稳定到一成不变,也不是序列值之间毫无关系。这类序列数据存在稳定的规律时,模型才能够依律而行,照此预测。ARIMA 模型具体包括自回归(Auto Regression,AR)模型、移动平均(Moving Average,MA)模型、自回归移动平均(Auto Regression Moving Average,ARMA)模型和差分整合的自回归移动平均(Auto Regressive Integrated Moving Average,ARIMA)模型。

具体 R 代码如下:

```
arima.mod<-arima(data,order=c(1,0,0))
#阶数为 1 的自回归模型
arima.mod<-arima(tsdata,order=c(0,0,1))
#阶数为 1 的移动平均模型
arima.mod<-arima(tsdata,order=c(1,0,1))
#阶数为(1,1)的自回归移动平均模型
arima.mod<-arima(tsdata,order=c(1,1,1))
#经过一阶差分的、阶数为(1,1)的差分整合的自回归移动平均模型
```

具体 Python 代码如下:

```
from statsmodels.tsa.arima_model import ARIMA
#导入 ARIMA 模块
ARIMA(data, (1,0,0)).fit()
#阶数为 1 的自回归模型
ARIMA(data, (0,0,1)).fit()
#阶数为 1 的移动平均模型
ARIMA(data, (1,0,1)).fit()
#阶数为(1,1)的自回归移动平均模型
ARIMA(data, (1,1,1)).fit()
#经过一阶差分的、阶数为(1,1)的差分整合的自回归移动平均模型
```

思考与练习

1. 请总结本案例采用的个人所得税预测模型，阐述不同模型的特点及最佳适用条件。

2. 请通过分位回归构建个人所得税税收预测模型，以年份为自变量、以个人所得税为因变量，预测中等分位数水平下 2022 年个人所得税税收情况。

3. 前文表明，2016—2021 年个人所得税呈现出每 3 年一个周期的季节变动，显然与 2015 年及以前的持续增长趋势不同。对于这种情况，可考虑以 2016 年为分界点，分析个人所得税呈现的不同规律。请尝试仅以 2016—2021 年个人所得税为对象，用 EViews 软件比较时间序列预测模型的拟合效果，并预测 2022 年个人所得税税收情况。

4. 企业所得税是对我国境内企业和其他取得收入的组织的生产经营所得和其他所得征收的所得税。以企业所得税的数据为例，请尝试构建本案例的预测模型。企业所得税年度数据如表 3.5 所示（数据来源：国家统计局）。

表 3.5 企业所得税年度数据

年份	企业所得税/亿元
2012	19 654.53
2013	22 427.2
2014	24 642.19
2015	27 133.87
2016	28 851.36
2017	32 117.29
2018	35 323.71
2019	37 303.77
2020	36 425.81
2021	42 042.38

3.2 案例2：全产业链结对子发展的路径选择研究

3.2.1 案例背景

作为国民经济核算的核心指标，国内生产总值对于衡量一个国家或地区的经济状况和发展水平相当重要。自改革开放以来，我国经济得到快速发展。随着财政支出的逐年增加，国内生产总值呈现不断增长的态势，这是因为财政支出拉动了内需，带动了国内生产总值的增长，但经济发展不均衡是制约我国国民经济快

第 3 章　面向经济数据的互联网统计方法与案例

速、健康、持续发展的重要因素，造成资源利用效率低下，城市间发展水平差异大，以及一系列社会问题。

近些年来，我国不同地区的区域经济发展具有一些明显特征：①我国区域经济围绕政府与市场关系进行动态调整，在我国经济的大逻辑框架下完成动态演化；②我国区域之间经济发展的依赖日益加深，不同产业要素交流、产品生产环节配合日益频繁，产业链环环相扣。因此，我国的经济发展依托于全国经济的发展趋势和发展情况，呈现出一定的动态变化规律。这种动态变化规律受到哪些因素的影响，政府组织外的群团组织在积极推动相关产业的发展过程中是否起到作用、是否对区域经济的动态变化起到作用等都具有重要研究价值。

目前围绕我国经济发展、区域经济发展及各个产业发展的研究颇多。中国发展研究基金会"博智宏观论坛"中长期发展课题组的刘世锦、王子豪、蔡俊韬等(2018)从国际视角就我国经济增长的潜力、结构与路径展开研究，通过比较不同国家在不同发展水平的终端产品结构，根据研究发现的终端产品结构的相似性和趋同性，以及我国受历史、技术和制度等因素导致的偏离和扭曲，探索 2035 年我国终端产品结构的演进路径和调整方向；朴胜任(2020)研究了省际环境效率俱乐部收敛及动态演进规律，研究发现我国环境效率整体呈现下降趋势，省际环境效率水平差距趋于缩小，但环境效率水平低的区域数量依然庞大；焦音学和柏培文(2021)从具体产业角度研究三大产业劳动收入份额的影响因素，证实了技术进步和政府干预是我国第一产业劳动收入份额的主要影响因素；魏丽莉和侯宇琦(2021)研究了专业化、多样化产业集聚对区域绿色发展的影响，研究表明第二产业占比提高会减弱专业化产业集聚对本地绿色发展水平的促进作用；黄益平、王勋和胡岷(2022)通过实证检验贸易与金融开放对经济增长绩效和经济增长收敛的异质性影响，用以考察"十四五"时期我国经济潜在增长率及增长收敛的决定因素，研究发现"十四五"时期我国人均国内生产总值潜在增速将从 5.5%逐渐下降至 5.0%，我国国内生产总值潜在增速将从 5.8%逐渐下降至 5.0%，受老龄化的影响，人口增长逐渐由正转负；胡尊国、顾金鑫和陈颖(2022)采用机器学习的因果推断方法，借助于"倾斜性"区域政策，研究地方政府更积极地介入经济活动后对生产部门变迁与南北地区发展差异的影响，研究表明南方地区协调区域平衡发展的政策实施效果更好，2012 年效果更为明显，而"倾斜性"政策会提高欠发达地区的不可贸易部门份额，导致其长期生产率提高速度比可贸易部门缓慢。

考虑到全国各地区生产总值及不同产业增加值数据都具有随时间变化的特点，而且在选取时间足够长的条件下，不同地区的生产总值和产业增加值数据会呈现出随时间变化的规律，这种规律往往具有连续函数特征。在这种情况下，挖掘地区生产总值及不同产业增加值的函数规律需要采用函数型数据分析方法，因为函数型数据分析方法可以通过平滑技术将离散的原始数据转化为连续函数，有助于同时处理更多的数据信息,实现函数及其各阶导数的可视化,更直观地探索曲线之间的差异及曲线内部的动态变化,从而挖掘数据中蕴含的有意义的连续变化模式。

总结和梳理现有研究成果,结合目前我国区域经济发展的特点,本案例从函数型数据分析视角分析历年来我国区域经济发展的函数型动态变化特点。在此研究框架下,本案例以中国科协"科创中国"试点城市建设为标识,比较我国除台湾、香港、澳门以外的 31 个省(自治区、直辖市)和第一批试点城市(园区)覆盖省(自治区、直辖市)在地区生产总值及不同产业增加值方面的函数动态变化规律的异同。从地区生产总值及不同产业增加值视角,根据不同省(自治区、直辖市)的函数型动态变化特点,分别对所有省(自治区、直辖市)及第一批试点城市覆盖省(自治区、直辖市)进行函数型聚类分析,以发现潜在省际合作关系,为试点城市覆盖省(自治区、直辖市)内部结对子发展及其与非试点城市覆盖省(自治区、直辖市)结对子发展提供可能的方案。

3.2.2 函数型聚类分析方法的基本原理

函数型数据是融合横截面数据与时间序列数据并使之具有函数特性的数据。函数型数据分析方法的主要特点在于用随时间动态变化的系数表达满足条件的数据规律,这里的系数不是一个值,而是时间的函数(严明义,2007;Ramsay,1982;Ramsay,Dalzell,1991;Ramsay,Silverman,1997 和 2002;Tarpey,Kinateder,2003;程豪,黄皖卿,赵立新,2022)。与传统的统计分析方法相比,函数型数据分析方法之所以广受欢迎是因为:其一,该方法很少依赖于模型构建的假设条件,可以实现无限维空间数据的统计分析,能够利用更多的数据信息;其二,该方法中的假设函数都是可导的,因此可进行微分分析;其三,该方法融合了多元统计分析方法,其中,函数型聚类分析便是很好的体现。

根据 2010—2020 年地区生产总值、第一产业增加值、第二产业增加值、第三产业增加值的数据,展开函数型聚类分析。为提供不同省份的多元化合作方案,本案例将聚类数量分别设置为 4、6 和 8,并具体解释在不同聚类数量下的分析结果。为方便表述,不妨假设 2010—2020 年 A 省(自治区、直辖市)的地区生产总值函数为 $x_A(t)$,2010—2020 年 B 省(自治区、直辖市)的地区生产总值函数为 $x_B(t)$,其中,$t = 2010, 2011, \cdots, 2020$。定义 A 省(自治区、直辖市)和 B 省(自治区、直辖市)间差距的函数为

$$D = \int (x_A(t) - x_B(t))^2 \, dt$$

为简化运算,将 $x_A(t)$ 和 $x_B(t)$ 用相同的 K 维基函数 $\Phi(t)$ 展开,$\boldsymbol{x}_A$ 和 $\boldsymbol{x}_B$ 分别表示 $x_A(t)$ 和 $x_B(t)$ 的基函数展开系数向量,则有

第 3 章 面向经济数据的互联网统计方法与案例

$$D = \int (x_A(t) - x_B(t))^2 dt = \int (x_A' \Phi(t) - x_B' \Phi(t))^2 dt = (\boldsymbol{x}_A - \boldsymbol{x}_B)' \int \Phi(t) \Phi'(t) dt (\boldsymbol{x}_A - \boldsymbol{x}_B)$$

如果基函数是标准正交基,那么矩阵 $\int \Phi(t) \Phi'(t) dt$ 就退化为单位阵,这时函数之间的距离就变为系数向量之间的欧式距离;如果基函数非正交,那么 D 可以理解为系数向量之间以基函数的协差阵为权重的加权欧式距离,其一般性体现为原始时间序列数据能利用任意基函数展开,无论该基函数是正交还是非正交,并且任何基于欧式距离的聚类分析方法都能被应用到时间序列数据的聚类分析中。

> **延展阅读**
>
> 函数型回归分析:不同于第 2 章介绍的线性回归模型和分位回归模型,该方法要求变量和系数均为时间的函数,以表达因变量和自变量间动态变化的回归关系,其模型表达式为 $Y(t) = \beta_0(t) + \beta_1(t) X(t) + \varepsilon(t)$,其中,$Y(t)$ 表示因变量,$X(t)$ 表示自变量,$\beta_0(t)$ 表示截距项,$\beta_1(t)$ 表示回归系数项,$\varepsilon(t)$ 表示随机误差项。显然,上述变量与系数项均为时间 t 的函数。
>
> 函数型主成分分析:多元主成分分析的基本思想是把多数变量降维为少数综合变量。在函数型数据分析中,函数型变量记录每一个观测对象、同一个变量、很多时刻的数据信息。若将函数型变量视为与多元数据对应的时间(不变因素),而时间看作与多元数据对应的变量(变化因素),则将导致函数型数据分析的维度灾难。因此,函数型主成分分析在降维的同时,易于探索函数型数据的变异性,研究多个函数间的联动变动。
>
> 函数型典型相关分析:主要用于分析两组变量间的相关关系,可以理解为多元统计分析中的"相关系数",函数型典型相关分析还可以分析传统典型相关分析无法处理的面板数据中函数型变量间的关系。

3.2.3 软件操作

本案例采用的数据来自《中国统计年鉴》,具体选择 2011—2021 年我国 31 个省(自治区、直辖市)的地区生产总值、第一产业增加值、第二产业增加值、第三产业增加值的数据为研究对象。在此基础上,进一步筛选第一批 26 个"科创中国"试点城市(园区)所覆盖的 19 个省(自治区、直辖市)的相关数据作为重点研究对象。需要说明的是,截至 2022 年,"科创中国"试点城市(园区)共计 65 个,已完整覆盖 31 个省(自治区、直辖市)。考虑到"科创中国"建设在地区生产总值及第一、第二、第三产业增加值方面带来效应的滞后性,本案例仅考虑第一批 26 个"科创中国"试点城市所覆盖的 19 个省(自治区、直辖市)。"科创中国"试点城市(园区)的覆盖情况如表 3.6 所示。

表3.6 "科创中国"试点城市(园区)的覆盖情况

序号	省(自治区、直辖市)	第一批	目前	序号	省(自治区、直辖市)	第一批	目前
1	北京	1	1	17	重庆	1	1
2	天津	1	1	18	四川	1	1
3	山西	1	1	19	宁夏	1	1
4	内蒙古	1	1	20	河北	0	1
5	黑龙江	1	1	21	辽宁	0	1
6	上海	1	1	22	吉林	0	1
7	江苏	1	1	23	湖南	0	1
8	浙江	1	1	24	海南	0	1
9	安徽	1	1	25	贵州	0	1
10	福建	1	1	26	云南	0	1
11	江西	1	1	27	西藏	0	1
12	山东	1	1	28	陕西	0	1
13	河南	1	1	29	甘肃	0	1
14	湖北	1	1	30	青海	0	1
15	广东	1	1	31	新疆	0	1
16	广西	1	1				

读入31个省(自治区、直辖市)的地区生产总值数据(ch3_data309sum.csv)、第一产业增加值数据(ch3_data309in1.csv)、第二产业增加值数据(ch3_data309in2.csv)、第三产业增加值数据(ch3_data309in3.csv)的R软件代码如下所示。相应地,读入19个省(自治区、直辖市)的地区生产总值数据(ch3_data309sums.csv)、第一产业增加值数据(ch3_data309in1s.csv)、第二产业增加值数据(ch3_data309in2s.csv)、第三产业增加值数据(ch3_data309in3s.csv)的R软件代码如下所示。

```
#数据读入
library(fda)
#调用软件包fda
library(vows)
#调用软件包vows
setwd("D:\\ ")
#定位数据文件,以便数据读取和存储,可直接输入文件名称
exp=read.csv("ch3_data309sum.csv",header=T,stringsAsFactor=F)
#读入地区生产总值数据
in1=read.csv("ch3_data309in1.csv",header=T,stringsAsFactor=F)
#读入第一产业增加值数据
in2=read.csv("ch3_data309in2.csv",header=T,stringsAsFactor=F)
#读入第二产业增加值数据
```

第 3 章　面向经济数据的互联网统计方法与案例

```
in3=read.csv("ch3_data309in3.csv",header=T,stringsAsFactor=F)
#读入第三产业增加值数据
```

在读入数据后，需要稍微调整数据格式，以便函数型聚类分析，相关 R 软件代码如下所示。

```
rname=exp[,1]
#命名行
exp=exp[,-1]; in1=in1[,-1]; in2=in2[,-1]; in3=in3[,-1]
#删掉数据的第一列(行名)
colnames(exp)=2010:2020; rownames(exp)=rname
#命名数据 exp 的列为 2010~2020，命名行为 31 省(自治区、直辖市)
colnames(in1)=2010:2020; rownames(in1)=rname
#命名数据 in1 的列为 2010~2020，命名行为 31 省(自治区、直辖市)
colnames(in2)=2010:2020; rownames(in2)=rname
#命名数据 in2 的列为 2010~2020，命名行为 31 省(自治区、直辖市)
colnames(in3)=2010:2020; rownames(in3)=rname
#命名数据 in3 的列为 2010~2020，命名行为 31 省(自治区、直辖市)
```

通过 B 样条基函数对数据进行平滑处理，R 软件代码如下所示。

```
splines=create.bspline.basis(rangeval=c(2010,2020),nbasis=12,norder=4)
#选择 B 样条基函数
rlfd=int2Lfd(2)
#微分算子
expfd=smooth.basisPar(2010:2020,t(exp),splines,rlfd,lambda=0.01)$fd
#对地区生产总值数据进行平滑处理
in1fd=smooth.basisPar(2010:2020,t(in1),splines,rlfd,lambda=0.01)$fd
#对第一产业增加值数据进行平滑处理
in2fd=smooth.basisPar(2010:2020,t(in2),splines,rlfd,lambda=0.01)$fd
#对第二产业增加值数据进行平滑处理
in3fd=smooth.basisPar(2010:2020,t(in3),splines,rlfd,lambda=0.01)$fd
#对第三产业增加值数据进行平滑处理
expfd$fdnames=list("年份","省份"=rname,"地区生产总值")
#设置地区生产总值的函数型数据标签
in1fd$fdnames=list("年份","省份"=rname,"第一产业增加值")
#设置第一产业增加值的函数型数据标签
in2fd$fdnames=list("年份","省份"=rname,"第二产业增加值")
#设置第二产业增加值的函数型数据标签
in3fd$fdnames=list("年份","省份"=rname,"第三产业增加值")
#设置第三产业增加值的函数型数据标签
```

互联网统计学：方法与应用

本案例依次对其年度数据求均值，以获得平均意义上的我国全产业链发展特征的计算结果，用于表示 2010—2020 年我国全产业链发展特征。需要说明的是，图 3.13(a)为省(自治区、直辖市)的产业发展特征曲线，图 3.13(b)为其变化速度曲线，图 3.13(c)为第一批"科创中国"试点城市(园区)所覆盖的 19 个省(自治区、直辖市)的产业发展特征曲线，图 3.13(d)为其变化速度曲线。各图均包括表示地区生产总值、第一产业增加值、第二产业增加值、第三产业增加值的四条曲线。

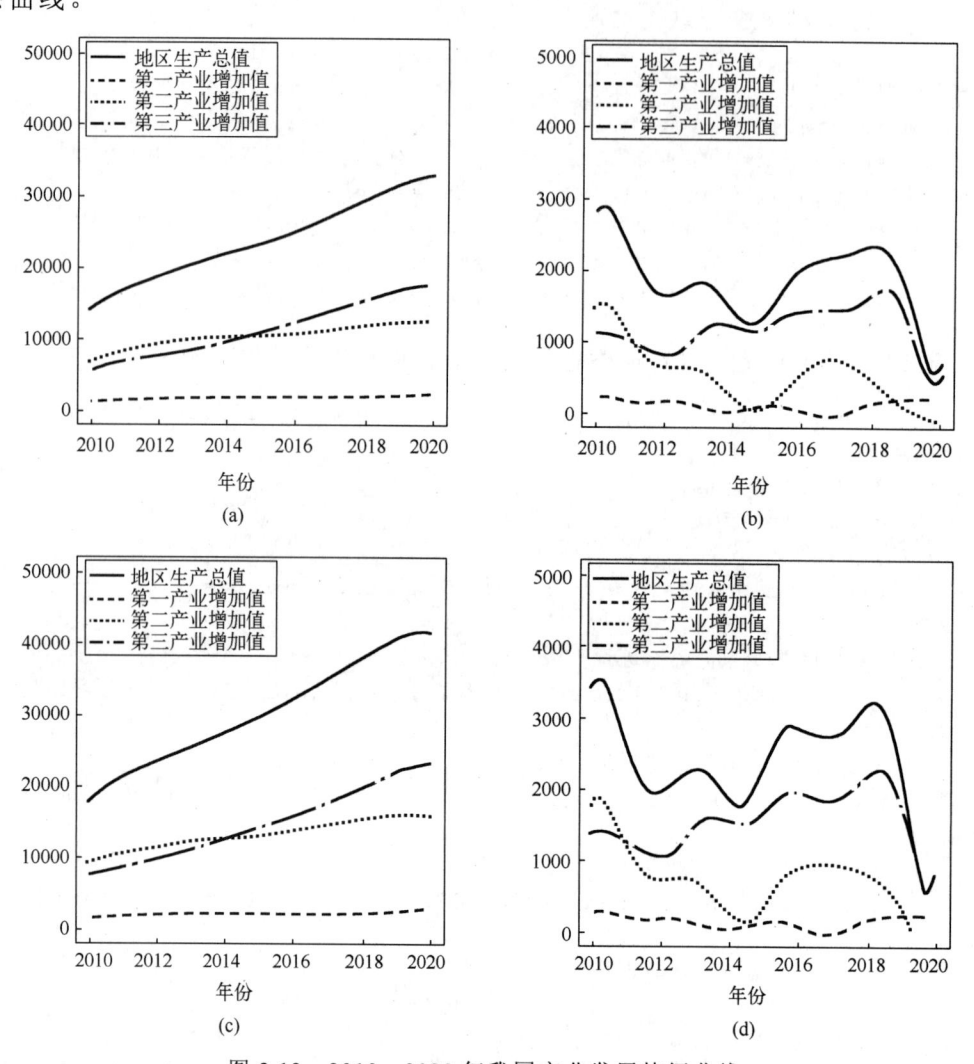

图 3.13 2010—2020 年我国产业发展特征曲线

绘制 31 个省(自治区、直辖市)的产业发展特征曲线及其变化速度曲线的 R 软件代码如下所示。

```
par(mfrow=c(1,2))
#设置图的排列方式为 1 行 2 列，即左右两图并排
```

第 3 章 面向经济数据的互联网统计方法与案例

```
#下面绘制31个省(自治区、直辖市)的产业发展特征曲线
plot(mean(expfd),col="black",lty=1,lwd=3,ylim=c(0,50000),ylab
="",main="31省市平均生产值曲线")
#绘制地区生产总值曲线
lines(mean(in1fd),col="red",lty=2,lwd=3)
#添加第一产业增加值曲线
lines(mean(in2fd),col="yellow",lty=3,lwd=3)
#添加第二产业增加值曲线
lines(mean(in3fd),col="blue",lty=4,lwd=3)
#添加第三产业增加值曲线
legend("topleft",c("地区生产总值","第一产业增加值","第二产业增加值",
"第三产业增加值"),col = c("black","red","yellow","blue"),lty=1:4,lwd=3)
#在左上方标注图例

#下面绘制31个省(自治区、直辖市)的变化速度曲线
plot(deriv.fd(mean(expfd),1),col="black",lty=1,lwd=3,ylim=c(0
,5000), ylab="",main="31省市平均生产值变化速度曲线")
#绘制地区生产总值变化速度曲线
lines(deriv.fd(mean(in1fd),1),col="red",lty=2,lwd=3)

#添加第一产业增加值变化速度曲线
lines(deriv.fd(mean(in2fd),1),col="yellow",lty=3,lwd=3)

#添加第二产业增加值变化速度曲线
lines(deriv.fd(mean(in3fd),1),col="blue",lty=4,lwd=3)

#添加第三产业增加值变化速度曲线
legend("topleft",c("地区生产总值","第一产业增加值","第二产业增加值",
"第三产业增加值"),col = c("black","red","yellow","blue"),lty=1:4,lwd=3)
#在左上方标注图例
```

总体上，无论选择 31 个省（自治区、直辖市）还是选择 19 个省（自治区、直辖市），图 3.13(a)、(c) 中地区生产总值、第一产业增加值、第二产业增加值、第三产业增加值的对应曲线均表现出类似的规律，说明从全产业视角来看，第一批"科创中国"试点城市(园区)具有代表性，能够揭示 31 个省（自治区、直辖市）的产业发展特征及规律。从产业发展特征来看，与 31 个省（自治区、直辖市）相比，近年来，第一批"科创中国"试点城市(园区)所覆盖省（自治区、直辖市）在地区生产总值、第二产业增加值、第三产业增加值上呈现出较大的增长幅度，反映了"科创中国"试点城市(园区)所覆盖省（自治区、直辖市）在提高我国地区生产总值、第二产业增加值、第三产业增加值方面扮演的角色，也在一定程度上表现出"科创中国"建设等相关工作在推动试点城市(园区)产业发展上可能发挥的积极作用。

互联网统计学：方法与应用

为描述全国 31 个省（自治区、直辖市）及第一批 26 个"科创中国"试点城市（园区）所覆盖的 19 个省（自治区、直辖市）在 2010—2020 年的产业变化速度，本案例分别对 31 个省（自治区、直辖市）和第一批 26 个"科创中国"试点城市（园区）所覆盖的 19 个省（自治区、直辖市）的地区生产总值、第一产业增加值、第二产业增加值、第三产业增加值的年度数据均值求一阶差分，以获得平均意义上的我国全产业链发展速度，用于表示 2010—2020 年我国全产业链的发展特征，如图 3.13(b)、(d) 所示。

与发展特征表现一致，图 3.13(b)、(d) 中的地区生产总值、第一产业增加值、第二产业增加值、第三产业增加值的对应曲线均表现出类似的规律。下面选择不同聚类数量，分别对 31 个省（自治区、直辖市）进行函数型聚类分析，具体匹配方案及结果如下所示。

匹配方案一：聚类数量为 4 的匹配结果

考虑到不同省（自治区、直辖市）的经济社会发展基础不同，而基于 2010—2020 年地区生产总值、第一产业增加值、第二产业增加值、第三产业增加值的数据信息进行聚类可能无法体现各省（自治区、直辖市）的变化速度，也无法表现"科创中国"建设等其他因素带来的影响，因此本案例从产业发展过程的视角，以地区生产总值、第一产业增加值、第二产业增加值、第三产业增加值变化速度为依据，对 31 个省（自治区、直辖市）进行函数型聚类分析。

下面对 31 个省（自治区、直辖市）的地区生产总值变化速度进行聚类分析，具体 R 软件代码如下。

```
k=4
#设置聚类数量为4
par(mfrow=c(1,4))
#设置图的排列方式为1行4列

#下面实现地区生产总值的函数型聚类
rhc=funkmeans(expfd,deriv=1,lambda=0.1,ncomp=1,centers=k)
rcls=list()
#显示聚类省份结果
for(i in 1:k)
{
  rcoef=expfd$coefs[,rhc$cluster==i]
  tempfd=fd(rcoef,splines)
  tempfd$fdnames=list("年份","省份"=rname[rhc$cluster==i],"地区生产总值")
  rcls[[i]]=rname[rhc$cluster==i]
  plot(tempfd,ylab="地区生产总值变化速度",ylim=c(0,120000),
xlab=paste ("第",i,"类",sep=""),col=11:(10+length(rcls[[i]])), lwd=1,lty=
```

第 3 章 面向经济数据的互联网统计方法与案例

```
11:(10+length (rcls[[i]])))
legend("topleft",rcls[[i]],col=11:(10+length(rcls[[i]])),ncol=3,
cex=0.9, lwd=1,lty=11:(10+length(rcls[[i]])))
    lines(mean(tempfd),lwd=3,pch=20)
}
#完成地区生产总值聚类数量为 4 的函数型聚类分析，并绘制曲线
rcls
#列出聚类结果
```

按照类似的代码，分别对第一产业增加值、第二产业增加值、第三产业增加值变化速度进行函数型聚类分析。首先对第一产业增加值变化速度进行函数型聚类分析，具体 R 软件代码如下。

```
#第一产业增加值变化速度的函数型聚类分析
rhc=funkmeans(in1fd,deriv=1,lambda=0.1,ncomp=1,centers=k)
rcls=list()
for(i in 1:k)
{
    rcoef=in1fd$coefs[,rhc$cluster==i]
    tempfd=fd(rcoef,splines)
    tempfd$fdnames=list("年份","省份"=rname[rhc$cluster==i],"第一产业增加值")
    #函数型数据标签
    rcls[[i]]=rname[rhc$cluster==i]
    plot(tempfd,ylab="第一产业增加值变化速度",ylim=c(0,7000),xlab=paste("第", i,"类",sep=""),col=11:(10+length(rcls[[i]])), lwd=1,lty=11:(10+length (rcls[[i]])))
    legend("topleft",rcls[[i]],col=11:(10+length(rcls[[i]])),ncol=3, cex=0.9, lwd=1,lty=11:(10+length(rcls[[i]])))
    lines(mean(tempfd),lwd=3,pch=20)
}
rcls
```

下面对第二产业增加值变化速度进行函数型聚类分析，具体 R 软件代码如下。

```
#第二产业增加值变化速度的函数型聚类分析
rhc=funkmeans(in3fd,deriv=1,lambda=0.1,ncomp=1,centers=k)
rcls=list()
for(i in 1:k)
{
    rcoef=in3fd$coefs[,rhc$cluster==i]
    tempfd=fd(rcoef,splines)
    tempfd$fdnames=list("年份","省份"=rname[rhc$cluster==i],"第二产业增加值")
    rcls[[i]]=rname[rhc$cluster==i]
```

```
            plot(tempfd,ylab=" 第 二 产 业 增 加 值 变 化 速 度 ",ylim=c(0,65000),
xlab=paste ("第", i,"类",sep=""),col=11:(10+length(rcls[[i]])),lwd=1,lty=
11:(10+ length (rcls[[i]])))
legend("topleft",rcls[[i]],col=11:(10+length(rcls[[i]])),ncol=3,
cex=0.9, lwd=1,lty=11:(10+length(rcls[[i]])))
            lines(mean(tempfd),lwd=3,pch=20)
        }
        rcls
```

下面对第三产业增加值变化速度进行函数型聚类分析，具体 R 软件代码如下。

```
#第三产业增加值变化速度的函数型聚类分析
rhc=funkmeans(in3fd,deriv=1,lambda=0.1,ncomp=1,centers=k)
rcls=list()
for(i in 1:k)
{
  rcoef=in3fd$coefs[,rhc$cluster==i]
  tempfd=fd(rcoef,splines)
  tempfd$fdnames=list("年份","省份"=rname[rhc$cluster==i],"第三产业增加值")
  rcls[[i]]=rname[rhc$cluster==i]
  plot(tempfd,ylab=" 第 三 产 业 增 加 值 变 化 速 度 ",ylim=c(0,65000),
xlab=paste ("第", i,"类",sep=""),col=11:(10+length(rcls[[i]])), lwd=1,
lty=11:(10+ length(rcls [[i]])))
legend("topleft",rcls[[i]],col=11:(10+length(rcls[[i]])),ncol=3,
cex=0.9, lwd=1,lty=11:(10+length(rcls[[i]])))
  lines(mean(tempfd),lwd=3,pch=20)
}
rcls
```

图 3.14 所示为 31 个省（自治区、直辖市）在地区生产总值方面的聚类情况，图 3.14(a)～图 3.14(d) 依次代表 4 个聚类结果。[①]根据地区生产总值变化速度将 31 个省（自治区、直辖市）聚合为 4 类：第一类包括河北、江西、广西、重庆、贵州、云南、陕西，第二类包括江苏、广东，第三类包括天津、山西、内蒙古、辽宁、吉林、黑龙江、海南、西藏、甘肃、青海、宁夏、新疆，第四类包括北京、上海、浙江、安徽、福建、山东、河南、湖北、湖南、四川。从地区生产总值变化速度来看，属于同一类的省（自治区、直辖市）在函数型聚类分析的分类结果上属于同一类。比如，河北、江西、广西、重庆、贵州、云南和陕西在地区生产总

---

① 读者可扫描本章首页处的二维码查看图 3.14～图 3.21 的彩色原图。

第 3 章 面向经济数据的互联网统计方法与案例

值的发展变化维度上属于同一类，从总体上可以为接下来寻找"结对子"发展的合作伙伴提供可能方案。此外，江西、广西、重庆属于第一批试点城市所覆盖的省（自治区、直辖市），因此在与非试点城市所覆盖省（自治区、直辖市）合作时，可以重点考虑河北、贵州、云南和陕西。

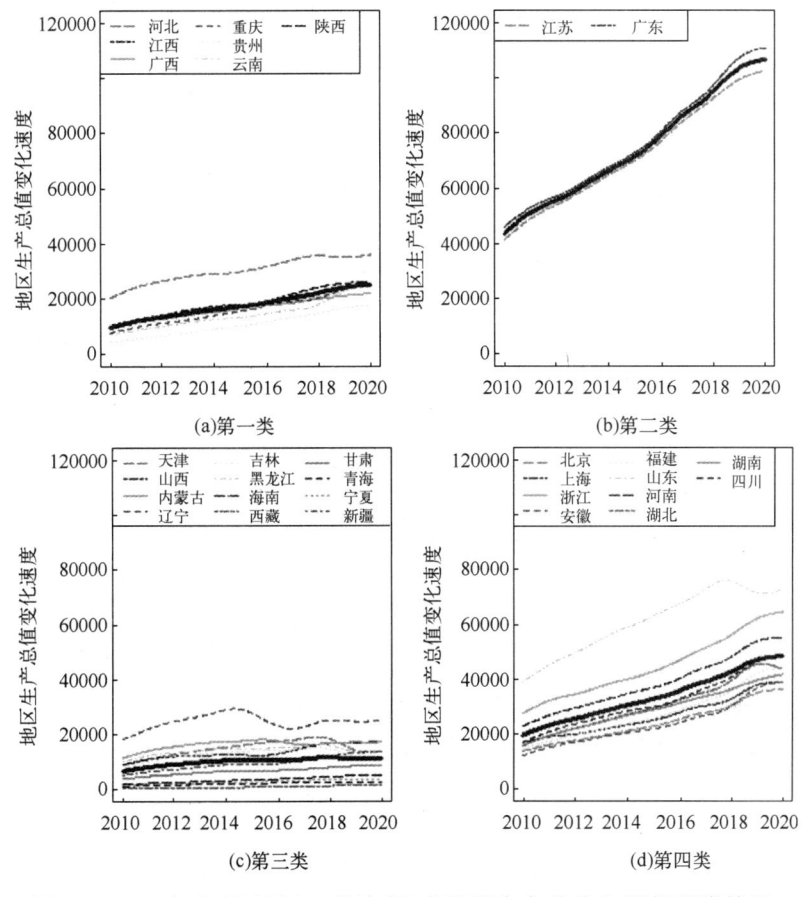

图 3.14 31 个省（自治区、直辖市）在地区生产总值方面的聚类情况

图 3.15 所示为 31 个省（自治区、直辖市）在第一产业增加值方面的聚类情况。根据第一产业增加值变化速度将 31 个省（自治区、直辖市）聚合为 4 类：第一类包括河北、黑龙江、江苏、安徽、山东、湖北、广西，第二类包括河南、湖南、广东、四川、云南，第三类包括北京、天津、山西、上海、海南、西藏、青海、宁夏，第四类包括内蒙古、辽宁、吉林、浙江、福建、江西、重庆、贵州、陕西、甘肃、新疆。从第一产业增加值变化速度来看，属于同一类的省（自治区、直辖市）在函数型聚类分析的分类结果上属于同一梯队，为属于同一梯队的不同省（自治区、直辖市）间是否继续合作或启动合作、共同促进经济发展提供数据分析依据。例如，河北、黑龙江、江苏、安徽、山东、湖北和广西在第一产业增加值的发展变化维度属于同一类，从总体上可以为接下来寻找"结对子"发展的合作伙伴提

供可能的方案。此外，黑龙江、江苏、安徽、山东、湖北和广西属于第一批试点城市所覆盖的省(自治区、直辖市)，因此在与非试点城市所覆盖省(自治区、直辖市)合作时，可以重点考虑河北作为第一产业的重点合作省份。

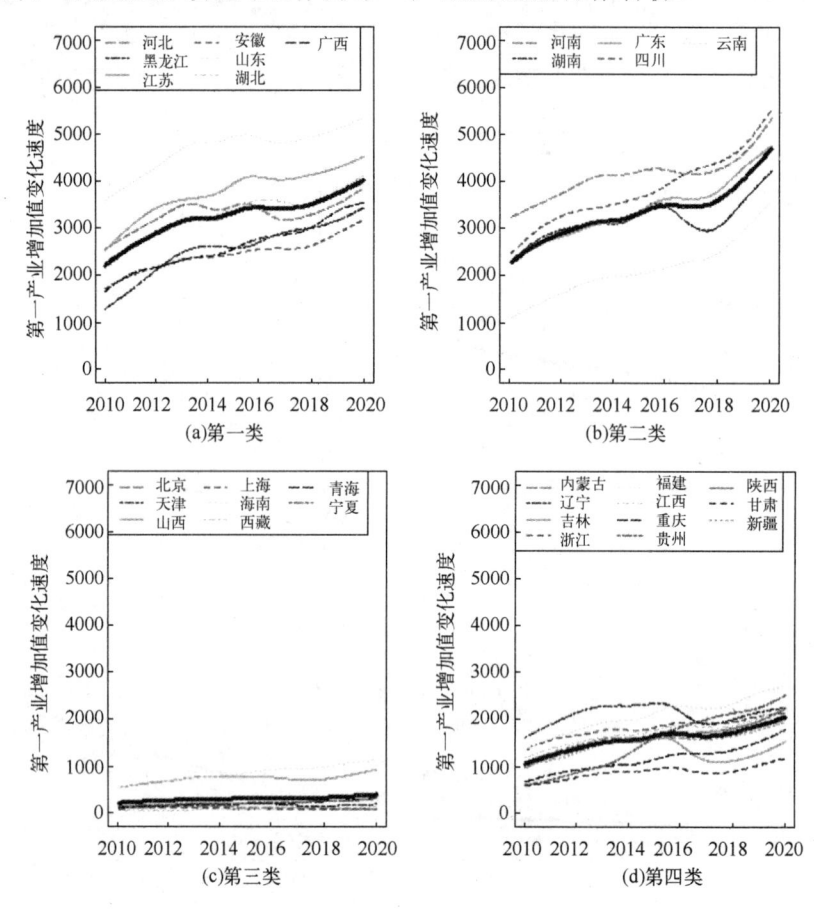

图 3.15　31 个省(自治区、直辖市)在第一产业增加值方面的聚类情况

图 3.16 所示为 31 个省(自治区、直辖市)在第二产业增加值方面的聚类情况。基于第二产业增加值变化速度，将 31 个省(自治区、直辖市)聚合为 4 类：第一类包括浙江、安徽、福建、河南、湖北、四川，第二类包括江苏、广东，第三类包括北京、山西、上海、江西、山东、湖南、重庆、贵州、云南、陕西、新疆，第四类包括天津、河北、内蒙古、辽宁、吉林、黑龙江、广西、海南、西藏、甘肃、青海、宁夏。从第二产业增加值变化速度来看，属于同一类的省(自治区、直辖市)在函数型聚类分析的分类结果上处于同一个梯队，为属于同一个梯队的不同省(自治区、直辖市)间是否继续合作或启动合作提供数据分析依据。例如，浙江、安徽、福建、河南、湖北和四川在第二产业增加值的发展变化维度上属于同一个类型且都属于第一批试点城市所覆盖的省(自治区、直辖市)，因此在发展第二产业时可进一步加强省际合作。

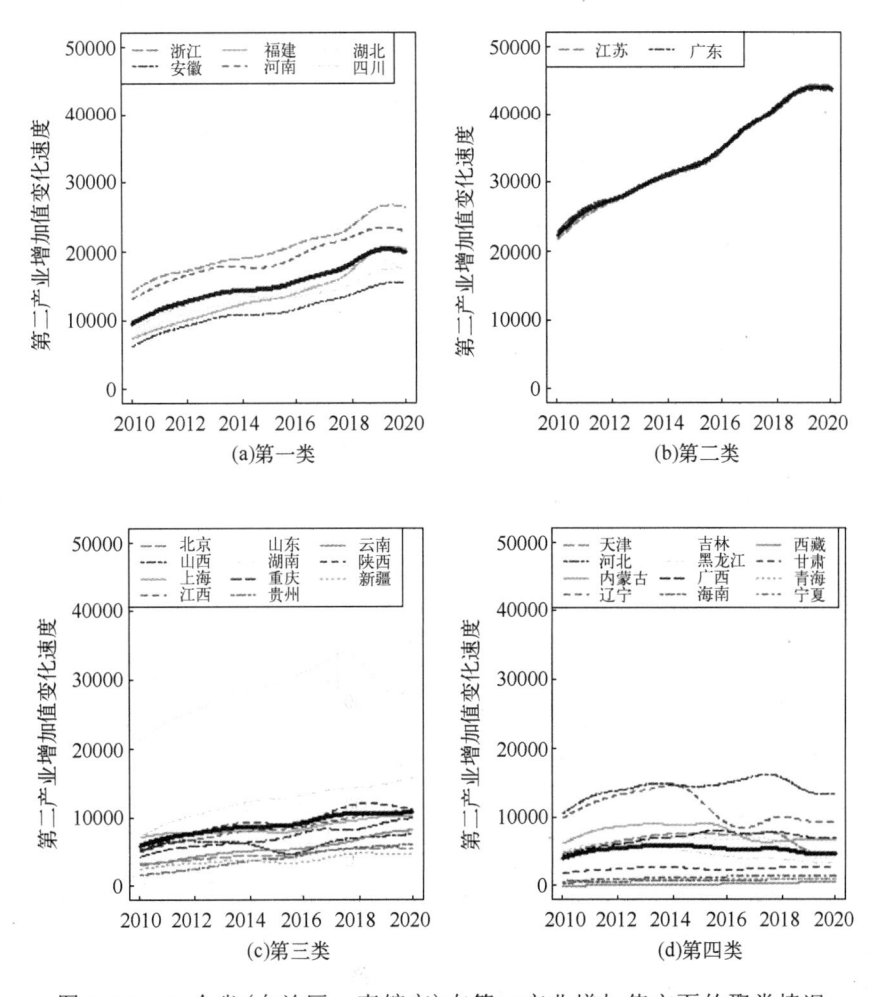

第 3 章 面向经济数据的互联网统计方法与案例

图 3.16 31 个省(自治区、直辖市)在第二产业增加值方面的聚类情况

图 3.17 所示为 31 个省(自治区、直辖市)在第三产业增加值方面的聚类情况。基于第三产业增加值变化速度,将 31 个省(自治区、直辖市)聚合为 4 类:第一类包括江苏、广东,第二类包括河北、江西、广西、重庆、贵州、云南、陕西,第三类包括北京、上海、浙江、安徽、福建、山东、河南、湖北、湖南、四川,第四类包括天津、山西、内蒙古、辽宁、吉林、黑龙江、海南、西藏、甘肃、青海、宁夏、新疆。从第三产业增加值变化速度来看,属于同一类的省(自治区、直辖市)在函数型聚类分析的分类结果上处于同一个梯队,为属于同一个梯队的不同省(自治区、直辖市)间是否继续合作或启动合作提供数据分析依据。例如,江苏和广东在第三产业增加值的发展变化维度上属于同一个类型且都属于第一批试点城市所覆盖的省份,因此在发展第三产业时可进一步加强省际合作。

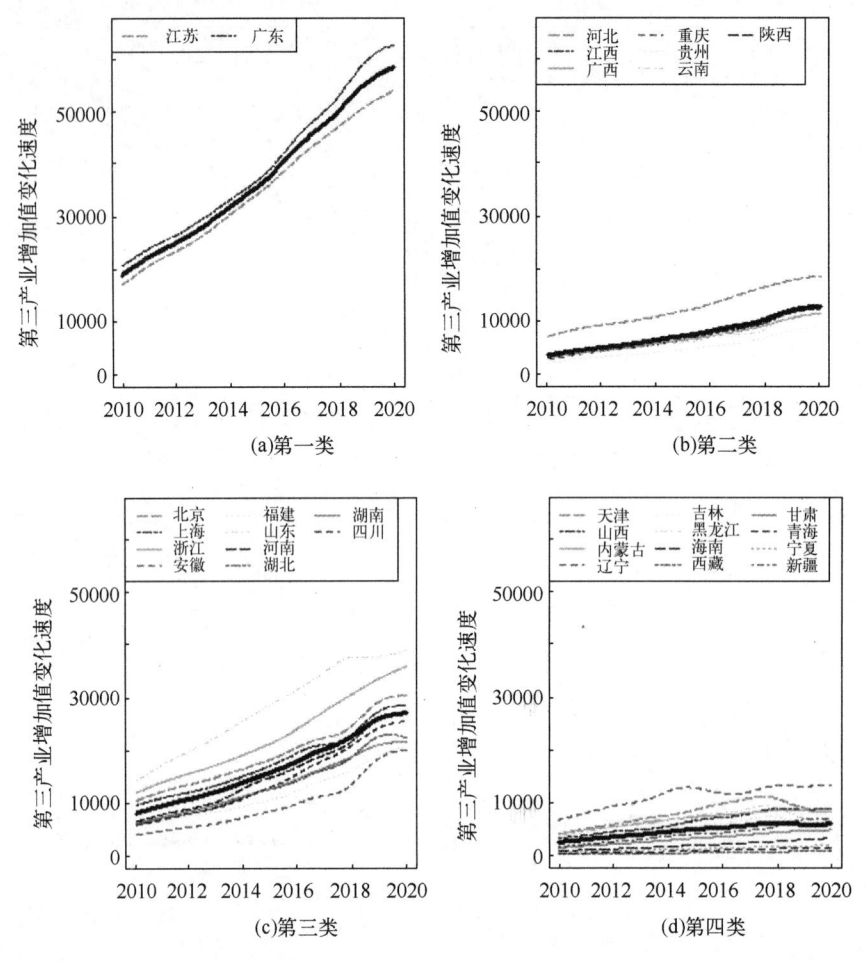

图 3.17 31 个省(自治区、直辖市)在第三产业增加值方面的聚类情况

根据 2010—2020 年地区生产总值、第一产业增加值、第二产业增加值、第三产业增加值的数据信息,对第一批 26 个"科创中国"试点城市(园区)所覆盖的 19 个省(自治区、直辖市)进行函数型聚类分析。图 3.18 所示为 19 个省(自治区、直辖市)在地区生产总值方面的聚类情况。基于地区生产总值变化速度,将 19 个省(自治区、直辖市)聚合为 4 类:第一类包括北京、上海、江西、广西、重庆,第二类包括江苏、广东,第三类包括天津、山西、内蒙古、黑龙江、宁夏,第四类包括浙江、安徽、福建、山东、河南、湖北、四川。从地区生产总值变化速度来看,北京、上海、江西、广西和重庆在函数型聚类分析的分类结果上处于同一个梯队,江苏和广东处于同一个梯队,天津、山西、内蒙古、黑龙江和宁夏处于同一个梯队,浙江、安徽、福建、山东、河南、湖北和四川处于同一个梯队,在全产业发展方面可以考虑重点加强属于同一个梯队的省际交流和合作。

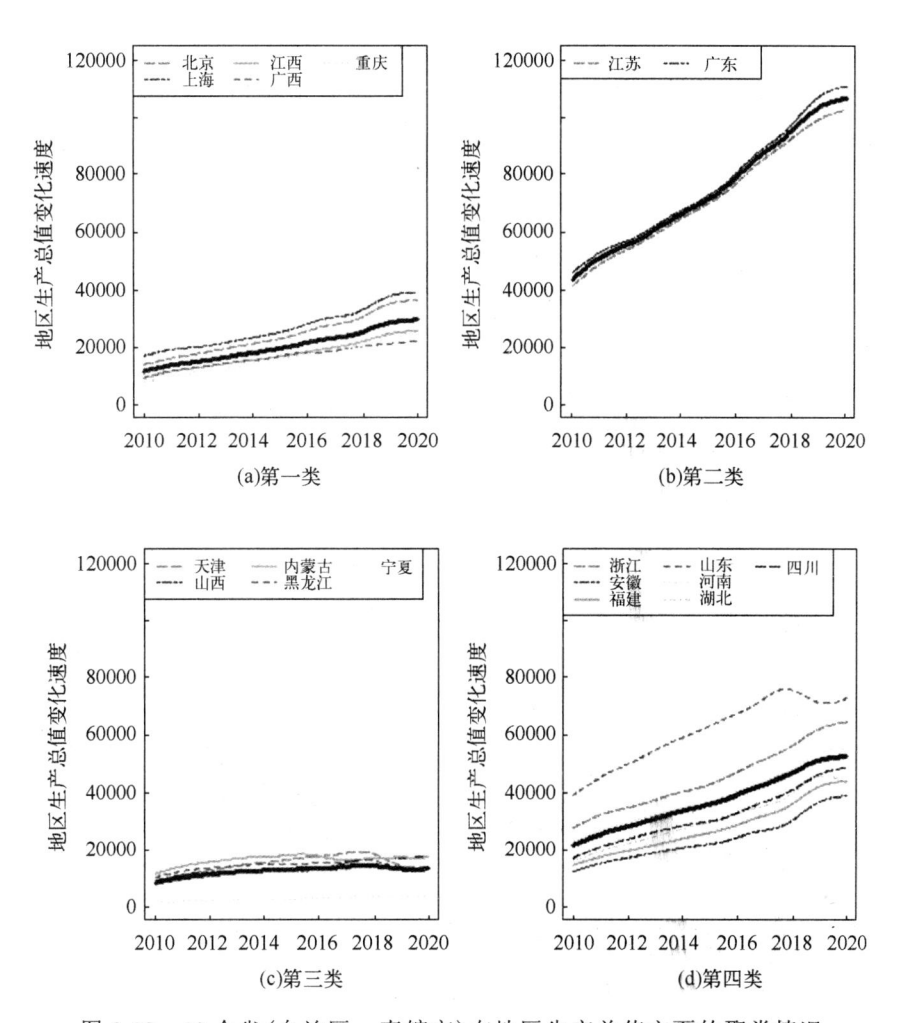

第 3 章　面向经济数据的互联网统计方法与案例

图 3.18　19 个省(自治区、直辖市)在地区生产总值方面的聚类情况

图 3.19 所示为 19 个省(自治区、直辖市)在第一产业增加值方面的聚类情况。基于第一产业增加值变化速度,将 19 个省(自治区、直辖市)聚合为 4 类:第一类包括河南、广东、四川,第二类包括北京、天津、山西、上海、宁夏,第三类包括内蒙古、浙江、福建、江西、重庆,第四类包括黑龙江、江苏、安徽、山东、湖北、广西。从第一产业增加值变化速度来看,河南、广东和四川处于同一个梯队,北京、天津、山西、上海和宁夏处于同一个梯队,内蒙古、浙江、福建、江西和重庆处于同一个梯队,黑龙江、江苏、安徽、山东、湖北和广西处于同一个梯队,在第一产业发展方面可以考虑重点加强属于同一个梯队的省际交流和合作。

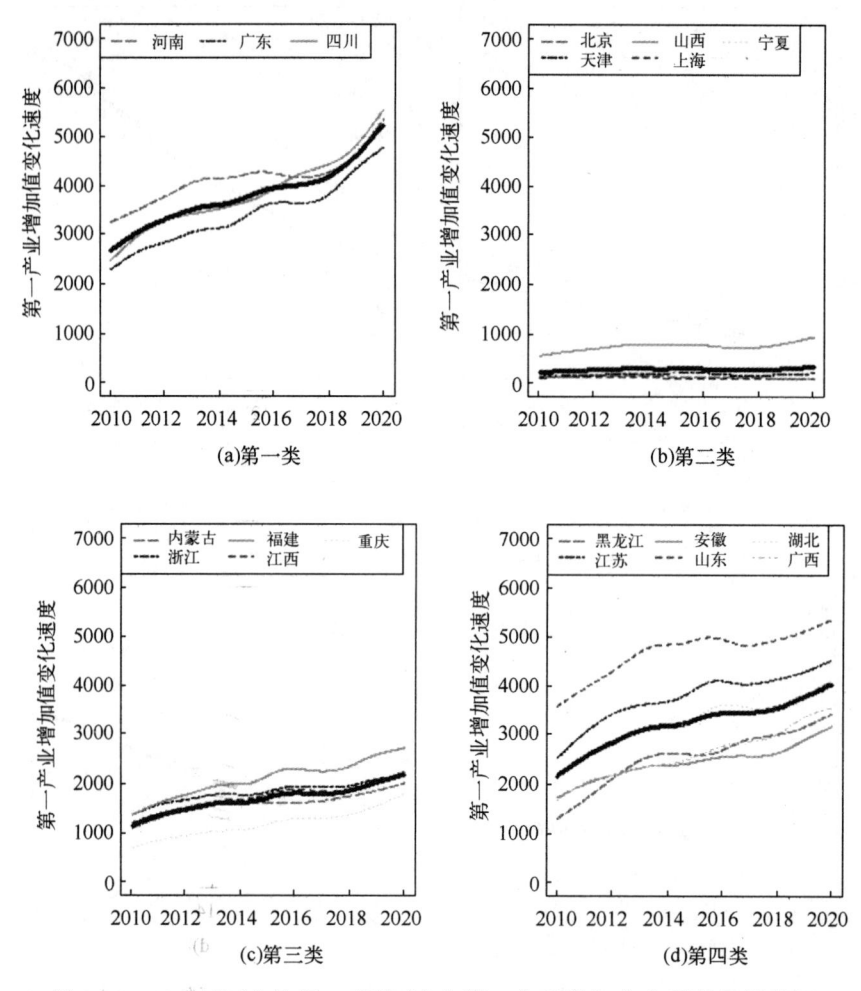

图 3.19 19个省(自治区、直辖市)在第一产业增加值方面的聚类情况

图 3.20 所示为 19 个省(自治区、直辖市)在第二产业增加值方面的聚类情况。基于第二产业增加值变化速度,将 19 个省(自治区、直辖市)聚合为 4 类:第一类包括江苏、广东,第二类包括北京、山西、上海、江西、山东、重庆,第三类包括浙江、安徽、福建、河南、湖北、四川,第四类包括天津、内蒙古、宁夏、广西、黑龙江。从第二产业增加值变化速度来看,江苏和广东处于同一个梯队,北京、山西、上海、江西、山东和重庆处于同一个梯队,浙江、安徽、福建、河南、湖北和四川处于同一个梯队,天津、内蒙古、宁夏、广西和黑龙江处于同一个梯队,在第二产业发展方面可以考虑重点加强属于同一个梯队的省际交流和合作。

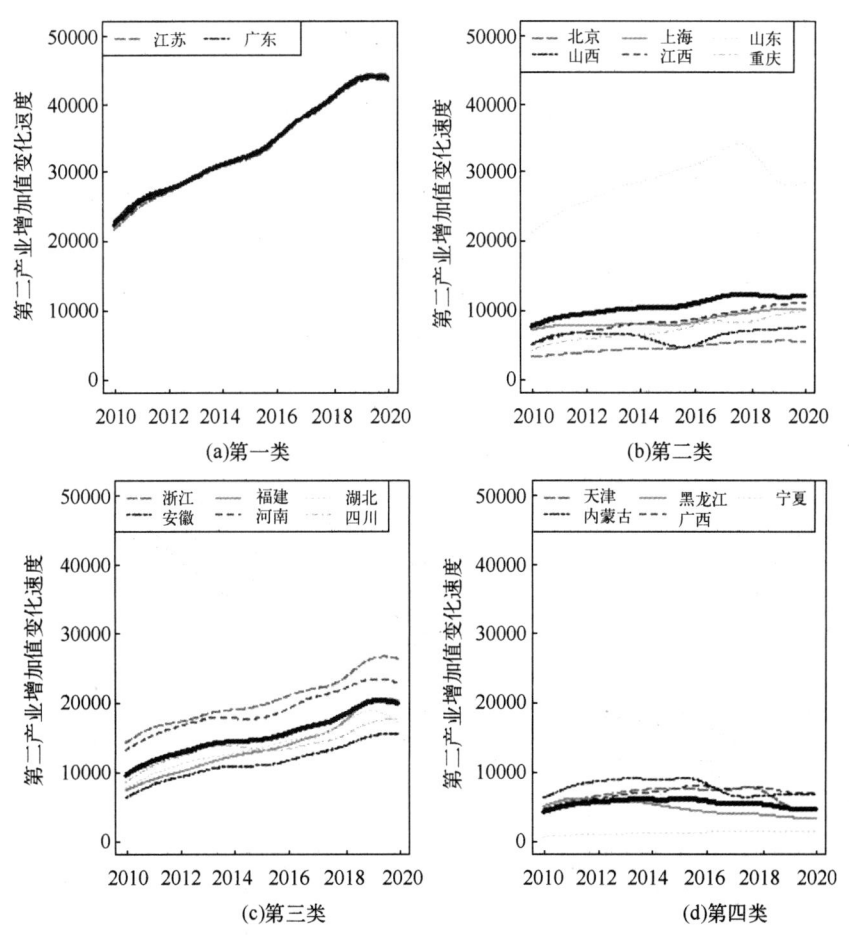

第 3 章 面向经济数据的互联网统计方法与案例

图 3.20 19 个省(自治区、直辖市)在第二产业增加值方面的聚类情况

图 3.21 所示为 19 个省(自治区、直辖市)在第三产业增加值方面的聚类情况。基于第三产业增加值变化速度,将 19 个省(自治区、直辖市)聚合为 4 类:第一类包括天津、山西、内蒙古、黑龙江、宁夏,第二类包括江苏、广东,第三类包括江西、广西、重庆,第四类包括北京、上海、浙江、安徽、福建、山东、河南、湖北、四川。从第三产业增加值变化速度来看,天津、山西、内蒙古、宁夏和黑龙江处于同一个梯队,江苏和广东处于同一个梯队,江西、广西和重庆处于同一个梯队,北京、上海、浙江、安徽、福建、山东、河南、湖北和四川处于同一个梯队,在第三产业发展方面可以考虑重点加强属于同一个梯队的省际交流和合作。

匹配方案二:聚类数量为 6 的匹配结果

聚类数量为 6 时 31 个省(自治区、直辖市)的聚类情况如表 3.7 所示。基于地区生产总值的变化速度,将 31 个省(自治区、直辖市)聚合为 6 类:第一类包括北京、上海、安徽、山东、湖南,第二类包括天津、内蒙古、辽宁、吉林、黑龙江、海南、西藏、甘肃、青海、宁夏，第三类包括河北、江西、重庆、贵州、云南、陕西，第四类包括浙江、福建、河南、湖北、四川，第五类包括山西、广西、新疆，第六类包括江苏、广东。从地区生产总值变化速度来看，属于同一类的省（自治区、直辖市）在函数型聚类的分类结果上处于同一个梯队。例如，北京、上海、安徽、山东、湖南在地区生产总值的发展变化维度上属于同一个梯队，从总体上可以为接下来寻找"结对子"发展的合作伙伴提供可能的方案，此外，北京、上海、安徽、山东属于第一批试点城市所覆盖的省（自治区、直辖市），在与非试点城市所覆盖省（自治区、直辖市）合作时可重点考虑湖南。

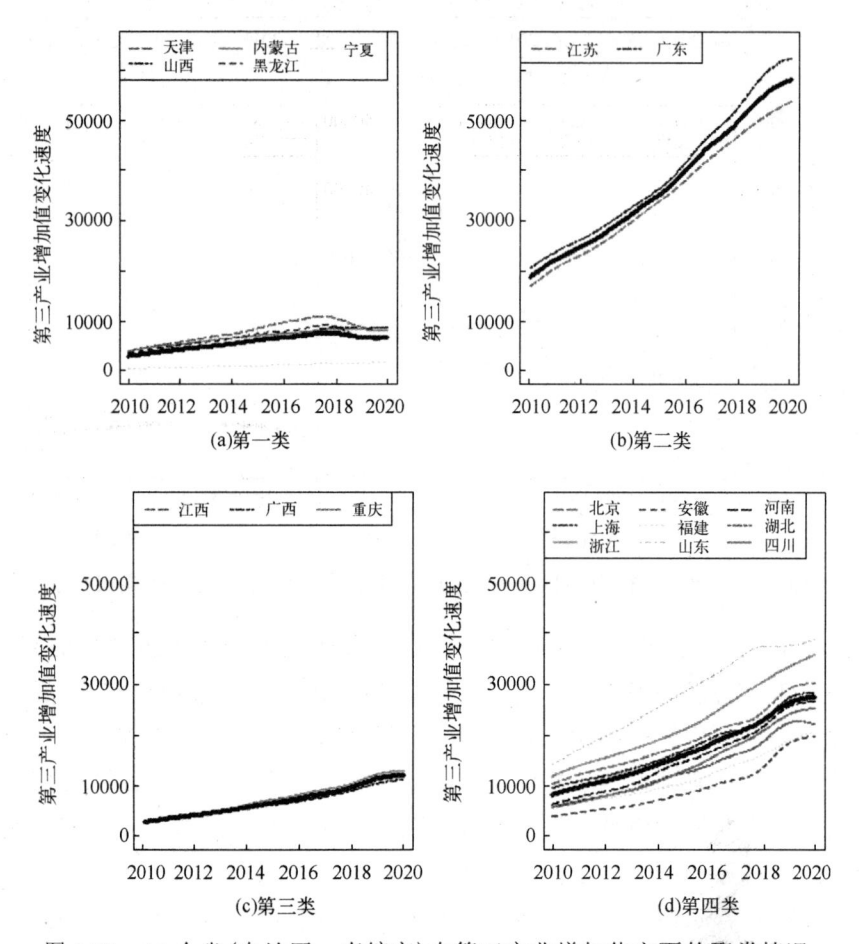

图 3.21 19 个省（自治区、直辖市）在第三产业增加值方面的聚类情况

基于第一产业增加值变化速度，将 31 个省（自治区、直辖市）聚合为 6 类：第一类包括河南、湖南、广东、四川、云南，第二类包括安徽、福建、贵州、陕西，第三类包括山西、浙江、海南、甘肃，第四类包括北京、天津、上海、西藏、青海、宁夏，第五类包括内蒙古、辽宁、吉林、江西、重庆、新疆，第六类包括河北、黑龙江、江苏、山东、湖北、广西。从第一产业增加值变化速度来看，属于

第 3 章 面向经济数据的互联网统计方法与案例

同一类的省(自治区、直辖市)在函数型聚类分析的分类结果上处于同一个梯队。例如,河南、湖南、广东、四川、云南在第一产业增加值的发展变化维度上属于同一个类型,从总体上可以为接下来寻找"结对子"发展的合作伙伴提供可能的方案,此外,河南、广东、四川属于第一批试点城市所覆盖的省(自治区、直辖市),在与非试点城市所覆盖省(自治区、直辖市)合作时,可重点考虑湖南、云南。

表 3.7 聚类数量为 6 时的 31 个省(自治区、直辖市)的聚类情况

类别	地区生产总值	第一产业增加值	第二产业增加值	第三产业增加值
第一类	北京、上海、安徽、山东、湖南	河南、湖南、广东、四川、云南	北京、河北、山东、广西、海南、西藏、甘肃、青海、宁夏、新疆	北京、上海、浙江、山东、河南、四川
第二类	天津、内蒙古、辽宁、吉林、黑龙江、海南、西藏、甘肃、青海、宁夏	安徽、福建、贵州、陕西	天津、内蒙古、辽宁、吉林、黑龙江	天津、内蒙古、吉林、黑龙江、海南、西藏、甘肃、青海、宁夏
第三类	河北、江西、重庆、贵州、云南、陕西	山西、浙江、海南、甘肃	山西、上海、江西、湖南、重庆、贵州、云南、陕西	河北、江西、广西、重庆、云南、陕西
第四类	浙江、福建、河南、湖北、四川	北京、天津、上海、西藏、青海、宁夏	浙江、福建	山西、辽宁、贵州、新疆
第五类	山西、广西、新疆	内蒙古、辽宁、吉林、江西、重庆、新疆	安徽、河南、湖北、四川	安徽、福建、湖北、湖南
第六类	江苏、广东	河北、黑龙江、江苏、山东、湖北、广西	江苏、广东	江苏、广东

在第二产业增加值变化速度,将 31 个省(自治区、直辖市)聚合为 6 类:第一类包括北京、河北、山东、广西、海南、西藏、甘肃、青海、宁夏、新疆,第二类包括天津、内蒙古、辽宁、吉林、黑龙江,第三类包括山西、上海、江西、湖南、重庆、贵州、云南、陕西,第四类包括浙江、福建,第五类包括安徽、河南、湖北、四川,第六类包括江苏、广东。从第二产业增加值变化速度来看,属于同一类的省(自治区、直辖市)在函数型聚类分析的分类结果上处于同一个梯队。比如,北京、河北、山东、广西、海南、西藏、甘肃、青海、宁夏、新疆在第二产业增加值的发展变化维度上属于同一个类型,从总体上可以为接下来寻找"结对子"发展的合作伙伴提供可能方案,此外,北京、山东、广西、宁夏属于第一批试点城市所覆盖的省(自治区、直辖市),在与非试点城市所覆盖省(自治区、直辖市)合作时,可重点考虑河北、海南、西藏、甘肃、青海、新疆。

基于第三产业增加值变化速度,将 31 个省(自治区、直辖市)聚合为 6 类:第一类包括北京、上海、浙江、山东、河南、四川,第二类包括天津、内蒙古、吉林、黑龙江、海南、西藏、甘肃、青海、宁夏,第三类包括河北、江西、广西、

重庆、云南、陕西，第四类包括山西、辽宁、贵州、新疆，第五类包括安徽、福建、湖北、湖南，第六类包括江苏、广东。从第三产业增加值变化速度来看，属于同一类的省(自治区、直辖市)在函数型聚类分析的分类结果上处于同一个梯队，为属于同一个梯队的不同省(自治区、直辖市)间是否继续合作或启动合作提供数据分析依据。例如，北京、上海、浙江、山东、河南、四川在第三产业增加值的发展变化维度上属于同一个类型且都属于第一批试点城市所覆盖的省(自治区、直辖市)，因此在发展第三产业时可进一步加强省际合作。

聚类数量为6时19个省(自治区、直辖市)的聚类情况如表3.8所示。基于地区生产总值变化速度，将19个省(自治区、直辖市)聚合为6类：第一类包括北京、上海、安徽、山东，第二类包括天津、内蒙古、黑龙江、宁夏，第三类包括浙江、福建、河南、湖北、四川，第四类包括江西、重庆，第五类包括山西、广西，第六类包括江苏、广东。从地区生产总值变化速度来看，北京、上海、安徽、山东处于同一个梯队，天津、内蒙古、黑龙江、宁夏处于同一个梯队，浙江、福建、河南、湖北、四川处于同一个梯队，江西、重庆处于同一个梯队，山西、广西处于同一个梯队，江苏和广东处于同一个梯队。在地区生产总值发展方面可以考虑重点加强属于同一个梯队的省际交流和合作。

表3.8 聚类数量设置为6时的19个省(自治区、直辖市)的聚类情况

类别	地区生产总值	第一产业增加值	第二产业增加值	第三产业增加值
第一类	北京、上海、安徽、山东	北京、天津、上海、宁夏	北京、山东、广西、宁夏	北京、上海、浙江、山东、河南、四川
第二类	天津、内蒙古、黑龙江、宁夏	内蒙古、福建、江西、重庆	天津、内蒙古、黑龙江	天津、山西、内蒙古、黑龙江、宁夏
第三类	浙江、福建、河南、湖北、四川	四川	安徽、河南、湖北、四川	江西、广西、重庆
第四类	江西、重庆	山西、浙江	浙江、福建	广东
第五类	山西、广西	河南、广东	山西、上海、江西、重庆	安徽、福建、湖北
第六类	江苏、广东	黑龙江、江苏、安徽、山东、湖北、广西	江苏、广东	江苏

基于第一产业增加值变化速度，将19个省(自治区、直辖市)聚合为6类：第一类包括北京、天津、上海、宁夏，第二类包括内蒙古、福建、江西、重庆，第三类包括四川，第四类包括山西、浙江，第五类包括河南、广东，第六类包括黑龙江、江苏、安徽、山东、湖北、广西。从第一产业增加值变化速度来看，北京、天津、上海、宁夏处于同一个梯队，内蒙古、福建、江西、重庆处于同一个梯队，四川独自处于一个梯队，山西、浙江处于同一个梯队，河南、广东处于同一个梯队，黑龙江、江苏、安徽、山东、湖北、广西处于同一个梯队。因此，在第一产业发展方面可以考虑重点加强属于同一个梯队的省际交流和合作。

第 3 章　面向经济数据的互联网统计方法与案例

基于第二产业增加值变化速度,将19个省(自治区、直辖市)聚合为6类:第一类包括北京、山东、广西、宁夏,第二类包括天津、内蒙古、黑龙江,第三类包括安徽、河南、湖北、四川,第四类包括浙江、福建,第五类包括山西、上海、江西、重庆,第六类包括江苏、广东。从第二产业增加值变化速度来看,北京、山东、广西、宁夏处于同一个梯队,天津、内蒙古、黑龙江处于同一个梯队,安徽、河南、湖北、四川处于同一个梯队,浙江、福建处于同一个梯队,山西、上海、江西、重庆处于同一个梯队,江苏、广东处于同一梯队。因此,在第二产业发展方面可以考虑重点加强属于同一个梯队的省际交流和合作。

基于第三产业增加值变化速度,将19个省(自治区、直辖市)聚合为6类:第一类包括北京、上海、浙江、山东、河南、四川,第二类包括天津、山西、内蒙古、黑龙江、宁夏,第三类包括江西、广西、重庆,第四类包括广东,第五类包括安徽、福建、湖北,第六类包括江苏。从第三产业增加值变化速度来看,北京、上海、浙江、山东、河南、四川处于同一个梯队,天津、山西、内蒙古、黑龙江、宁夏处于同一个梯队,江西、广西、重庆处于同一个梯队,广东独自处于一个梯队,安徽、福建、湖北处于同一梯队,江苏独自处于一个梯队。因此,在第三产业发展方面可以考虑重点加强属于同一个梯队的省际交流和合作。

3.2.4　总结与讨论

本案例针对2010—2020年我国除台湾、香港、澳门以外的31个省(自治区、直辖市)的地区生产总值、第一产业增加值、第二产业增加值、第三产业增加值数据,并以31个省(自治区、直辖市)和第一批"科创中国"试点城市(园区)所覆盖的19个省(自治区、直辖市)为对象,完成函数型聚类分析,提供可行的全产业链"结对子"发展的省际合作方案,探索协同发展道路。在深入推进区域重大战略和区域协调发展战略的同时,针对我国31个省(自治区、直辖市)"结对子"发展路径选择开展研究,并提出以下建议。

一是做好顶层设计,加强全局谋划,用好政策"指挥棒"。制定省际互促发展专项政策,与当前京津冀协同发展、长江经济带发展、粤港澳大湾区建设、长三角一体化发展、黄河流域生态保护和高质量发展等一系列具有全局意义的区域重大战略共谋共划。从人口流动、资金流转、技术转移、信息互通等关键领域打通省际合作体制机制堵点,促进资源要素自由有序流动。创新政绩考核制度,打破行政壁垒,推进省际产业协同创新、基础设施互联互通、生态环境共保联治、公共服务便利共享,缩小省际发展差距,构建优势互补的高质量互促式发展格局。提高政策协同性,保持政策连续性,避免出现"运动化""形式化"等局面。

二是精准识别各省产业特征,强化比较优势。改革开放以来,我国区域协调发展取得显著成就,基本形成了西部大开发、中部崛起、东部率先发展的阶梯式发展格局，加之产业基础、人才技术、市场网络等因素造成的各省发展差异已成为当下的区域协调发展的客观现实。尊重客观现实，把握产业规律，深挖各省产业发展特征，按照宜水则水、宜山则山、宜粮则粮、宜农则农、宜工则工、宜商则商的原则，支持全国各省走合理分工、优化发展的路子。运用现代大数据分析等信息技术手段，精准识别与各省资源禀赋、已有产业、技术积累等相适应的产业方向，进而不断强化产业比较优势，推动形成优势互补、高质量发展的省际"结对子"互促发展格局，为促进全体人民共同富裕提供坚实支撑。

三是打通信息渠道，坚持协同联动，打造开放包容的交流合作模式。探索建立新一代信息技术知识产权保护、交易服务平台，探索建立知识产权资本化运营和收益分享机制。跨省开展前沿技术研讨，项目对接洽谈等活动，深化与国家和地方重点协(学)会战略合作，引进一批重大项目，支持构建以企业为主体，高校科研院所、行业协会、非营利性组织、政府等共同参与的产业创新生态联合体，加快培育一批"雏鹰""瞪羚""独角兽"、单项冠军、专精特新"小巨人"、科技型龙头等产业领军企业。促进地方人才交流，重点引进一批从事国际前沿科学技术研究、带动新兴学科发展的杰出科学人才和团队，鼓励国内外各类高层次人才采取柔性流动的方式参与产业建设，指导、支持企业和研发机构参与国际标准的制定，鼓励本地企业参与国际认证合作。

启发视窗

实现函数型回归分析的 R 代码如下所示。

```
library(fda)
#加载软件包 fda
inc=read.csv("D:\\data1.csv",header=T,stringsAsFactor=F)
#读取数据文件
rname=inc[,1]
#读取第 1 列，取地域名
rname=gsub("省|自治区|市|壮族|回族|维吾尔族","",rname)
#去掉"省、自治区、市"等词缀
cinc=read.csv("D:\\data1.csv",header=T)[,-1][,6:1]
#读入城镇居民人均可支配收入数据文件
cexp=read.csv("D:\\data2.csv",header=T)[,-1][,6:1]
#读入城镇居民人均消费支出数据文件
rlfd=int2Lfd(2)
#微分算子
```

```
    splines2=create.bspline.basis(rangeval=c(2013,2018),nbasis=10,norder=4)
    cincfd=smooth.basisPar(2013:2018,t(cinc),splines2,rlfd,lambda=0.01)$fd
    cexpfd=smooth.basisPar(2013:2018,t(cexp),splines2,rlfd,lambda=0.01)$fd
    cincfd$fdnames=list("年份","省份"=rname,"收入")
    cexpfd$fdnames=list("年份","省份"=rname,"支出")
    cfd=list(rep(1,31),cincfd)
    betafdPar=fdPar(splines2,rlfd,lambda=0.1)
    #回归参数
    betalist=list(betafdPar,betafdPar)
    result2=fRegress(cexpfd,cfd,betalist)
    betaestlist2=result2$betaestlist
    basic_exp2=betaestlist2[[1]]$fd
    mar_exp2=betaestlist2[[2]]$fd
    #下面代码为可视化
    plot(basic_exp2,col="black",lty=1,lwd=3,ylim=c(-500,4000),ylab="",cex.main=0.95)
    #基本消费函数
    lines(deriv.fd(basic_exp2,1),col="gray",lty=2,lwd=3)
    #基本消费变化速度函数
    lines(deriv.fd(basic_exp2,2),col="pink",lty=3,lwd=3)
    #基本消费变化加速度函数
    legend("topleft",c("2013-2018 曲线","2013-2018 曲线变化速度","2013-2018 曲线变化加速度"),col = c("black","gray","pink"),lty =1:3,lwd=3)
    #增加图例
```

函数型回归分析的可视化结果如图 3.22 所示。

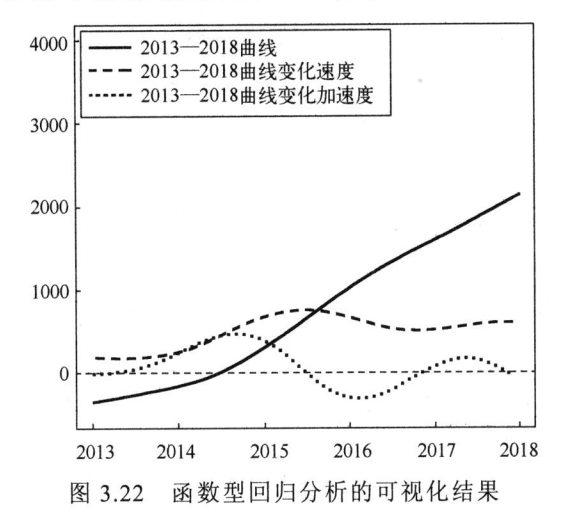

图 3.22 函数型回归分析的可视化结果

思考与练习

1. 比较函数型数据分析与多元统计分析方法的异同，梳理不同方法的基本原理、适用场景、数据基础及优缺点。

2. 请尝试通过 R 软件对 2010—2020 年我国 31 省（自治区、直辖市）生产总值数据进行函数型主成分分析，挖掘我国不同地区生产总值的动态变化规律。

3. 请尝试挖掘不同省（自治区、直辖市）的聚类规律，如划分东、中、西部地区分别进行函数型聚类分析。

4. 请思考函数型数据规律的挖掘与所选时间段的关系。如果数据在不同时间段明显表现出不同规律，那么是否需要考虑分段进行函数型数据分析？

参 考 文 献

[1] 程豪，易丹辉. 带税基的个人所得税分位回归预测模型[J]. 数学的实践与认识，2016，46(12)：49-52.

[2] 谢波峰. 基于大数据的税收经济分析和预测探索[J]. 大数据，2017，3(3)：15-24.

[3] 刘建民，左亚林，吴金光. 我国税收收入预测模型构建及其预测分析[J]. 税务研究，2017，(11)：84-88.

[4] BEATE J, ROBERT L. On the Political Economy of National Tax Revenue Forecasts: Evidence from OECD Countries[J]. *Public Choice*, 2017, 170(3-4)：211-230.

[5] 李华. 高质量发展目标下税收体系构建与减税降费再推进[J]. 税务研究，2019，(5)：25-29.

[6] 赖慧慧. 大数据背景下基于 ARMA 模型的增值税销项税额预测[J]. 税务研究，2019，(2)：41-46.

[7] 邵明振，马舒瑞，屈小芳，等. 河南省经济新动能统计测度、经济效应及发展路径研究[J]. 统计理论与实践，2021，(3)：15-22.

[8] 田昭，付粉玲，刘洋. 影响税收因素的多元回归分析及预测[J]. 产业创新研究，2020，(9)：72-73.

[9] 刘世锦，王子豪，蔡俊韬，等. 2035：中国经济增长的潜力、结构与路径[J]. 管理世界，2018，34(7)：1-12+183.

[10] 朴胜任. 省际环境效率俱乐部收敛及动态演进分析[J]. 管理评论，2020，32(8)：52-62+105.

[11] 焦音学，柏培文. 三大产业劳动收入份额的影响因素研究：兼论后工业化时代数字经济的作用[J]. 经济问题探索，2021，(10)：84-99.

[12] 魏丽莉，侯宇琦. 专业化、多样化产业集聚对区域绿色发展的影响效应研究[J]. 管理评论，

2021，33（10）：22-33.

[13] 黄益平，王勋，胡岠."十四五"时期中国经济的增长收敛与发展前景[J]. 武汉大学学报（哲学社会科学版），2022，75（1）：91-100.

[14] 胡尊国，顾金鑫，陈颖."倾斜性"政策、生产部门变迁与南北地区发展差异：来自机器学习的因果推断[J]. 财经研究，2022，48（1）：93-107.

[15] 严明义. 函数型数据的统计分析：思想，方法和应用[J]. 统计研究，2007，24（2）：87-94.

[16] RAMSAY J O. When the Data are Functions[J]. *Psychometrika*. 1982,（47）：379-396.

[17] RAMSAY J O, DALZELL C. Some Tools for Functional Data Analysis[J]. *Journal of the Royal Statistical Society. Series B（Methodological）*，1991，53（3）：539-572.

[18] RAMSAY J O, SILVERMAN B W. Functional Data Analysis[M]. NewYork: Springer Verlag, 1997.

[19] RAMSAY J O, SILVERMAN B W. Applied Functional Data Analysis[M]. NewYork: Springer Verlag, 2002.

[20] TARPEY T, KINATEDER K K J. Clustering Functional Data[J]. *Journal of Classification*，2003，20（1）：093-114.

[21] 程豪，黄皖卿，赵立新."科协力"作用下全产业链结对子发展的路径选择研究：基于函数型数据视角[J]. 今日科苑，2022，（3）：3-15.

第 4 章

面向科技数据的互联网统计方法与案例

4.1 案例1：全球化国家科技创新能力研究

4.1.1 案例背景

科技创新能力一直是全球范围内的热议话题。自20世纪80年代中后期以来，弗里曼、伦德瓦尔等经济学家分别提出"国家创新体系"的不同概念，很多专家将其概括为一个国家内部创新活动的相关主体及相关制度和政策在推动创新活动过程中相互作用形成的网络体系。近年来，我国科技发展取得了举世瞩目的伟大成就，创新型国家建设成果丰硕，科技创新能力持续提升(沈艳波，王崑声，马雪梅，等，2020)。随着时间的推移，全球在推动国家创新能力建设的过程中，逐步形成了一系列国家创新能力评价指标体系。蔡跃洲(2012)、王智慧和刘莉(2015)与程豪(2020)相继梳理了全球范围内具有一定权威性且引起广泛共识的国家创新能力评价指标体系(见表4.1)。

表4.1 国家创新能力评价指标体系

名称	来源	首发年份	概述
世界竞争力年报	瑞士洛桑国际管理发展学院	1989	瑞士洛桑国际管理发展学院通过统计数据(硬指标)及针对企业管理人员的问卷调查结果(软指标)对不同经济体的竞争力进行评价和排序，共采用了超过300个竞争力指标，该指标体系包括3个层级
欧洲创新记分牌	欧盟	2001	根据欧盟委员会的要求，欧洲创新记分牌旨在为监测欧盟技术创新和技术进步提供可操作的指标体系。该指标体系由3个领域、8个大项、25个指标组成
全球创新记分牌	欧盟	2006	全球创新记分牌选择的样本国家超出欧洲范围，因收集跨国数据比较困难，仅使用了24个指标中的12个二级指标，从创新驱动力、知识创造、知识扩散、知识应用和知识产权5个方面对国家创新能力进行评价，2008年将5个支柱因素合并为3个：公司活力和产出、人力资源、基础设施和吸收能力
创新能力指数	世界经济论坛	2010	创新能力指数认为创新是未来经济发展的主要推动力量，与传统的生产资料投入和组织制度紧密相关。该指标体系共有5个一级指标(制度环境、人力资本和社会参与、管制和法律框架、R&D情况、信息通信技术的应用)、12个二级指标和61个三级指标
知识经济指数	世界银行	2012 (非首发时间)	知识经济指数帮助样本国家建立借助知识经济增强国家竞争力、促进经济和国民财富增长的实施战略，使样本国家在世界知识经济中处于有利地位。该指标体系包括经济激励与政治体制、教育与人力资源、信息基础设施和创新系统4个维度，每个维度对应3个二级指标
全球创新指数	欧洲工商管理学院等	2007	全球创新指数源于3个重要的动机：令创新在增长战略中处于核心地位，扩大创新范围，鼓励新生代企业家等创新者。该指标体系于2012年形成概念框架，包括5个投入指数和2个产出指数，共84个变量

第 4 章　面向科技数据的互联网统计方法与案例

续表

名称	来源	首发年份	概述
国家创新能力评价报告	中国科协发展研究中心	2009	国家创新能力评价报告包括3个维度、7大要素、21个三级指标，创新投入维度包括物质资本、科技人力资源和政策环境，创新产出维度包括知识产权和应用绩效，创新潜能维度包括战略储备和发展趋势
国家创新指数报告	中国科学技术发展战略研究院	2013（非首发时间）	国家创新指数报告在国内外关于国家竞争力和创新评价的研究的基础上建立评价指标体系，包括创新资源、企业创新、知识创造、创新绩效和创新环境5个维度及30个二级指标

本案例基于现有评价指标体系及相关研究成果，兼顾全球各国相关指标，将国家科技创新能力（National Science and Technology Innovation Capacity，NSTIC）的影响因素归纳为经济社会环境（Economic and Social Environment，ESE）、科技人力资源（Scientific and Technological Human Resource，STHR）、科研经费投入（Research Funding Investment，RFI）和科技成果产出（Output of Scientific and Technological Achievement，OSTA）4个方面。其中，经济社会环境的主要指标为人口总数和GDP总量；科技人力资源涵盖了教育发展方面的指标，主要包括R&D研究人员总数和高等院校入学率；科研经费投入的主要指标为研发总支出占GDP的比例和企业研发支出占GDP的比例；科技成果产出的主要指标为科技期刊文章发表量和专利申请量[①]。

综上所述，本案例的核心问题包括量化经济社会环境、科技人力资源、科研经费投入和科技成果产出4个方面间的关系，区分人口总数、GDP总量等8个具体指标对所属方面的贡献，绘制展示国家科技创新能力的关系图谱。

4.1.2　结构方程模型的基本原理

结构方程模型（Löhmller，1989）是指通过引入不可直接观测的潜变量和可直接观测的可测变量来研究潜变量间及潜变量与可测变量之间的结构关系。结构方程模型充分考虑变量间的相关关系，能够较为客观地反映实际数据。结构方程模型包括结构模型和测量模型两部分。

结构模型的表达式为

$$\eta = B\eta + \Gamma\xi + \zeta$$

测量模型的表达式为

---

① 除本案例涉及的指标外，国家科技创新能力评价指标还可以纳入企业创新能力，企业创新能力可以包含企业创新投入、企业创新合作和企业创新驱动三个方面，企业创新投入以经费投入、人力投入、研发投入等为指标，企业创新合作以创新合作企业比重、国际共同发明等为指标，企业创新驱动以市场影响力、劳动生产率、创新型企业就业等为指标。

互联网统计学：方法与应用

$$Y = \Lambda_Y \eta + \varepsilon$$

$$X = \Lambda_X \xi + \delta$$

需要满足的条件为 $E(\eta) = 0$，$E(\xi) = 0$，$E(\zeta) = 0$，$\mathrm{Cov}(\zeta,\xi) = 0$，$E(\varepsilon) = 0$，$E(\delta) = 0$。其中，$\eta$ 是内生潜变量向量，与随机干扰项向量 ε 无关；ξ 是外生潜变量向量，与随机干扰项向量 δ 无关；ζ 是随机干扰项向量，反映了结构模型中内生潜变量向量 η 未能被解释的部分；B 是内生潜变量系数矩阵，描述内生潜变量向量 η 之间的影响；Γ 是外生潜变量系数矩阵，描述外生潜变量向量 ξ 对内生潜变量向量 η 的影响；可测变量向量 X 是外生潜变量向量 ξ 的观测指标；可测变量向量 Y 是内生潜变量向量 η 的观测指标；随机干扰项向量 δ 是可测变量向量 X 的测量误差；随机干扰项向量 ε 是可测变量向量 Y 的测量误差；Λ_Y 是系数矩阵，由可测变量向量 Y 在内生潜变量向量 η 上的因子载荷构成；Λ_X 是系数矩阵，由可测变量向量 X 在外生潜变量向量 ξ 上的因子载荷构成。之所以会有内生潜变量与外生潜变量之分，是因为外生潜变量处于系统之外，只影响其他潜变量，而不会受到其他潜变量的影响；而内生潜变量处于系统之内，在受到其他潜变量影响的同时，也可能影响其他潜变量。

结构模型可以写为矩阵形式：$\eta = \begin{bmatrix} \eta_1 \\ \eta_2 \\ \eta_3 \end{bmatrix}$，$\xi = \begin{bmatrix} \xi_1 \\ \xi_2 \\ \xi_3 \end{bmatrix}$，$\zeta = \begin{bmatrix} \zeta_1 \\ \zeta_2 \\ \zeta_3 \end{bmatrix}$，$\Gamma = \begin{bmatrix} \Gamma_1 & 0 & 0 \\ 0 & \Gamma_2 & 0 \\ 0 & 0 & \Gamma_3 \end{bmatrix}$，$B = \begin{bmatrix} \beta_{11} & \beta_{12} & \beta_{13} \\ \beta_{21} & \beta_{22} & \beta_{23} \\ \beta_{31} & \beta_{32} & \beta_{33} \end{bmatrix}$，则结构模型的矩阵表达式为

$$\begin{bmatrix} \eta_1 \\ \eta_2 \\ \eta_3 \end{bmatrix} = \begin{bmatrix} \beta_{11} & \beta_{12} & \beta_{13} \\ \beta_{21} & \beta_{22} & \beta_{23} \\ \beta_{31} & \beta_{32} & \beta_{33} \end{bmatrix} \begin{bmatrix} \eta_1 \\ \eta_2 \\ \eta_3 \end{bmatrix} + \begin{bmatrix} \Gamma_1 & 0 & 0 \\ 0 & \Gamma_2 & 0 \\ 0 & 0 & \Gamma_3 \end{bmatrix} \begin{bmatrix} \xi_1 \\ \xi_2 \\ \xi_3 \end{bmatrix} + \begin{bmatrix} \xi_1 \\ \xi_2 \\ \xi_3 \end{bmatrix}$$

延展阅读

结构模型的矩阵表达式可以表示为一系列方程式：

$$\eta_1 = \beta_{11}\eta_1 + \beta_{12}\eta_2 + \beta_{13}\eta_3 + \Gamma_1\xi_1 + \zeta_1$$

$$\eta_2 = \beta_{21}\eta_1 + \beta_{22}\eta_2 + \beta_{23}\eta_3 + \Gamma_2\xi_1 + \zeta_2$$

$$\eta_3 = \beta_{31}\eta_1 + \beta_{32}\eta_2 + \beta_{33}\eta_3 + \Gamma_3\xi_1 + \zeta_3$$

第 4 章 面向科技数据的互联网统计方法与案例

测量模型也可以写为矩阵形式：$\boldsymbol{\eta} = \begin{bmatrix} \eta_1 \\ \eta_2 \\ \eta_3 \end{bmatrix}$，$\boldsymbol{\xi} = \begin{bmatrix} \xi_1 \\ \xi_2 \\ \xi_3 \end{bmatrix}$，$\boldsymbol{\zeta} = \begin{bmatrix} \zeta_1 \\ \zeta_2 \\ \zeta_3 \end{bmatrix}$，$\boldsymbol{X} = \begin{bmatrix} X_1 \\ X_2 \\ X_3 \end{bmatrix}$，

$\boldsymbol{Y} = \begin{bmatrix} Y_1 \\ Y_2 \\ Y_3 \end{bmatrix}$，$\boldsymbol{\varepsilon} = \begin{bmatrix} \varepsilon_1 \\ \varepsilon_2 \\ \varepsilon_3 \end{bmatrix}$，$\boldsymbol{\delta} = \begin{bmatrix} \delta_1 \\ \delta_2 \\ \delta_3 \end{bmatrix}$，$\boldsymbol{\Lambda_X} = \begin{bmatrix} \Lambda_{x11} & \Lambda_{x12} & \Lambda_{x13} \\ \Lambda_{x21} & \Lambda_{x22} & \Lambda_{x23} \\ \Lambda_{x31} & \Lambda_{x32} & \Lambda_{x33} \end{bmatrix}$，$\boldsymbol{\Lambda_Y} = \begin{bmatrix} \Lambda_{y11} & \Lambda_{y12} & \Lambda_{y13} \\ \Lambda_{y21} & \Lambda_{y22} & \Lambda_{y23} \\ \Lambda_{y31} & \Lambda_{y32} & \Lambda_{y33} \end{bmatrix}$，

则测量模型的矩阵表达式为

$$\begin{bmatrix} Y_1 \\ Y_2 \\ Y_3 \end{bmatrix} = \begin{bmatrix} \Lambda_{y11} & \Lambda_{y12} & \Lambda_{y13} \\ \Lambda_{y21} & \Lambda_{y22} & \Lambda_{y23} \\ \Lambda_{y31} & \Lambda_{y32} & \Lambda_{y33} \end{bmatrix} \begin{bmatrix} \eta_1 \\ \eta_2 \\ \eta_3 \end{bmatrix} + \begin{bmatrix} \varepsilon_1 \\ \varepsilon_2 \\ \varepsilon_3 \end{bmatrix}$$

$$\begin{bmatrix} X_1 \\ X_2 \\ X_3 \end{bmatrix} = \begin{bmatrix} \Lambda_{x11} & \Lambda_{x12} & \Lambda_{x13} \\ \Lambda_{x21} & \Lambda_{x22} & \Lambda_{x23} \\ \Lambda_{x31} & \Lambda_{x32} & \Lambda_{x33} \end{bmatrix} \begin{bmatrix} \xi_1 \\ \xi_2 \\ \xi_3 \end{bmatrix} + \begin{bmatrix} \delta_1 \\ \delta_2 \\ \delta_3 \end{bmatrix}$$

延展阅读

测量模型的矩阵表达式可以表示为一系列方程式：

$$Y_1 = \Lambda_{y11}\eta_1 + \Lambda_{y12}\eta_2 + \Lambda_{y13}\eta_3 + \varepsilon_1$$

$$Y_2 = \Lambda_{y21}\eta_1 + \Lambda_{y22}\eta_2 + \Lambda_{y23}\eta_3 + \varepsilon_2$$

$$Y_3 = \Lambda_{y31}\eta_1 + \Lambda_{y32}\eta_2 + \Lambda_{y33}\eta_3 + \varepsilon_3$$

$$X_1 = \Lambda_{x11}\xi_1 + \Lambda_{x12}\xi_2 + \Lambda_{x13}\xi_3 + \delta_1$$

$$X_2 = \Lambda_{x21}\xi_1 + \Lambda_{x22}\xi_2 + \Lambda_{x23}\xi_3 + \delta_2$$

$$X_3 = \Lambda_{x31}\xi_1 + \Lambda_{x32}\xi_2 + \Lambda_{x33}\xi_3 + \delta_3$$

结构方程模型的参数估计方法主要包括三类：极大似然估计、贝叶斯估计和偏最小二乘估计。极大似然估计是在可测变量是独立同分布的且服从多元正态分布的假设条件下，构造一个模型估计协方差与样本协方差的拟合函数，得到使拟合函数值达到最优的参数估计；贝叶斯估计关注的是原始观测值而非样本协方差矩阵，特别强调利用先验信息(获得观测值之前就已存在的关于未知数的经验和知识)(Lee, 2007)；偏最小二乘估计对数据分布没有特别严格的要求，可以计算得到客观权重以体现可测变量(指标)的重要性。偏最小二乘估计的另一个优势是可以将计算得到

的因子得分用作国家科技创新能力的评价依据(Hair，Hult，Ringle，et al，2017；Esposito，Chin，Henseler，et al，2010)。偏最小二乘估计的基本原理是先利用可测变量的线性组合逼近潜变量(潜变量的外部估计)，再利用潜变量间的某种数学关系调整潜变量的外部估计值(潜变量的内部估计)，在此基础上对权重进行更新和迭代，直至收敛。常用的收敛判断标准为在有限迭代次数内相邻两次的权重估计值相差小于10^{-5}。结构方程模型中偏最小二乘估计的迭代过程如下。

1. 潜变量的外部估计

潜变量的外部估计指的是利用可测变量的线性组合逼近潜变量，可以使用中心化的可测变量的线性组合将标准化潜变量(均值为 0，标准差为 1)表示为 $Y_j \propto \sum \tilde{\omega}_{jh} x_{jh}$。其中，$\tilde{\omega}_{jh}$ 表示外生权重，x_{jh} 表示可测变量。

2. 潜变量的内部估计

潜变量的内部估计指的是利用潜变量间的某种数学关系调整潜变量的外部估计值。根据王惠文(1999)对偏最小二乘估计的定义，潜变量的内部估计值 Z_j 被定义为 $Z_j \propto \sum e_{ji} Y_i$，其中，内生权重 e_{ji} 表示模型中有箭头连接的两个潜变量的关系，它有三种计算方法：一是路径加权方法，二是重心方法，三是因子加权方法。路径加权方法指将与某个潜变量连接的其他所有潜变量分为两组，一组是前置因素，一组是后向结果。对于属于前置因素的潜变量，e_{ji} 等于潜变量的外部估计值对这些属于前置因素的潜变量进行多元回归的回归系数；对于属于后向结果的潜变量，e_{ji} 等于这些潜变量之间的相关系数。重心方法下的 e_{ji} 取值与不同潜变量外部估计值之间的相关系数有关，相关系数为正时 e_{ji} 取 1，相关系数为负时 e_{ji} 取 -1。因子加权方法下的 e_{ji} 等于不同潜变量外部估计值之间的相关系数。

3. 权重估计

侯杰泰、温忠麟和成子娟(2004)指出，确定可测变量权重前需要区分两种类型的测量模型：反映型模型和构成型模型。在人身险行业满意度指数模型中，各个可测变量都能够反映对应的潜变量，通过潜变量指向可测变量的单向箭头表示的测量模型被称为反映型模型，反映型模型的权重估计值为 $\omega_{jh} = \text{Cov}(x_{jh}, Z_j)/\text{Var}(Z_j)$。但是，可测变量并不一定反映潜变量，通过可测变量指向潜变量的单向箭头表示的测量模型被称为构成型模型，构成型模型的权重估计值为 $\omega_j = (X'_j X_j)^{-1} X'_j Z_j$。初始的权重可以为任意值，需要进行上述的迭代计算，直至收敛，常用的收敛判断标准为相邻两次的权重估计值相差小于 10^{-5}。

由于偏最小二乘估计对数据分布没有严格要求，所以非参数检验方法比传统统计检验方法更适用于评价结构方程模型的偏最小二乘估计的结果，具体可归纳为三类方法：第一类是直接采用检验方法评价模型，如共同度、冗余度、

第 4 章 面向科技数据的互联网统计方法与案例

运算方差及拟合优度;第二类为 Blindfolding 交互检验方法,主要包含 Q^2 和 Jackknifing 标准误差两种方法;第三类为重置抽样形成参数的估计值,即 Bootstrap 方法。

延展阅读

在结构方程模型中,在先验信息完全未知的情况下,一般使用极大似然估计,极大似然估计是在可测变量是独立同分布的且服从多元正态分布的假设条件下,构造一个模型估计协方差与样本协方差的拟合函数,得到使拟合函数值达到最优的参数估计。具体来说,极大似然估计需要满足样本协方差矩阵 S 和预测值协方差矩阵 $\Sigma(\theta)$ 均为正定矩阵、预测值协方差矩阵可逆、可测变量服从正态分布的假定条件。该方法的主要思想是求样本协方差矩阵 S 与预测值协方差矩阵 $\Sigma(\theta)$ 间差距的最小值,目标的似然函数可以表示为

$$F_{ML} = \ln|\Sigma(\theta)| + \mathrm{tr}(S\Sigma^{-1}(\theta)) - \ln|S| - (p+q)$$

式中,p 为内生观测变量数,q 为外生观测变量数。

样本量越大,样本协方差矩阵 S 和预测值协方差矩阵 $\Sigma(\theta)$ 越接近,$S\Sigma^{-1}(\theta)$ 的迹 $\mathrm{tr}(S\Sigma^{-1}(\theta))$ 和 $p+q$ 也越接近。换言之,在大样本情况下,F_{ML} 更接近于 0。当 $S = \Sigma(\theta)$ 时,$F_{ML} = 0$,达到最小,此时得到的 θ 的估计值为极大似然估计。

4.1.3 软件操作

本案例的数据主要来自世界银行和 2021 年全球创新指数报告。国家科技创新能力的数据来源还包括《中国统计年鉴》《中国科技统计年鉴》《中国教育统计年鉴》等中国公开统计数据资源,OECD、联合国教科文组织等发布的国际数据库,以及我国科学技术部、财政部每年组织开展的科技基础条件资源调查等中国权威机构执行的全国大范围调查项目[①]。本案例探讨全球范围内的经济社会环境(人口总数和 GDP 总量)、科技人力资源(R&D 研究人员总数和高等院校入学率)、科研经费投入(研发总支出占 GDP 的比例和企业研发支出占 GDP 的比例)、科技成果产出(科技期刊文章发表量和专利申请量),并对经济社会环境、科技人力资源、科研经费投入和科技成果产出这 4 个方面间的关系进行如表 4.2 所示的基本假设。

---

① 《北京市"十四五"时期国际科技创新中心建设规划》显示,北京市研发经费支出占地区生产总值的比重保持在 6%左右,在国际创新城市中名列前位;到 2025 年,北京国际科技创新中心基本形成,建设成为世界主要科学中心和创新高地。《上海市建设具有全球影响力的科技创新中心"十四五"规划》显示,2020年上海全社会研发经费支出占全市生产总值的比重达到 4.1%左右,每万人口发明专利拥有量达到 60.2 件,PCT 国际专利申请量达到 3558 件;累计引进跨国公司地区总部 771 家,外资研发中心 481 家,数量居全国第一;在科创板上市的上海企业有 37 家,募集资金和市值均居全国首位;为 2030 年形成具有全球影响力的科技创新中心城市的核心功能奠定坚实基础。

互联网统计学：方法与应用

表 4.2　基本假设

假设	内容
假设 1	在其他因素不变的条件下，经济社会环境对科技人力资源产生正向影响
假设 2	在其他因素不变的条件下，经济社会环境对科研经费投入产生正向影响
假设 3	在其他因素不变的条件下，经济社会环境对科技成果产出产生正向影响
假设 4	在其他因素不变的条件下，科技人力资源对科技成果产出产生正向影响
假设 5	在其他因素不变的条件下，科研经费投入对科技成果产出产生正向影响

基于表 4.2 的基本假设及每个方面包括的 2 个具体指标可形成图 4.1 所示的国家科技创新能力的理论模型。图 4.1 的圆圈中是 4 个潜变量：经济社会环境（ESE）、科技人力资源（STHR）、科研经费投入（RFI）和科技成果产出（OSTA），方框中是 8 个可测变量，可见每一个潜变量下面分别有 2 个可测变量。

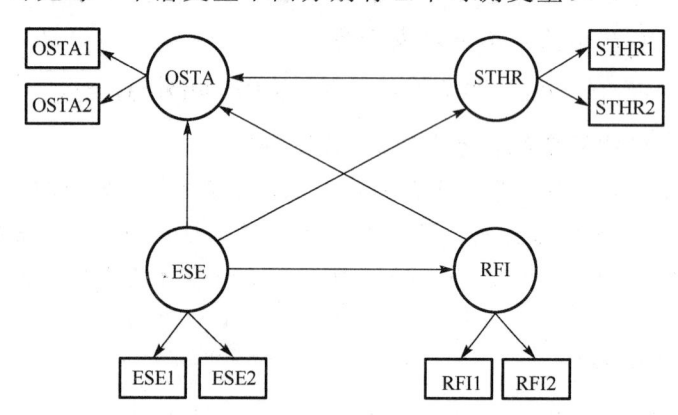

图 4.1　国家科技创新能力的理论模型

首先通过 R 软件读入数据文件（ch4_nstic.csv）并计算数据的协方差。数据文件涉及 132 个国家在人口总数（ESE1，单位：人）、GDP 总量（ESE2，单位：美元）、R&D 研究人员总数（STHR1，单位：人）、高等院校入学率（STHR2）、研发总支出占 GDP 的比例（RFI1）、企业研发支出占 GDP 的比例（RFI2）、科技期刊文章发表量（OSTA1，单位：篇）和专利申请量（OSTA2，单位：项）这 8 个可测变量。

各指标的来源不同，来自世界银行的数据集名称为 ch4_nstic1.csv，来自 2021 年全球创新指数报告的数据集名称为 ch4_nstic2.csv，相关 R 软件代码如下：

```
library(sem)
#调用软件包 sem，用于结构方程模型和极大似然估计
da1=read.csv("D:\\ch4_nstic1.csv")
#读入来自世界银行的数据
da2=read.csv("D:\\ch4_nstic2.csv")
#读入来自 2021 年全球创新指数报告的数据
da=merge(da1, da2, by = "Country")
#根据唯一可识别的变量"Country"合并两个数据集
```

第 4 章 面向科技数据的互联网统计方法与案例

```
nstic=da[,-1]
#去掉表示国家的列
summary(nstic)
#统计数据 nstic，描述统计特征，并发现存在缺失数据的列
```

通过 summary() 函数可以得到图 4.2，图中给出了 8 个可测变量的统计特征，其中，Min.表示最小值，1st Qu.表示第 1 分位数，Median 表示中位数，Mean 表示均值，3rd Qu.表示第 3 分位数，Max.表示最大值，NA's 表示存在缺失数据的数量。不难发现，除人口总数(ESE1)和 GDP 总量(ESE2)外，其余可测变量均存在不同程度的缺失。缺失数据的插补的相关内容请见第 2 章。

```
     ESE1              ESE2              STHR1             STHR2
Min.   :3.665e+05   Min.   :1.704e+09   Min.   :  31.85   Min.   :  4.373
1st Qu.:5.311e+06   1st Qu.:2.330e+10   1st Qu.: 788.57   1st Qu.: 19.214
Median :1.254e+07   Median :7.579e+10   Median :2296.49   Median : 39.271
Mean   :5.518e+07   Mean   :6.289e+10   Mean   :2903.47   Mean   : 40.534
3rd Qu.:3.949e+07   3rd Qu.:3.598e+11   3rd Qu.:4769.14   3rd Qu.: 57.935
Max.   :1.411e+09   Max.   :2.090e+13   Max.   :8713.59   Max.   :114.190
                                        NA's   :75        NA's   :86
     RFI1              OSTA1             OSTA2             RFI2
Min.   :0.08903   Min.   :     8.7   Min.   :      1.0   Min.   :0.00624
1st Qu.:0.30092   1st Qu.:   248.8   1st Qu.:     39.8   1st Qu.:0.06803
Median :1.03830   Median :  1629.9   Median :    339.5   Median :0.36366
Mean   :1.35003   Mean   : 19188.4   Mean   :  21343.2   Mean   :0.68986
3rd Qu.:2.03012   3rd Qu.: 12018.7   3rd Qu.:   1297.8   3rd Qu.:0.91456
Max.   :5.43562   Max.   :528263.2   Max.   :1344817.0   Max.   :4.38705
NA's   :68        NA's   :1          NA's   :28          NA's   :43
```

图 4.2 可测变量的描述统计

对缺失数据进行均值插补后，可以得到数据集 ch4_nstic_merge.csv，下面首先读入该数据，以及表示结构模型(潜变量间的关系)和测量模型(可测变量与所属潜变量间的关系)的数据，名称分别为 ch4_strucmod2022.csv 和 ch4_measuremod2022.csv，然后对这三个数据进行处理，具体 R 软件代码如下：

```
#加载结构方程模型偏最小二乘估计的软件包
library(semPLS)
#读入数据，并命名列
mobi1=read.csv("D:\\ch4_nstic_merge.csv")
colnames(mobi1)=c("ESE1","ESE2","STHR1","STHR2","RFI1","RFI2",
"OSTA1","OSTA2")
#读入表示结构模型(潜变量间的关系)的数据
ptf_Struc=read.csv("D:\\ch4_strucmod2022.csv")
sm <- as.matrix(ptf_Struc)
#读入表示测量模型(可测变量与所属潜变量间的关系)的数据
ptf_Meas=read.csv("D:\\ch4_measuremod2022.csv")
mm <- as.matrix(ptf_Meas)
```

下面分别分析每一个潜变量包含的可测变量间的相关性，绘制图形，具体 R 软件代码如下：

```
#定位图片保存的位置
setwd("D:\\")
#运行plsm函数，生成模型ECSI
ECSI <- plsm(data=mobi1, strucmod=sm, measuremod=mm)
#生成表示ESE包含的可测变量间的相关性的pdf文件，名为ESEcor
graph5=paste("ESEcor",".pdf")
pdf(file=graph5, width=5, height=5)
mvpairs(model = ECSI, data = mobi1, LVs = "ESE")
dev.off()
#生成表示STHR包含的可测变量间的相关性的pdf文件，名为STHRcor
graph5=paste("STHRcor",".pdf")
pdf(file=graph5, width=5, height=5)
mvpairs(model = ECSI, data = mobi1, LVs = "STHR")
dev.off()
#生成表示RFI包含的可测变量间的相关性的pdf文件，名为RFIcor
graph5=paste("RFIcor",".pdf")
pdf(file=graph5, width=5, height=5)
mvpairs(model = ECSI, data = mobi1, LVs = "RFI")
dev.off()
#生成表示OSTA包含的可测变量间的相关性的pdf文件，名为OSTAcor
graph5=paste("OSTAcor",".pdf")
pdf(file=graph5, width=5, height=5)
mvpairs(model = ECSI, data = mobi1, LVs = "OSTA")
dev.off()
```

相关性分析结果如图4.3所示，可见经济社会环境(ESE)包括的两个可测变量之间的相关系数为0.57，科技人力资源(STHR)包含的两个可测变量之间的相关系数为0.063、科研经费投入(RFI)包含的两个可测变量之间的相关系数为0.83，科技成果产出(OSTA)包含的两个可测变量之间的相关系数为0.83。

下面估计结构方程模型的参数，具体R软件代码如下：

```
#结构方程模型的参数估计
ecsi <- sempls(model = ECSI, data = mobi1, wscheme = "centroid")
#给出参数估计结果及基于500次Boostrap非参数检验的结果
set.seed(123)
ecsiBoot <- bootsempls(ecsi, nboot = 500, start = "ones", verbose = FALSE)
#整理结果，计算置信度为90%的置信区间
ecsiBootsummary <- summary(ecsiBoot, level = 0.90)
ecsiBootsummary
```

运行上述代码可以得到图4.4所示的参数估计结果。需要说明的是，图中涉及载荷系数和路径系数。

第 4 章 面向科技数据的互联网统计方法与案例

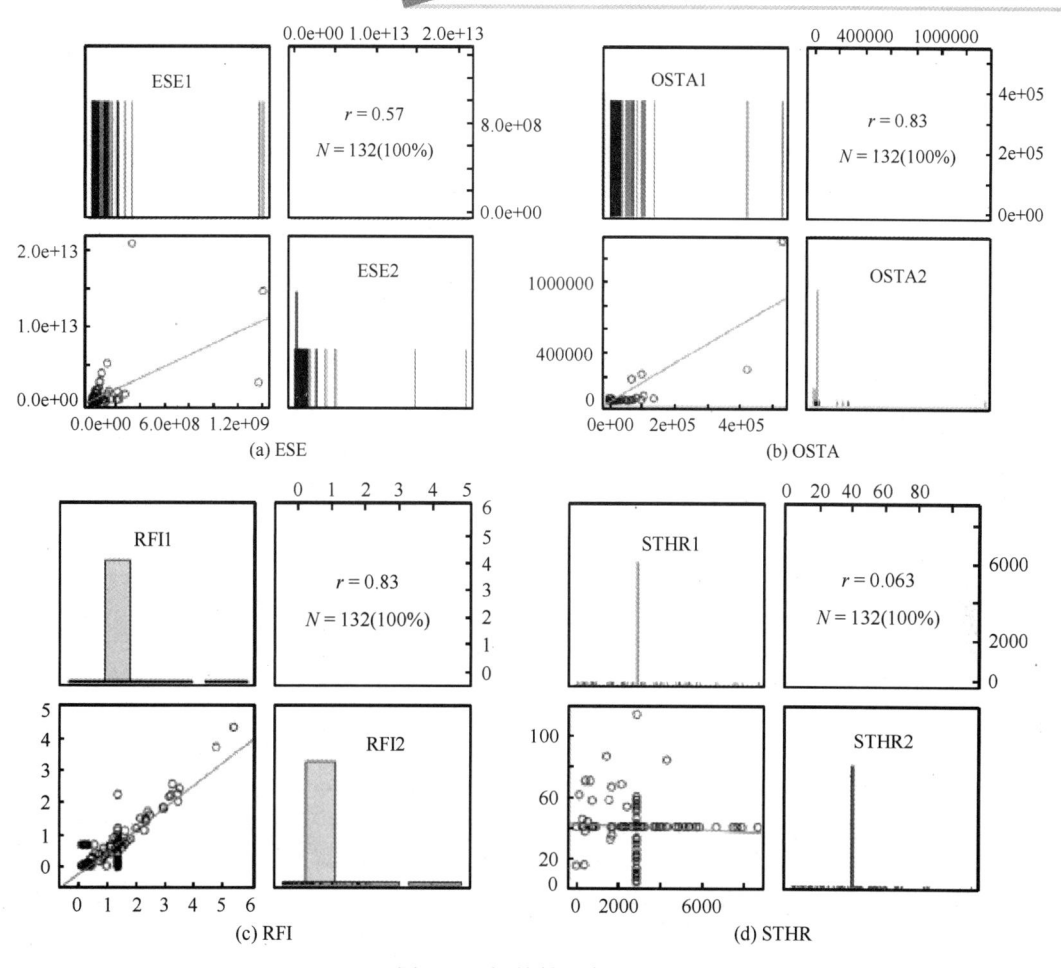

图 4.3 相关性分析结果

```
Call: bootsempls(object = ecsi, nboot = 500, start = "ones", verbose = FALSE)
Lower and upper limits are for the 90 percent perc confidence interval

         Estimate    Bias  Std.Error    Lower    Upper
lam_1_1   0.8259 -0.03839   0.1583    0.50743  0.9751
lam_1_2   0.9347  0.02255   0.0223    0.92316  0.9887
lam_2_1   0.9565 -0.00414   0.0161    0.92046  0.9737
lam_2_2   0.9586 -0.00165   0.0138    0.92846  0.9752
lam_3_1   0.0804  0.19599   0.6008   -0.55089  0.9996
lam_3_2   0.9897 -0.40199   0.4785   -0.25401  0.9990
lam_4_1   0.9680 -0.01095   0.0313    0.88400  0.9899
lam_4_2   0.9455 -0.01234   0.0722    0.79358  0.9878
beta_1_2  0.2888  0.03346   0.0806    0.19689  0.4670
beta_1_3  0.0641  0.05379   0.0809    0.01935  0.2972
beta_1_4  0.9066 -0.00821   0.0670    0.76670  0.9770
beta_2_4  0.0531  0.04840   0.1051    0.00334  0.3418
beta_3_4  0.0514 -0.03131   0.0630   -0.12787  0.0953
```

图 4.4 参数估计结果

图 4.4 中有全球化国家科技创新能力模型中各载荷系数和路径系数的估计值（Estimate），以及基于 500 次 Bootstrap 非参数检验的结果：估计偏差（Bias）、标准误差（Std.Error）、置信度为 90% 的置信区间的下限（Lower）和上限（Upper）。其中，系数估计值表示相应变量间关系的强弱或效应的大小。在路径系数层面上，

经济社会环境(ESE)对科研经费投入(RFI)、科技人力资源(STHR)和科技成果产出(OSTA)的路径系数估计值分别约为 0.29、0.06 和 0.91，科研经费投入(RFI)对科技成果产出(OSTA)的路径系数估计值约为 0.05，科技人力资源(STHR)对科技成果产出(OSTA)的路径系数估计值约为 0.05；在载荷系数层面上，经济社会环境(ESE)对人口总数(ESE1)和 GDP 总量(ESE2)的载荷系数估计值分别约为 0.83 和 0.93，科技人力资源(STHR)对 R&D 研究人员总数(STHR1)和高等院校入学率(STHR2)的载荷系数估计值分别约为 0.08 和 0.99，科研经费投入(RFI)对研发总支出占 GDP 的比例(RFI1)和企业研发支出占 GDP 的比例(RFI2)的载荷系数估计值均约为 0.96，科技成果产出(OSTA)对科技期刊文章发表量(OSTA1)和专利申请量(OSTA2)的载荷系数估计值分别约为 0.97 和 0.95。

读者也可以输入下述 R 软件代码来确认参数估计结果的变量间的关系。

```
plsLoadings(ecsi)                          #载荷系数
pC <- pathCoeff(ecsi)                      #路径系数
print(pC, abbreviate = TRUE, minlength = 5)
```

通过上述 R 软件代码，可以得到载荷系数和路径系数的符号对应关系，如表 4.3 所示。

表 4.3 载荷系数和路径系数的符号对应关系

载荷系数		路径系数	
lam_1_1	ESE→ESE1	beta_1_2	ESE→RFI
lam_1_2	ESE→ESE2	beta_1_3	ESE→STHR
lam_2_1	RFI→RFI1	beta_1_4	ESE→OSTA
lam_2_2	RFI→RFI2	beta_2_4	RFI→OSTA
lam_3_1	STHR→STHR 1	beta_3_4	STHR→OSTA
lam_3_2	STHR→STHR 2	—	—
lam_4_1	OSTA→OSTA1	—	—
lam_4_2	OSTA→OSTA2	—	—

4.1.4 总结与讨论

经过对全球化国家科技创新能力的研究，本案例构建了反映国家科技创新能力的指标体系，并通过结构方程模型对国家科技创新能力进行数学表达，最终通过模型参数估计加以量化，该研究过程具有一定的参考价值和借鉴意义。本案例研究表明，经济社会环境对科技成果产出的效应最大，经济社会环境对科研经费投入的效应次之。经济社会环境对科技人力资源的效应、科研经费投入对科技成果产出的效应、科技人力资源对科技成果产出的效应较小。由此可见，经济社会环境在科技成果产出和科研经费投入方面可以产生很大效应。对于一个国家来说，

第4章 面向科技数据的互联网统计方法与案例

经济发展和社会进步程度对于国家科技创新能力的评价非常重要，经济社会环境的改善对国家科技创新能力的提升起到了至关重要的作用。下面从三个方面论述构建全球化国家科技创新能力模型的意义。

一是有助于实现互联网科技统计视角下评价指标构建的一体化操作。从信息技术到数据技术的发展过程反映了从信息化到互联网再到物联网的第四次工业革命的发展趋势，而互联网统计思维在这里发挥着重要作用。在科技统计领域，指标体系研究和评价指标构建是非常重要的研究方向。国家科技创新能力的指标体系存在指标数量众多、人工操作过多、各环节衔接紧密度不足、技术落后等诸多不足。国家科技创新能力的指标数量并不是越多越好，过多的指标和过于庞杂的指标体系往往会导致信息冗余、适用国家有限、工作量大等现象，尤其在互联网的背景下，数据量级的膨胀和处理速度的加快要求指标体系内容简单且足以说明问题即可。人工采集数据增加了工作负担，降低了工作效率，并且容易出现错误。本案例通过网络爬虫技术获取指标数据，符合大数据时代的发展需求。当前指标体系相关研究工作存在各环节衔接紧密度不足的现象，科研人员应提高专业技术能力，实现从数据到指标构建再到统计模型估计的完整操作。在指标构建和统计模型估计方面，当前绝大多数研究局限于层次分析法等由专家意见决定的主观赋权方法，缺乏新技术的支持。综上所述，本案例从互联网科技统计思维出发，借助编程实现网络爬虫技术、二阶因子模型和可视化结果的一体化操作，可以有效弥补上述不足。

二是能够客观反映国家科技创新能力及其关键影响因素。在全球化视野下，国家科技创新能力综合评价指标借助客观指标数据和科学方法量化国家科技创新能力，这些指标数据来自世界银行和全球创新指数报告的公开数据，具有一定的可靠性。统计模型可以清晰地测度因子间、因子与可测变量间的关系，因为使用了偏最小二乘估计算法，所以所有的数值计算完全依托于数据本身，该算法本身具有无数据分布假定、采用客观权重、兼顾因素之间关系等优点，通过国家科技创新能力综合评价指标的统计模型，可以得到基于客观指标数据的国家科技创新能力综合评价指标取值、二阶因子与一阶因子间的路径系数及一阶因子与可测变量间的载荷系数。因此，国家科技创新能力综合评价指标的计算结果可以客观反映各国科技创新能力，路径系数和载荷系数量化了国家科技创新能力所有影响因素的重要性。

三是有利于开展不同国家科技创新能力的横向比较和纵向动态分析。国家科技创新能力综合评价指标基于同一套指标体系，采用同样的方法完成估计，因此可以比较各国科技创新能力及其影响因素。为考察各国科技创新能力的差异，可以仿照全球化国家科技创新能力综合评价指标的统计模型，构建国家科技创新能力的综合评价指标，横向比较各国科技创新能力。此外，一旦构建并推广国家科技创新能力的综合评价指标，就可以持续开展不同年份的国家科技创新能力的综合评价工作，完成纵向动态分析，以便及时挖掘、追踪国家科技创新能力及其影响因素的变化情况，为相关部门的措施制定和调整、科技事业的持续健康发展提供保证。

启发视窗

结构方程模型的极大似然估计需要先计算协方差矩阵，再设定模型内变量间的关系，最后进行估计。读者可根据以下代码提示进行尝试。

(1) 计算可测变量标准化后的协方差矩阵，具体代码如下：

```
S=cov(scale(nstic))
```

(2) 根据协方差矩阵的计算结果，取对角线及其下方的所有元素，为结构方程模型中待估参数的极大似然估计做准备，具体代码如下：

```
S <- readMoments(names=c('ESE1', 'ESE2', 'STHR1', 'STHR2', 'RFI1', 'RFI2', 'OSTA1', 'OSTA2'))
#列出具体协方差矩阵，由于协方差矩阵是沿对角线对称的，因此仅列出对角线下方的部分即可
```

(3) 设定模型格式，具体代码如下：

```
model <- specifyEquations()
#测量模型的设定
OSTA1 = 1*OSTA
OSTA2 = lamby1*OSTA
#结构模型的设定
OSTA=beta1*STHR+beta2*RFI+gam1*ESE
STHR =gam2*ESE
RFI  = gam3*ESE
#潜变量的基本设定
V(OSTA)= psi1
```

(4) 极大似然估计的代码如下：

```
fit <- sem(model, S, 132)
fit
```

思考与练习

1. 请总结国内外与科技创新能力相关的报告、数据等资源，尝试比较不同资源在科技创新能力方面的异同，并归纳科技创新能力相关指标随时间而发生的变化。

2. 在实践中，通常需要根据不同假设多次调整结构方程模型，以找到最佳模

型。请尝试在本案例提出的国家科技创新能力理论模型的基础上,增加"在其他因素不变的条件下,科技成果产出对经济社会环境产生正向影响"这一假设,重新实现模型参数估计。

3．根据本案例介绍的结构方程模型和软件操作,尝试基于 R 软件自带的欧洲满意度数据,完成结构方程模型构建及模型参数的极大似然估计。

4．请总结极大似然估计的核心思想及协方差矩阵在其中起到的作用。

4.2 案例2：科技文献数据主题挖掘

4.2.1 案例背景

伴随着科技全球化的发展、数据处理技术及大数据平台技术的到来,"互联网+"或"+互联网"已不断渗透到各学科领域,并成为充分利用社会资源、满足科技创新需求的重要辅助工具。作为一门收集、处理、分析、解释数据的科学,统计学是一门关于数据的科学。作为统计学的一个重要分支,科技统计必须以科技数据为研究对象,并涵盖围绕科技数据开展的收集、处理、分析和解释工作。科技数据不同于其他领域的数据,科技数据的构成如图 4.5 所示。科技统计可理解为以科技成果数据、科技活动数据及互联网自媒体科技资讯数据为研究对象的统计学分支,其中,文献数据是一类重要的科技成果数据。

随着信息化社会的深入变革、科技实践的多元发展和人工智能的推广,结构化数据和非结构化数据均以爆发式增长的态势向信息和知识的有效获取提出挑战。结构化数据是指存储在记录或文件内固定字段中的数据;非结构化数据是指没有预定义数据模型或未按预定义方式组织的数据,包括所有格式的办公文档、文本、报告、图像、音频或视频信息。

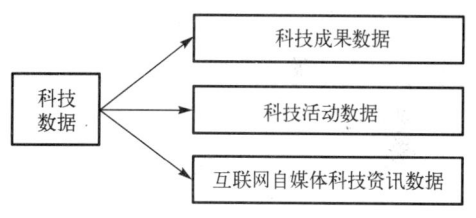

图 4.5 科技数据的构成

文献数据是一种非常重要的非结构化数据形式,文献数据的挖掘需要使用专门的方法或技术,即文本挖掘。文本挖掘是以文本数据或信息为对象的数据挖掘方法,用于从大量文本的集合或语料库中抽取潜在未知的且有价值的模式和知识。文本挖掘的处理过程一般包括文本采集、文本预处理、文本建模、模式发现和评价解释 5 个环节(见图 4.6)。在这一过程中,文本从原始状态逐渐形成知识,因此文本挖掘也可以理解为数据库知识发现(Knowledge Discovery in Database)在文本数据集上的应用,以及结合相关文本处理技术进行知识发现的过程。文本挖掘旨在发现某些文字出现的规律及文字与语义、语法的关系,用于自然语言处理,如机器翻译、信息检索、信息过滤等,通常采用信息提取、文本分类、文本聚类、自动文摘和文本可视化等技术从非结构化文本数据中发现知识。由此可见，文本挖掘涉及语言学、统计学和计算机学等多个学科。

文本采集 → 文本预处理 → 文本建模 → 模式发现 → 评价解释

图 4.6　文本挖掘的处理过程

随着文本挖掘理论内容的不断丰富和计算机技术的飞速发展，文本挖掘方法和模型得以创新、实现和应用，被应用于文本聚类、文本分类、预测模型等诸多领域(Feinerer，Hornik，Meyer，2008；Grun，Hornik，2011)。文本分类是机器学习领域的热点研究主题，目前已有逻辑回归、决策树、支持向量机等多种文本分类技术，支持向量机等最大余量分类器已经被广泛应用。近年来，诸多高水平的文本挖掘的相关成果不断涌现。Lu、Dong、Liu 等(2018)在经典顺序最小优化(Platt，1998)的基础上提出了一种变系数支持向量机算法。另一类热门研究主题是文本数据的主题模型研究，Blei、Ng 和 Jordan(2003)提出了隐含狄利克雷分布(Latent Dirichlet Allocation，LDA)模型，Blei 和 Lafferty(2007)提出了相关主题模型，Blei 和 Mcaulifee(2010)提出了有监督的主题模型。近年来，仍然有关于 LDA 模型优化及应用的研究成果不断涌现，因此本案例选择 LDA 模型作为主题模型，以中文文献为研究对象。顾益军(2014)开展了融合 LDA 模型与 TextRank 的关键词抽取研究；王婷婷、韩满和王宇(2017，2018)将 LDA 模型用于文献数据分析，并对模型优化及主题数量的选择进行了研究；程豪(2021)将 LDA 模型应用于"科技统计"文献数据；Yang、Wang(2021)及 Wang、Zhang、Li 等(2021)基于文本挖掘中的不同问题提出了新的主题模型。

综上所述，本案例在互联网背景下，以"科技统计"文献数据为研究对象，探讨该类数据预处理、统计描述、关键词挖掘的流程和方法，并进一步应用 LDA 模型，希望能够为"科技统计"文献数据的知识发现和规律挖掘提供支持，并为相关研究提供一定借鉴。

4.2.2　主题模型的基本原理

在计算机技术的支持下，文献数据中与关键词相关的主题的挖掘方法也在不断发展。词频分析法是一种能够提炼揭示或表达文本数据核心内容的关键词，并提供关键词频数的文献计量方法，通过该方法可以智能化地统计文献数据中词语的频数，突出显示以高频词语列表为依据的关注热点。词频分析法的核心部分是构造"文档-术语"矩阵(Document-Term Matrix，DTM)，即通过 DTM 实现文献数据的结构化。构造 DTM 的基本思想来自词袋(Bag of Words，BOW)模型，假设文档中的词语相互独立且没有顺序，词袋模型可以将文档展示为离散词语的组合。

第 4 章 面向科技数据的互联网统计方法与案例

其中，词语的独立性假定简化了词袋模型在文本数据处理过程中的计算，无序假定降低了词袋模型对文本数据的代表性。

在此基础上，仅关注关键词的提炼还不够，有时需要进一步构建主题模型，以实现对文献数据中隐含结构的推测。主题模型最早来自 Papadimitriou 等人提出的隐性语义索引(Latent Semantic Indexing，LSI)。LDA 模型从海量文档集合中挖掘主题，并根据这些主题组织这些文档，假设满足以下 3 个条件：①所有主题与一个文档集合相关，并且每个文档以不同比例展示这些主题；②在狄利克雷分布下，各个分量几乎相互独立，因此需要假设一个主题的存在与另一个主题的存在不相关；③每个文档中的词语是可互换的，即这些词语的顺序不影响它们的概率。

作为一种由"文档-主题-词语"构成的三层贝叶斯模型(Three-level Bayesian Model)，生成 LDA 模型的过程如下：①生成主题-词语的概率分布 $\beta \sim \text{Dirichlet}(\eta)$，其中，Dirichlet(*)表示狄利克雷分布，η 表示主题-词语概率分布 β 的超参数；②设定每个文档中的词语数 $n \sim \text{Possion}(\xi)$，生成文档-主题的概率分布 $\theta \sim \text{Dirichlet}(\alpha)$，其中，$\alpha$ 表示文档-主题概率分布 θ 的超参数；③对于文档中的每个词语 $W_{d,n}(d=1,2,\cdots,D; n=1,2,\cdots,N)$，重复下面的步骤——选择一个服从多项式分布的主题 $Z_{d,n}$，并且从多项式条件概率分布 $\text{Mult}(\beta_k)$ 中选择一个词语 $W_{d,n}$，其中，n 表示文档中的词语数，k 表示主题数，d 表示文档数。LDA 模型如图 4.7 所示。

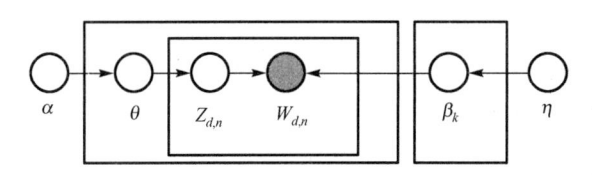

图 4.7 LDA 模型

LDA 模型的参数估计属于复杂的最优化问题，目前常用的方法包括 Gibbs 抽样(Gibbs Sampling，GS)法和变分最大期望(Variational Expectation Maximization，VEM)法。对于 LDA 模型，无论采用何种方法，均需要提前设定主题数。廖列法、勒乎刚和朱亚兰(2017)及刘江华(2017)通过 Blei 等人提出的困惑度指标取最小值来选择主题数，但已有研究表明，困惑度指标反映的是模型本身的泛化能力，仅能说明模型对新样本的适用性。综合考虑，本案例选择 10 折交叉验证法探索主题数为 5～30 时主题模型的表现，经研究发现，主题数对于主题模型的影响不大，参考已有文献，本案例最终选择的主题数为 5。

延展阅读

在使用主题模型前需要对数据进行以下预处理操作(受限于作者爬取数据的时间，未能完全统计 2019 年的数据)。

(1) 筛选数据。筛选爬取的文献，删除含"科技统计"但并非讨论"科技统计"的文献。

(2) 生成新变量。根据中国知网(CNKI)提供的期刊收录情况，生成新变量 Level 表示期刊的级别，如北京大学《中文核心期刊要目总览》(下文简称为北大核心)期刊等。对于多个收录来源的期刊，保留全部收录信息。例如，《统计研究》的 Level 取值为"CSSCI、日本科学技术振兴机构(JST)数据库(2018)、北大核心"。综合考虑所有文献的收录来源并生成子变量，每个子变量表示一种来源，如子变量 L1 表示 CSSCI、子变量 L2 表示日本科学技术振兴机构(JST)数据库(2018)、子变量 L3 表示北大核心。根据文献的发表单位，生成新变量表示该文献的地域信息。

(3) 形成可用文件。通过整理，形成如下文件：①含作者、标题、发表期刊、发表单位、发表年份、关键词和摘要的全文件(CSV 格式)，存在曾用名的期刊名称统一为现用名，如《浙江统计》是《统计科学与实践》的曾用名等，进一步确定期刊名称，如《徐州工程学院学报》应为《徐州工程学院学报(社会科学版)》等；②仅含标题信息的文件(TXT 格式)；③仅含摘要信息的文件(TXT 格式)；④仅含关键词信息的文件(TXT 格式)。

(4) 形成分词文件。通过分词技术，对(3)中的后三类文件进行分词，并形成相关文件(TXT 格式)。为进一步提高分词的准确率，可以下载相关词典。

(5) 确定停止词库。除通用的停止词外，本案例通过对文献进行探索性分析，识别出现在分析结果中的但对于结论没有重要意义的词语，如第一手、突破点、正常值、编辑部等，并将其纳入停止词库。

4.2.3 软件操作

本案例通过中国知网，获取截至 2019 年 7 月 25 日关于"科技统计"的中文文献，以"科技统计"为核心话题进行检索，初步分析发现，存在一些未讨论"科技统计"实质内容的篇目，为避免类似文献的干扰，本案例筛选并下载包括期刊、学位论文和会议论文共 3 种类型的 211 篇文献，具体研究对象包括作者、标题、发表期刊、发表单位、发表年份、关键词和摘要。读者可根据自己的软件使用习惯，采用 Excel 或 R 软件对以"科技统计"为核心话题的文献数据进行描述性分析，基本情况如图 4.8 所示。

211 篇文献中包括 199 篇期刊、4 篇学位论文和 8 篇会议论文。根据中国知网的期刊收录信息，北大核心期刊共 72 篇，中文社会科学引文索引(CSSCI)来源期刊(含扩展版)共 37 篇，日本科学技术振兴机构(JST)数据库 53 篇，CA 化学文摘(美)共 13 篇，Рж(AJ)文摘杂志(俄)共 7 篇，中国科学引文数据库(CSCD)来源期刊(含扩展版)共 6 篇。此外，没有收录信息的期刊共 99 篇，为了方便表述，本案例将这一部分期刊称为一般期刊。图 4.8(c)所示为发表篇数排名靠前的期刊名称。

第 4 章 面向科技数据的互联网统计方法与案例

除 11 篇无法确认发表单位所属地域的文献外,其余文献的地域分布情况按篇数由低到高排序,如图 4.8(e)所示。

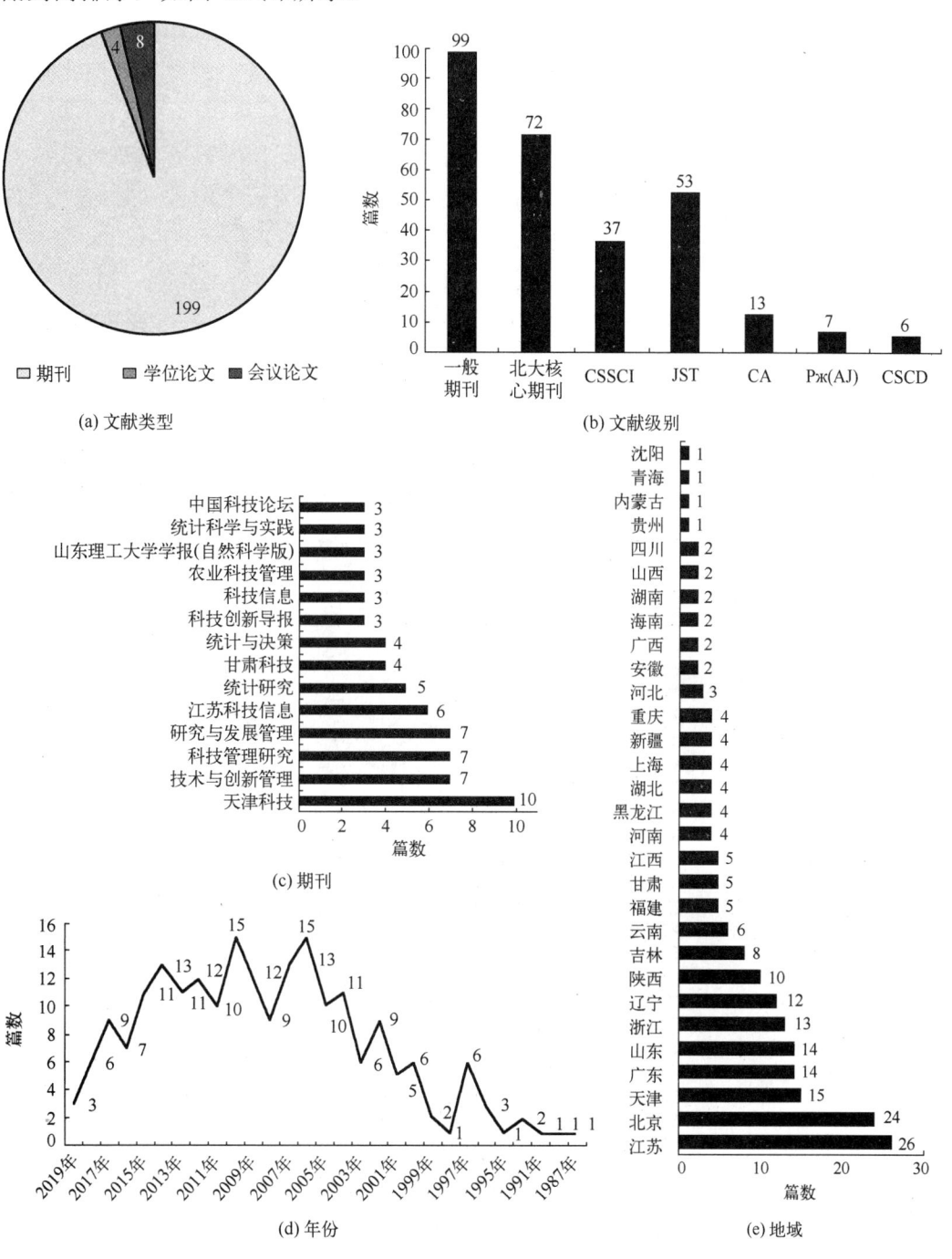

图 4.8 基本情况(单位:篇)

由图 4.8 可知,在本案例研究的以"科技统计"为核心话题的文献中,期刊占绝大多数，其中，一般期刊和北大核心期刊较多。作为一般期刊的《天津科技》在以"科技统计"为核心话题的文献发表篇数上表现较为突出。从 2000 年开始，每年关于"科技统计"的文献发表篇数均较为稳定，且较 2000 年以前有明显提高。从发表单位所属地域来看，江苏和北京的相关单位在科技统计领域发表的文献较多，沈阳、青海、内蒙古和贵州有待提高。

为进一步研究以"科技统计"为核心话题的文献在不同时段的分布情况和变化，本案例采用三段式分割法，将 1987—2019 年划分为三个时段：1987—1997 年、1998—2008 年和 2009—2019 年，不同时段的文献信息如表 4.4 所示。

表 4.4　不同时段的文献信息

时段	文献总篇数	文献类型	文献级别	期刊(篇数大于3)	地域(篇数大于3)
1987—1997 年	15	期刊(15)	北大核心(14) CSSCI(7)	研究与发展管理(5)	无
1998—2008 年	87	期刊(79) 学位论文(3) 会议论文(5)	北大核心(32) CSSCI(19)	科技管理研究(5) 技术与创新管理(4) 统计研究(4)	江苏(11)山东(9)北京(7) 辽宁(7)广东(6)陕西(5) 天津(5)浙江(4)新疆(4)
2009—2019 年	109	期刊(105) 学位论文(1) 会议论文(3)	北大核心(26) CSSCI(11)	天津科技(7) 江苏科技信息(6) 甘肃科技(4)	北京(16)江苏(14)天津(9) 浙江(8)广东(6)吉林(5) 江西(5)辽宁(5)山东(5) 陕西(5)甘肃(4)云南(4)

由表 4.4 可知，随着时间的推移，以"科技统计"为核心话题的文献总篇数和期刊篇数持续增加，文献涉及的期刊种类不断增加，地域覆盖面不断拓宽。从文献级别来看，中间时段(1998—2008 年)在北大核心和 CSSCI 两类期刊上发表的文献篇数多于另外两个时段，表现出一定的优势。而 2009—2019 年在北大核心和 CSSCI 两类期刊上发表的文献篇数多于 1987—1997 年。但从"某时段内北大核心和 CSSCI 两类期刊发表的文献篇数除以该时段发表的文献总篇数"来看，1987—1997 年已表现出较高的比例，在一定程度上也说明在该时段以"科技统计"为核心话题的文献同样具有较高水准。

下面通过 R 软件，首先基于分词处理后的 1987—1997 年文献数据建立主题模型，数据文件名为 abstr.segment1.txt。为保证代码运行顺畅，建议读者优先采用 R 3.6.1 版本[①]；然后按照同样的 R 软件代码分别对 1998—2008 年的文献数据和 2009—2019 年的文献数据进行主题模型的参数估计，数据文件名分别为 abstr.segment2.txt 和 abstr.segment3.txt。

---

① 除 R 软件外，这里还列举了一些软件及实现主题模型的技术：Blei 等人给出了拟合 LDA 模型和相关主题模型的 C 语言代码，拟合这些模型的方法是变分最大期望法。MATLAB 主题模型工具箱提供了 LDA 模型及其变形的主题模型的代码。Python 中的 genism 模块是处理文本数据比较好的库，允许 LDA 模型从训练语料中进行估计，并且从新的文档中获得对主题分布的推断。函数 gensim.models.ldamodel.Lda Model()可以生成一个 LDA 模型。此外，GibbsLDA++、Mallet 等软件或技术也可以用于实现主题模型。

第 4 章　面向科技数据的互联网统计方法与案例

读入数据文件的 R 软件代码如下：

```
library(tm)
library(topicmodels)
library(tidytext)
library(ggplot2)
library(dplyr)

params<-list(minDocFreq=1,removeNumbers=TRUE,stopwords=TRUE,stemming=TRUE,weighting=weightTf)
setwd("D:\\ch4_abstr1")
filenames<-list.files(getwd(),pattern="*.txt")
#加载数据文件到语料库
files<-lapply(filenames,readLines,encoding ="UTF-8")
#读入字符串向量，并进行编码
docs<-Corpus(VectorSource(files))
#将数据文件经过语料库处理后赋值给 docs
```

导入数据文件前，先删除非必要符号、词语，以免影响主题的提取。需要说明的是，这部分内容具有一定的主观性，读者可根据相关文献和具体分析过程总结需要删除的词语库，相关 R 软件代码如下：

```
docs<-tm_map(docs,removeWords, stopwords("english"))
docs<-tm_map(docs,removeWords, stopwords("SMART"))
docs<-tm_map(docs,removePunctuation)
docs<-tm_map(docs,removeNumbers)
docs<-tm_map(docs,stripWhitespace)
mystopwords<-c("的","了","和","对","等","进一步","在","为","以及","因此","还","一个","一些","关于","与","已","十分","一","上","不","中","也","中","主要","也","于","称之为","一百余所","从","以","使","其","具有","出","到","及","可","大","可以","将","就","年","并","应","是","有","来","要","较","一套","一定","一项","三","下","之","不仅","为了","之一","一级","二级","但","但是","例","全","它","其中","占","化","做","做好","几点","区","及其","只","各","处","已经","很","必须","性","把","所","既","更","最后","此","本","点","省","着","给","能","聚","能够","自变量","若干","用","由","由于","高","而","该","视","相","间","项","都","起","越来越","这","量","又","地","尤其","如何","基于","以来","同时","对于","进行","通过","阐述","针对","采取","采用","相比","个","两个","依据","介绍","从而","以期","作为","促进","保证","四个","好","表明","类","法","指出","简要","利用","取得","本文","山东","谈","方面","浅","论","存在","河北省","山西省","辽宁省","吉林省","黑龙江省","江苏省","浙江省","安徽省","福建省","江西省","山东省","河南省","湖北省","湖南省","广东省","海南省","四川省","贵州省","云南省","陕西省","甘肃省","青海省","台湾省","天津市","必要性","中华人民共和国","黑龙江","第三章","第五章","第四章","第十九条","一系列","必不可少","至关重要","重要性","意大利","不可或缺","不可估量","c 科技","c 浅析","奥斯陆","主力军","大有裨益","必要条件","有所不同","刻不容缓","前所未有","海城市","突破点","第二种","编辑
```

部","调节器","亟待解决","现如今","愈来愈","第一种","第二章","第一章","举足轻重","嘉兴市","组成部分","内蒙古","出谋划策","来源于","ufeff在","上海市","正常值","第一手")
```
docs<-tm_map(docs,removeWords,mystopwords)
```

如前文所述,主题模型的估计方法包括 Gibbs 抽样法和变分最大期望法。首先通过下面 R 软件代码实现主题模型中的 Gibbs 抽样法。

```
#Gibbs 抽样法
burnin<-4000
iter<-2000
thin<-500
seed<-list(2003,5,63,10001,765)
nstart<-5
best<-TRUE
k<-5
#设置主题数为 5
ldaout<-LDA(dtm,k,method="Gibbs",control=list(nstart=nstart,
seed=seed,best=best,burnin=burnin,iter=iter,thin=thin))
#运行 LDA 模型
ldaout.topics<-as.matrix(topics(ldaout))
#将文件转化为主题
ldaout.terms<-as.matrix(terms(ldaout,100))
#在每个主题中选择前 100 个词语
topicProb<-as.data.frame(ldaout@gamma)
#每个主题任务的关联概率
topic1totopic2<-lapply(1:nrow(dtm),function(x)
sort(topicProb[x,])[k]/sort(topicProb[x,])[k-1])
#找到排名前两位的主题的重要性
topic2totopic3<-lapply(1:nrow(dtm),function(x)
sort(topicProb[x,])[k-1]/sort(topicProb[x,])[k-2])
#找到排名为第二位和第三位的主题的重要性

#通过下面代码,估计 5 个主题中具体词语的 $\beta$ 值
ap_topics<-tidy(ldaout,matrix="beta")
ap_top_terms<-ap_topics %>%
group_by(topic)%>%
top_n(6,beta)%>%
ungroup()%>%
arrange(topic,-beta)
as.matrix(ap_topics)
```

整理主题模型中 Gibbs 抽样法的参数估计结果,R 软件代码如下:

第 4 章　面向科技数据的互联网统计方法与案例

```
#先进行可视化操作，得到名为 graph 的 PDF 文件
graph=paste("graph",".pdf")
pdf(file=graph, width=9, height=4,family="GB1")
ap_top_terms %>%
mutate(term=reorder(term,beta))%>%
ggplot(aes(term,beta,fill=factor(topic)))+
geom_col(show.legend=FALSE)+
facet_wrap(~topic,nrow = 2, ncol = 5, scales="free")+
scale_y_continuous(breaks=seq(0,0.4,0.1))+
ylab("Beta 值")+
xlab("词语")+
coord_flip()
dev.off()
#下面整理不同主题、词语及 β 的参数估计结果
library(tidyr)
beta_spread<-ap_topics%>%
mutate(topic=paste0("topic",topic))%>%
spread(topic,beta)%>%
filter(topic1>0.001|topic2>0.001)
write.csv(beta_spread, " beta_spread.csv")
```

运行上述代码可得到表 4.5 和图 4.9。不难看出，图 4.9 共包括 5 部分，每个部分代表 1 个主题，包括科学技术、生产力、历年来、关键词、研讨会、统计局、方法论、高等学校、国民经济、横截面、科教兴国、统计学、有效性和制度化这 14 个相同的词语。每个主题内部给出了这些词语的 β 值来表示不同词语的重要性，但是单从图 4.9 很难看出 β 的具体取值。基于 Gibbs 抽样法的主题模型参数估计结果如表 4.5 所示。

表 4.5　基于 Gibbs 抽样法的主题模型参数估计结果

term	topic1	topic2	topic3	topic4	topic5
方法论	0.018519	0.015625	0.011905	0.148649	0.029412
高等学校	0.203704	0.015625	0.011905	0.013514	0.029412
关键词	0.018519	0.015625	0.011905	0.013514	0.323529
国民经济	0.018519	0.171875	0.011905	0.013514	0.029412
横截面	0.018519	0.171875	0.011905	0.013514	0.029412
科教兴国	0.203704	0.015625	0.011905	0.013514	0.029412
科学技术	0.018519	0.015625	0.845238	0.013514	0.029412
历年来	0.018519	0.015625	0.011905	0.013514	0.323529
生产力	0.018519	0.484375	0.011905	0.013514	0.029412
统计局	0.018519	0.015625	0.011905	0.283784	0.029412
统计学	0.018519	0.015625	0.011905	0.148649	0.029412

续表

term	topic1	topic2	topic3	topic4	topic5
研讨会	0.018519	0.015625	0.011905	0.283784	0.029412
有效性	0.203704	0.015625	0.011905	0.013514	0.029412
制度化	0.203704	0.015625	0.011905	0.013514	0.029412

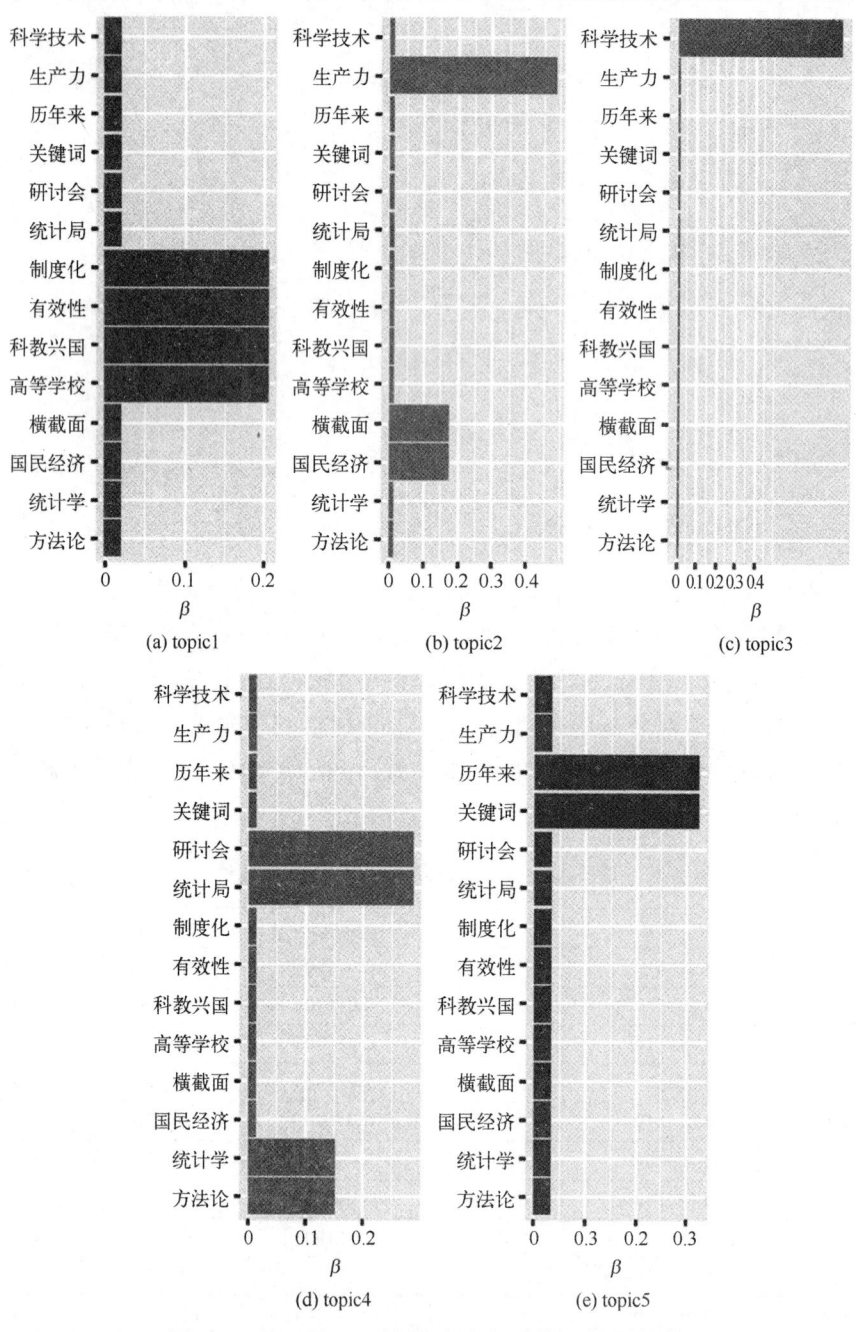

图 4.9 基于 Gibbs 抽样法的主题模型挖掘结果

第 4 章　面向科技数据的互联网统计方法与案例

基于图 4.9 和表 4.5 可知,基于 Gibbs 抽样法一共可挖掘出 5 个主题模型(topic1～topic5),经过对 5 个主题模型的分析,可得出如下结论:topic1 突出了制度化、有效性、科教兴国、高等学校在这一主题中的重要性,该主题刻画的是高等学校在科教兴国、制度化、有效性建设方面的举措;topic2 表现了生产力、横截面、国民经济在这一主题中扮演的重要角色,即在横截面角度下我国国民经济发展和生产力在 1987—1997 年文献数据中的重要性;topic3 明显突出了科学技术的重要性;topic4 中最为重要的是研讨会和统计局,统计学和方法论也在该主题中起到了较为重要的作用,该主题反映了国家统计局主办或参与、以统计学方法为主题的研讨会在 1987—1997 年文献数据中的重要性;topic5 突出了历年来和关键词的重要贡献,与 topic2 相比,该主题体现了发展过程中关键词的变化。

实现主题模型中变分最大期望法的 R 软件代码如下:

```
#变分最大期望法
ldaoutem<-LDA(dtm,k,control=list(seed=2010))
ldaoutem.topics<-as.matrix(topics(ldaoutem))
ldaoutem.terms<-as.matrix(terms(ldaoutem,100))
topicProb<-as.data.frame(ldaoutem@gamma)
#与每个主题分配相关的概率
topic1totopic2<-lapply(1:nrow(dtm),function(x)
#找到排在前两位主题的相对重要性
sort(topicProb[x,])[k]/sort(topicProb[x,])[k-1])
topic2totopic3<-lapply(1:nrow(dtm),function(x)
#找到排名为第二位和第三位主题的相对重要性
sort(topicProb[x,])[k-1]/sort(topicProb[x,])[k-2])

ap_topics<-tidy(ldaoutem,matrix="beta")
ap_top_terms<-ap_topics %>%
group_by(topic)%>%
top_n(7,beta)%>%
ungroup()%>%
arrange(topic,-beta)
as.matrix(ap_top_terms)
```

整理主题模型中变分最大期望法参数估计结果的 R 软件代码如下:

```
#先进行可视化操作,得到名为 graphem 的 PDF 文件
graphem=paste("graphem",".pdf")
pdf(file=graphem, width=9, height=4,family="GB1")
ap_top_terms %>%
mutate(term=reorder(term,beta))%>%
ggplot(aes(term,beta,fill=factor(topic)))+
geom_col(show.legend=FALSE)+
facet_wrap(~topic,nrow = 2, ncol = 5, scales="free")+
```

```
scale_y_continuous(breaks=seq(0,0.4,0.1))+
ylab("Beta 值")+
xlab("词语")+
coord_flip()
dev.off()
#下面整理不同主题、词语及β的参数估计结果
library(tidyr)
beta_spread<-ap_top_terms%>%
mutate(topic=paste0("topic",topic))%>%
spread(topic,beta)%>%
filter(topic1>0.001|topic2>0.001)
beta_spread
write.csv(beta_spread, " beta_spreadem.csv")
```

运行上述代码可以得到表4.6和图4.10。不难看出，图4.10共包括5部分，每个部分代表1个主题，所包括的词语不完全一样，每个主题内部给出这些词语的 β 值来表示不同词语的重要性。但是，单从图4.10很难看出 β 的具体取值。基于变分最大期望法的主题模型参数估计结果如表4.6所示。

表4.6 基于变分最大期望法的主题模型参数估计结果

term	topic1	topic2	topic3	topic4	topic5
关键词	0.074281	0.050609	NA	NA	NA
横截面	0.049877	NA	NA	0.073243	NA
科学技术	0.453399	0.134605	0.187924	0.3819	0.300506
历年来	NA	0.048211	0.070813	NA	NA
生产力	0.084402	0.251114	0.09517	0.068665	0.125649
统计局	0.053401	0.096158	0.120425	0.076931	0.069752
统计学	NA	0.053672	NA	NA	0.068695
研讨会	0.066564	0.147153	0.113671	NA	NA
制度化	0.062356	NA	NA	0.055918	NA

表4.5和表4.6分别展示的是Gibbs抽样法和变分最大期望法的主题模型参数估计结果，两种方法最明显的区别在于在相同的限制条件下(如R软件代码中设置filter()中的参数满足topic1>0.001|topic2>0.001)，在基于变分最大期望法的主题模型中并不是每个主题在其所包含的词语上都有参数 β 的估计值，而在基于Gibbs抽样法的主题模型中，每个主题在其所包含的词语上都有参数 β 的估计值。基于图4.10和表4.6可知，基于变分最大期望法一共可挖掘出5个主题模型(topic1~topic5)，分析5个主题模型可得出如下结论：topic1中科学技术最为重要；topic2中生产力最为重要；topic3、topic4和topic5均表现出科学技术最为重要，在这种情况下，对于这些主题内涵的归纳和解释需要突出各自包含重要词语

第 4 章　面向科技数据的互联网统计方法与案例

的差异性，这里给出两点建议：进一步选择参数 β 值较大的词语，以降低同一主题内词语太多为主题解释带来的难度；找到这些主题各自包含的不同词语，以及除科学技术外的次重要词语，以便归纳该主题的差异化特征。

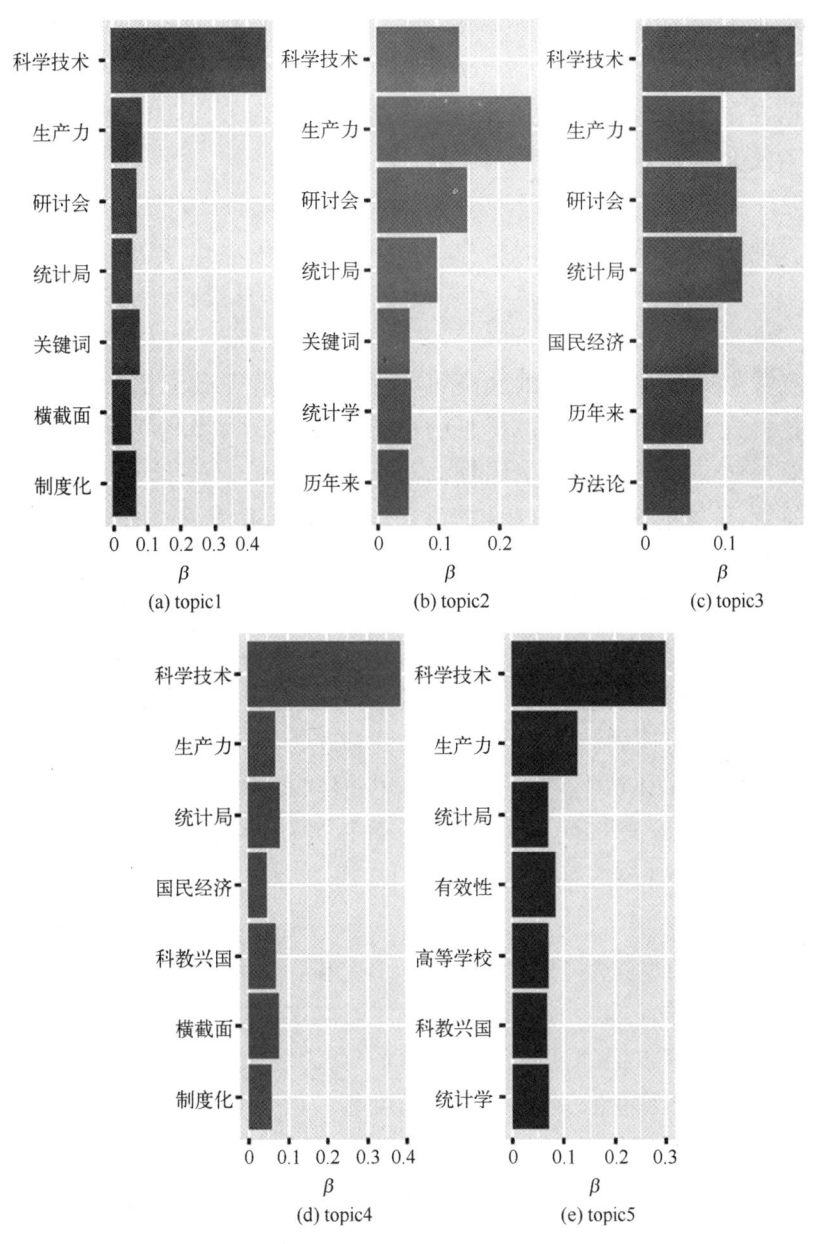

图 4.10　基于变分最大期望法的主题模型挖掘结果

4.2.4　总结与讨论

面对科技创新和信息技术的迅猛发展态势，非结构化文本数据已成为大数挖掘的重要研究对象，其中所蕴含的巨大潜在价值也已引起了各领域的高度重视。人工智能的发展和普及为处理文本数据提供了可靠的技术支持。本案例开展了以"科技统计"为核心话题的研究工作，在软件操作方面，通过1987—1997年的文献数据实现了 R 软件主题模型的参数估计。读者可根据本案例提供的代码，分别对 1998—2008 年的文献数据和 2009—2019 年的文献数据进行主题模型的参数估计，并根据参数估计结果归纳、解释主题含义。综合考虑，未来可以从以下三个方面开展科技文献数据的主题挖掘工作。

一是提高文献数据中噪声信息的清洗质量。主题挖掘易受到噪声信息的干扰，快速且彻底地剔除文献数据中的噪声信息有助于准确地挖掘文献中具有代表性的关键主题。根据主题挖掘的特点，与某一主题相关的科技文献往往都会聚焦在某一行业、某一领域或某一具体研究问题上，在这种情况下，构建该类科技文献中的噪声信息数据库和尽可能全面地覆盖与主题无关的无效词语有助于在科技文献数据主题挖掘之前有效排除噪声信息的干扰。因此，构建与主题相关的噪声信息数据库是对科技文献数据进行主题挖掘的第一步。

二是厘清不同主题模型的适用范围[①]。LDA 模型假设主题与一个文档集合相关，并且每个文档以不同比例展示这些主题，比例中各个分量几乎相互独立，导致强烈假设一个主题的存在与另一个主题的存在不相关。当隐含主题之间存在相关性甚至高度相关时，LDA 模型不再适用，需要考虑相关主题模型。当文档集合中的主题随时间变化时，动态主题模型能够在有序组织的文档库（由文档组成的语料库）中挖掘主题的演变。可以看出，LDA 模型是后续主题模型的基础，LDA 模型、相关主题模型和动态主题模型均属于无监督的主题模型。解决文本数据的预测问题而非分类问题时可以提出有监督的主题模型，赋予每个文档相应的响应变量，通过拟合模型推断它的主题结构，以形成预测值。

三是加强不同类型主题模型的应用。LDA 模型更适合处理文本数据和其他离散型数据的建模问题，能够有效地找到海量科技文献集合中的简短描述，并保留可用于分类、检测等方面的基本统计关系，但其局限是无法直接构建主题之间的相关性。在很多文档库中，隐含主题是高度相关的，如遗传学的文章也可能与健康、疾病相关。该模型的局限来自主题比例服从的狄利克雷分布中隐含的独立性假设。在相关主题模型中，主题比例的分布更加灵活，允许成分间的协方差结构，一个隐含主题与另一个隐含主题相关联。相关主题模型可以更好地拟合数据，提供丰富的可视化和探索文档集合的方式，其不足在于相关主题模型生成文档-主题的概率分布服从正态分布，这使得它不与多项式分布共轭，使得相应的近似后验

[①] 相关主题模型和有监督的主题模型的具体内容可见本章后面的"启发视窗"版块。

第 4 章 面向科技数据的互联网统计方法与案例

推理过程更复杂。动态主题模型允许文档集合中的主题随时间变化,有监督的主题模型正因为在建模时兼顾文档和响应变量,所以可以找到隐含主题,以预测未标签文档的响应变量取值。

启发视窗

LDA 模型是由 Blei、Ng 和 Jordan 于 2003 年提出的。

相关主题模型是由 Blei 和 Lafferty 于 2007 年提出的。该模型是在 LDA 模型的基础上发展起来的,允许主题之间存在相关性。对于相关主题模型来说,生成模型的过程与 LDA 模型的区别在于第二步,即在相关主题模型中,生成文档-主题的概率分布 $\theta \sim N(\mu, \Sigma)$,即服从正态分布,而非狄利克雷分布。当 $\tilde{\eta}^T = (\eta^T, 0)$ 时,$\theta_K = \exp\{\tilde{\eta}_K\} / \sum_{i=1}^{k} \exp\{\tilde{\eta}_i\}$。

有监督的主题模型是由 Blei 和 Mcaulifee 于 2010 年提出的。与大多数主题模型(都是无监督的)相比,有监督的主题模型中每个文档都对应一个响应变量,这样可以预测响应变量的隐含主题。在有监督的主题模型中,每个文档和响应变量的生成过程如下所述。

(1) 生成文档-主题的概率分布 $\theta \sim \text{Dirichlet}(\alpha)$,其中,$\alpha$ 表示文档-主题概率分布 θ 的超参数。

(2) 对于每个词语 ω_i($i = 1, 2, \cdots, N$),选择一个服从多项式分布的主题 $Z_i | \theta$,并且从多项式条件概率分布 $\text{Mult}(\beta_{Z_i})$ 中选择一个词语 $\omega_i | Z_i, \beta_{1:K}$。

(3) 生成服从正态分布 $N\left(\eta^T (1/N) \sum_{n=1}^{N} z_n, \sigma^2\right)$ 的响应变量 $y | Z_{1:N}, \eta, \sigma^2$,其中,$\eta$ 表示回归系数。

可以看出,响应变量来自一个服从正态分布的且不含截距项的线性模型,自变量是文档中主题的不可观测的经验频率。

思考与练习

1. 文献数据与非文献数据有何异同?在处理方法上有何异同?
2. 从数据获取到结论发现,请总结文献数据挖掘的一般流程。
3. 主题模型的基本原理是什么?基于文献数据进行主题提取时需要注意哪些方面?
4. 请下载 5~10 篇以"科技人才"为关键词的文献,并对文献进行主题挖掘。

参 考 文 献

[1] 沈艳波，王崑声，马雪梅，等. 科技强国评价指标体系构建及初步分析[J]. 中国科学院院刊，2020，35(5)：593-601.

[2] 蔡跃洲. 国家创新体系视角下的国家创新能力测度述评：理论方法、数据基础及中国实践[J]. 求是学刊，2012，39(1)：42-50.

[3] 王智慧，刘莉. 国家创新能力评价指标比较分析[J]. 科研管理，2015，(36)：162-168.

[4] 程豪. 全球化国家科技创新能力综合评价指数统计模型：基于互联网科技统计视阈[J]. 调研世界，2020，(6)：25-31.

[5] LOHMLLER J B. Latent Variable Path Modeling With Partial Least Squares[M]. Heidelberg: Physica- Verlag Heidelberg, 1989.

[6] LEE S K. Structural Equation Modeling: A Bayesian Approach[M]. London: Wiley, 2007.

[7] HAIR J F, HULT G T M, RINGLE C M, et al. A Primer on Partial Least Squares Structural Equation Modeling(PLS-SEM)[M]. Thousand Oaks: SAGE Publications, 2017.

[8] ESPOSITO V V, CHIN W W, HENSELER J, et al. Handbook of Partial Least Squares. Concepts, Methods and Applications[M]. Heidelberg: Springer-Verlag, 2010.

[9] 王惠文. 偏最小二乘回归方法及其应用[M]. 北京：国防工业出版社，1999.

[10] 侯杰泰，温忠麟，成子娟. 结构方程模型及其应用[M]. 北京：教育科学出版社，2004.

[11] FEINERER I, HORNIK K, MEYER D. Text Mining Infrastructure in R[J]. *Journal of Statistical Software*, 2008, 25(5): 1-54.

[12] GRUN B, HORNIK K. Topicmodels: An R Package for Fitting Topic Models[J]. *Journal of Statistical Software*, 2011, 40(13): 1-30.

[13] LU X, DONG F, LIU X, et al. Varying Coefficient Support Vector Machines[J]. *Statistics & Probability Letters*, 2018, (132): 107-115.

[14] PLATT J C. Sequential Minimal Optimization: A Fast Algorithm for Training Support Vector Machines[J]. *Microsoft Research*, 1998.

[15] BLEI D M, NG A Y, JORDAN M I. Latent Dirichlet Allocation[J]. *Journal of Machine Learning Research*, 2003, (3): 993-1022.

[16] BLEI D M, LAFFERTY J D. Correlated Topic Models [J]. *The Annals of Applied Statistics*, 2007, 1(1): 17-35.

[17] BLEI D M, MCAULIFEE J D. Supervised Topic Models [J]. *Advances in Neural Information Processing Systems*, 2010, (3): 327-332.

[18] 顾益军. 融合LDA与TextRank的关键词抽取研究[J]. 数据分析与知识发现，2014，30(7)：41-47.

第 4 章 面向科技数据的互联网统计方法与案例

[19] 王婷婷,韩满,王宇. 基于"21 世纪海上丝绸之路"文献的文本挖掘研究[J]. 统计与信息论坛, 2017, 32(11): 84-91.

[20] 王婷婷,韩满,王宇. LDA 模型的优化及其主题数量选择研究:以科技文献为例[J]. 数据分析与知识发现, 2018, (1): 29-40.

[21] 程豪. 基于"科技统计"文献数据的 LDA 主题模型应用研究[J]. 今日科苑, 2021, (3): 76-87.

[22] YANG Y, WANG F. Author Topic Model for Co-occurring Normal Documents and Short Texts to Explore Individual User Preferences[J]. *Information Sciences*, 2021, (570): 185-199.

[23] WANG F, ZHANG L J, LI Y, et al. Bayesian Text Classification and Summarization via A Class- Specified Topic Model[J]. *Journal of Machine Learning Research*, 2021, (22): 1-48.

[24] 廖列法,勒孚刚,朱亚兰. LDA 模型在专利文本分类中的应用[J]. 现代情报, 2017, 37(3): 35-39.

[25] 刘江华. 一种基于 k-means 聚类算法和 LDA 主题模型的文本检索方法及有效性验证[J]. 情报科学, 2017, 35(2): 16-21.

第 5 章

面向教育数据的互联网统计方法与案例

5.1 案例1：高等学校科研办学效率的绩效分析

5.1.1 案例背景

高等教育是培养高级专门人才的教育活动，是教育体系中最高层次的重要组成部分。高等学校（以下简称为高校）作为广大学子接受高等教育的重要阵地，其办学效率直接关系到人才培养质量。新时期新征程，在加快建设教育强国、科技强国、人才强国的战略号召下，科学、客观、公正地评价高校教学和科研等方面的办学效率，通过定量地计算不同高校的办学效率值并选出排名靠前、具有代表性的高校，以期为其他单位在教学和科研管理方面树立学习榜样。

高校办学效率评价是建立在教师数量、学生数量、教学和科研经费规模、科研成果数量及反映科研成果被引用情况等诸多方面上的。高校办学效率评价需要首先考虑两个基本问题：一是数据获取，二是指标选择。数据获取是高校办学效率评价量化的源头，而高校办学效率相关的指标选择是构建评价标准、效率计算的基础。

(1) 数据获取。本章采用的高校办学效率评价指标数据主要来自《2018年高等学校科技统计资料汇编》和基本科学指标(Essential Science Indicator, ESI)数据库。其中，《2018年高等学校科技统计资料汇编》记录了2017年全国1939所设有理、工、农、医类教学专业的高等学校及其附属医院在基础研究、应用研究、试验发展、科研成果应用、其他科技服务等方面的科技活动总体状况，内容涉及科技人力、科技经费、科技机构、科技项目、科技产出和开展国际科技交流等。基本科学指标数据库是由科睿唯安在汇集和分析Web of Science核心合集数据库所收录的学术文献及其所引用的参考文献的基础上建立的分析型数据库，由引文排位、高被引论文、引文分析和评论报道4部分构成。

(2) 指标选择。高校办学效率的评价指标之一是教师数量，尤其是副高级及以上职称的专任教师数量。培养学生数量可以通过在校学生数量来衡量，而培养学生的质量可以采用网大高校声誉得分来间接反映。教育经费则通过国家和地区教育经费拨款来反映，同时考虑到高校通过竞争方式获得纵向和横向科研经费，因此也将纵向科研经费收入作为评价指标之一。根据国内外论文、专著、获奖占比等，研究成果得分可以分为人文社会科学研究成果得分和自然科学研究成果得分两个方面，用于反映科研成果数量。篇均论文引用率可在较大程度上体现科研成果的质量及其国际影响力。

数据包络分析(Data Envelopment Analysis, DEA)方法(Tone, 2002)具有不需要先验信息、可以处理多元输入和输出变量等优点，因此已成为评价学校、医院等非营利性组织效益的重要方法。首先,目前 DEA 方法的主要成果为高校科研效率评价。Johnes 和 Li(2008)采用 DEA 方法评价了中国 109 所高校 2003 年和 2004 年的科研效率,研究结果表明综合类高校优于专业类高校,东部地区高校优于西部地区高校;赵晓阳和刘金兰(2013)基于 DEA 视窗分析模型研究了我国 31 个省(自治区、直辖市)2003—2009 年高校科研效率的变化情况,发现考察期内高校科研效率未表现出明显的增长态势,中部地区的高校科研效率最高;李彦华、张月婷和牛笤(2019)以中国"双一流"高校为研究对象,应用 DEA 和 Malmquist 模型测量 2014—2017 年间的高校科研效率,研究发现,被选取的高校科研效率较高,但各高校之间仍存在差距,通过投影研究发现部分高校存在科研投入冗余及产出不足现象,科研全要素生产率随技术进步指标的变化呈现先上升后下降的趋势;Mammadov 和 Aypay(2020)使用 DEA 模型研究了土耳其大学的科研效率,结果发现科研项目数量与科研效率得分呈负相关,篇均论文引用率对科研效率产生了积极影响;Beasley(1995,2009)探究了高校科研活动的效率评价。其次,还有研究聚焦高校教学效率的评价。Johnes(2006)测量了 1993 年英国高校经济系毕业生的教学效率,研究发现,评价对象的选择对于效率提升至关重要;张晓秋、李华和蒋华林(2009)研究了 2007 年 57 所教育部直属高校的人才培养效率,发现类型和地域对高校人才培养效率有显著影响;Wu、Zhang 和 Zhu(2020)基于三阶段 DEA 模型,研究了 2016 年我国 31 个省(自治区、直辖市)的高等教育效率,结果表明我国部分省(自治区、直辖市)的高等教育效率有较大提升空间;马永红和刘润泽(2020)以理工类学科为例,研究了我国理工类学科的办学效率,结果表明传统型、应用性学科的各指标良好,成熟且稳定,传统型、基础性各学科的效率差异较大,成熟但不稳定。此外,还有许多关于高校科研与教学综合效率评价的研究:袁卫、李沐雨和荣耀华(2013)基于可变换参考集的 DEA 模型对教育部直属高校 2011 年的办学效率进行评价,发现经济发展水平是办学效率的关键影响因素;Papadimitriou 和 Johnes(2018)利用 DEA 方法,测度了英国大学的办学效率,研究发现,合并带来的效率收益不会持续很长时间;荣耀华、秦珂宇、程豪等(2021)基于教育部直属 72 所高校的绩效分析为高校寻求合适的学习标杆。

在数据获取和指标选择的基础上,本案例通过方法应用和软件操作完成高校办学效率的测算与评价。

5.1.2 数据包络分析方法的基本原理

美国著名运筹学家 Charnes、Cooper 和 Rhodes 于 1978 年以"相对效率评价"概念为基础提出了 DEA 方法,根据多项投入指标和多项产出指标实现同类型单位的相对有效性评价。DEA 是一个线性规划模型,表示为产出与投入的比值,通过明确地考虑多种投入(即资源)的运用和多种产出(即服务)的产生,比较提供相似服务的多个单位的效率。在这个过程中，效率为100%的单位被称为相对有效率单位，而效率低于100%的单位称为无效率单位。这种方法不需要对输出函数和效率分布进行任何假设，而且允许每一个被评价的单位自由选择对自身最有利的权重，确保每一个单位达到其最优效率值，而不是预先指定各投入和产出指标的相对重要性。一些单位可能在投入和产出指标上相差很大，但效率值可能相同，所以该方法可以将不同类型、不同水平、不同优势的高校放在同一梯队进行办学效率评价。

Charnes、Cooper和Rhodes(1978，1979，1981)提出的CCR模型是DEA方法中的重要技术，它是基于固定规模和收益下的模型，即假设收益和规模成正比，规模越大，收益越大，故仅当所有的决策单元以最佳规模运行时才是合适的。但在实际情况中，由于各种资源及一些外界因素的限制，大部分决策单元不能以最佳规模运行。Banker、Charnes和Cooper(1984)提出的BCC模型是对CCR模型的改进，它是基于可变规模和收益的模型，即假设收益不能随着规模扩大而无限增加，在规模过大或过小时，收益都可能较低，这更符合实际情况。在BCC模型中，产出导向的模型与投入导向的模型所产生的结果不一定相同，产出导向的模型希望在不增加投入的条件下尽可能增大产出，投入导向的模型希望在不增加产出的条件下尽可能减少投入。

在DEA方法中，被评价的单位被称为决策单元(Decision Making Unit，DMU)。为方便表述，记j个被评价的单位为DMU_j ($j=1,2,\cdots,n$)。DMU_j的投入指标向量为$\boldsymbol{x}_j=(x_{1j},x_{2j},\cdots,x_{mj})$，产出指标向量为$\boldsymbol{y}_j=(y_{1j},y_{2j},\cdots,y_{sj})$，$m$为投入指标维数，$s$为产出指标维数，$n$是决策单元数。$J^l$表示包含所有$DMU_j$的集合，定义$J^{l+1}=J^l-E^l$，其中，$E^l=\{DMU_k \in J^l | \phi^*(l,k)=1\}$，$\phi^*(l,k)$为以下线性规划模型的最优解：

$$\phi^*(l,k) = \max\nolimits_{\phi(l,k),\lambda_j} \phi(l,k),$$

$$\text{s.t.} \sum \lambda_j \boldsymbol{y}_j \geq \phi(l,k)\boldsymbol{y}_k, \quad \sum \lambda_j \boldsymbol{x}_j \leq \boldsymbol{x}_k,$$

$$\sum \lambda_j = 1, \quad \lambda_j \geq 0, \quad j \in F(J^l)$$

其中，$\boldsymbol{x}_k$、$\boldsymbol{y}_k$分别表示DMU_k的投入指标向量和产出指标向量，$j \in F(J^l)$表示$DMU_k \in J^l$。

当$l=1$时，模型$\phi^*(l,k)=\max\nolimits_{\phi(l,k),\lambda_j}\phi(l,k)$为原始的产出导向BCC模型，集合$E^l$中的$DMU_j$组成了第一水平有效前沿面；当$l=2$时，剔除第一水平有效$DMU_j$后，模型$\phi^*(l,k)=\max\nolimits_{\phi(l,k),\lambda_j}\phi(l,k)$给出了第二水平有效前沿面，以此类推，这种方式可以识别不同水平的有效前沿面，E^l被称为第l水平有效前沿面。

5.1.3 软件操作

投入和产出指标体系的构建对于高校办学效率评价至关重要，根据DEA方法

第 5 章 面向教育数据的互联网统计方法与案例

的特点，投入和产出指标越多，有效决策单元的占比越大，总体平均效率也就越高。高校办学效率评价的指标体系如表 5.1 所示。

表 5.1 高校办学效率评价的指标体系

分类	符号	指标	备注
投入指标	PROF	副高级及以上职称的专任教师数量	
	FUND	国家和地区教育经费拨款	不包含专项拨款
产出指标	STUD	在校学生数量	计算公式：本科生+1.5×硕士研究生+2×博士研究生
	REPU	网大高校声誉得分	
	INCO	纵向科研经费收入	
	SOCI	人文社会科学研究成果得分	计算公式：国内论文占比+国外论文占比+专著占比+国家级获奖占比
	SCIE	自然科学研究成果得分	计算公式：国内论文占比+国外论文占比+专著占比+获奖占比+知识产权授权数占比
	NCPP	篇均论文被引次数	

本案例采用 R 软件编写代码。在使用 DEA 方法前，先通过 R 软件计算表 5.1 中 8 个投入和产出指标实际数据的均值和标准差，再通过随机正态分布函数生成均值和标准差与实际数据相同的模拟数据，文件名为 ch5_gaoxiao.csv。这样的做法可以让生成的模拟数据与实际数据尽量具有相同的数据分布特征。当然这里假设数据服从正态分布也只是众多选择中最为常见的一种，读者可使用这一方法生成服从不同分布的模拟数据。具体 R 软件代码如下：

```
#计算实际数据的统计特征
data<-read.csv("D:\\ch5_gaoxiaoraw.csv")
#读入实际数据
n=dim(data)[1]
#取样本量
DA=NULL
#先设置DA为空，以便存储生成的模拟数据
mean=apply(data[3:10],2,mean)
#计算各个指标的均值
sd=apply(data[3:10],2,sd)
```

基于上面计算的样本量、均值和标准差，通过 R 软件生成模拟数据，相关代码如下：

```
for(i in 1:8)
#设置循环，依次生成8个投入和产出指标
{
  da=round(rnorm(n,mean[i],sd[i]),3)
```

```
#保证模拟数据的均值和标准差与实际数据相同
  DA=cbind(DA,abs(da))
#对于模拟数据为负的情况,用abs()函数取绝对值
  i=i+1
}
colnames(DA)=colnames(data[,3:10])
#命名列
data=cbind(data[,2],DA)
#与实际数据的data[,2]一列合并
write.csv(data,"D:\\ch5_gaoxiao.csv")
#保存数据
```

下面直接对模拟数据文件 ch5_gaoxiao.csv 进行数据包络分析,分别针对72所高校、2个投入指标、6个产出指标构建4类模型:投入导向CCR模型、产出导向CCR模型、投入导向BBC模型和产出导向BBC模型,依次测算72所高校的办学效率。高校名称用编号"GX"和两位数字表示,如"GX01"。

投入导向CCR模型的具体R软件代码如下:

```
library(deaR)
#调用软件包
data<-read.csv("D:\\ch5_gaoxiao.csv")
#读入数据
data_basic<-read_data(data,dmus=1,inputs=3:4,outputs=5:10)
#按数据包络分析要求准备数据
result_data<-model_basic(data_basic, dmu_eval=NULL,
dmu_ref=NULL,orientation='io',rts='crs')
#dmu_eval=NULL 和 dmu_ref=NULL 表示计算所有样本的办学效率
#io 为投入导向,crs 表示 CCR 模型
effCCRio <- efficiencies(result_data)
#办学效率
```

产出导向CCR模型的具体R软件代码如下:

```
result_data<-model_basic(data_basic, dmu_eval=NULL,
dmu_ref=NULL,orientation='oo',rts='crs')
#oo 为产出导向,crs 表示 CCR 模型
effCCRoo <- 1/efficiencies(result_data)
```

运行投入导向CCR模型和产出导向CCR模型的相关代码后发现,两类模型在72所高校的办学效率上相差微弱,基于两类CCR模型的高校办学效率如表5.2所示。

第 5 章 面向教育数据的互联网统计方法与案例

表 5.2 基于两类 CCR 模型的高校办学效率值

高校	效率	高校	效率	高校	效率	高校	效率	高校	效率	高校	效率
GX01	0.505	GX13	0.511	GX25	0.775	GX37	1.000	GX49	0.411	GX61	1.000
GX02	0.503	GX14	0.432	GX26	0.888	GX38	0.381	GX50	0.526	GX62	0.639
GX03	0.435	GX15	0.480	GX27	0.549	GX39	0.969	GX51	0.671	GX63	0.396
GX04	0.921	GX16	0.519	GX28	1.000	GX40	0.368	GX52	0.565	GX64	0.496
GX05	1.000	GX17	0.694	GX29	0.698	GX41	0.371	GX53	0.612	GX65	0.590
GX06	0.663	GX18	0.703	GX30	1.000	GX42	0.799	GX54	1.000	GX66	0.815
GX07	0.810	GX19	0.671	GX31	0.595	GX43	0.485	GX55	0.925	GX67	0.875
GX08	1.000	GX20	0.585	GX32	1.000	GX44	0.432	GX56	0.746	GX68	0.346
GX09	0.427	GX21	0.662	GX33	0.512	GX45	0.722	GX57	0.834	GX69	0.408
GX10	1.000	GX22	0.510	GX34	0.638	GX46	0.799	GX58	0.762	GX70	0.546
GX11	0.580	GX23	0.653	GX35	0.416	GX47	0.634	GX59	0.379	GX71	1.000
GX12	1.000	GX24	1.000	GX36	0.837	GX48	1.000	GX60	1.000	GX72	0.929

表 5.2 表明 GX05、GX08、GX10、GX12、GX24、GX28、GX30、GX32、GX37、GX48、GX54、GX60、GX61 和 GX71 这 14 所高校相对有效，效率均为 1.000。GX63、GX38、GX59、GX41、GX40 和 GX68 效率最低（不足 0.400），分别为 0.396、0.381、0.379、0.371、0.368 和 0.346。其余约 72% 的高校的办学效率取值范围为 [0.408, 0.969]。72 所高校办学效率的均值约为 0.689，标准差约为 0.217。

投入导向 BBC 模型的具体 R 软件代码如下：

```
result_data_bbc<-model_basic(data_basic,dmu_eval=NULL,
dmu_ref=NULL,orientation='io',rts='vrs')
#io 为产出导向，vrs 表示 BBC 模型
effBCCio <- efficiencies(result_data_bbc)
```

基于投入导向 BBC 模型的高校办学效率如表 5.3 所示。

表 5.3 基于投入导向 BBC 模型的高校办学效率

高校	效率	高校	效率	高校	效率	高校	效率	高校	效率	高校	效率
GX01	0.506	GX13	0.511	GX25	1.000	GX37	1.000	GX49	0.504	GX61	1.000
GX02	0.506	GX14	0.439	GX26	0.908	GX38	0.422	GX50	1.000	GX62	0.674
GX03	0.474	GX15	0.482	GX27	0.552	GX39	1.000	GX51	1.000	GX63	0.409
GX04	1.000	GX16	0.535	GX28	1.000	GX40	0.375	GX52	0.587	GX64	0.534
GX05	1.000	GX17	1.000	GX29	0.698	GX41	0.373	GX53	1.000	GX65	1.000
GX06	0.675	GX18	1.000	GX30	1.000	GX42	0.803	GX54	1.000	GX66	1.000
GX07	0.812	GX19	1.000	GX31	1.000	GX43	0.504	GX55	1.000	GX67	0.971
GX08	1.000	GX20	1.000	GX32	1.000	GX44	0.438	GX56	0.793	GX68	0.406
GX09	0.428	GX21	0.727	GX33	0.546	GX45	1.000	GX57	1.000	GX69	0.474

续表

高校	效率	高校	效率	高校	效率	高校	效率	高校	效率	高校	效率
GX10	1.000	GX22	0.527	GX34	1.000	GX46	0.973	GX58	0.784	GX70	1.000
GX11	0.767	GX23	0.687	GX35	0.418	GX47	0.634	GX59	0.394	GX71	1.000
GX12	1.000	GX24	1.000	GX36	1.000	GX48	1.000	GX60	1.000	GX72	1.000

表 5.3 表明 GX04、GX05、GX08、GX10、GX12、GX17、GX18、GX19、GX20、GX24 等 34 所高校相对有效，效率均为 1.000。GX59、GX40 和 GX41 效率最低 (不足 0.400)，分别为 0.394、0.375 和 0.373，其余约 48.6% 的高校的办学效率取值范围为 [0.406, 0.973]，72 所高校办学效率的均值约为 0.781，标准差约为 0.242。

产出导向 BBC 模型的具体 R 软件代码如下：

```
result_data_bbc<-model_basic(data_basic,dmu_eval=NULL,
dmu_ref=NULL,orientation='oo',rts='vrs')
#oo 为产出导向，vrs 表示 BBC 模型
effBCCoo <- 1/efficiencies(result_data_bbc)
#cbind(effCCRio,effCCRoo,effBCCio,effBCCoo)
#汇总上述 4 个模型的计算结果
```

基于产出导向 BBC 模型的高校办学效率如表 5.4 所示。

表 5.4 基于产出导向 BBC 模型的高校办学效率

高校	效率	高校	效率	高校	效率	高校	效率	高校	效率	高校	效率
GX01	0.854	GX13	0.871	GX25	1.000	GX37	1.000	GX49	0.819	GX61	1.000
GX02	0.804	GX14	0.909	GX26	0.926	GX38	0.951	GX50	1.000	GX62	0.794
GX03	0.781	GX15	0.895	GX27	0.920	GX39	1.000	GX51	1.000	GX63	0.869
GX04	1.000	GX16	0.930	GX28	1.000	GX40	0.821	GX52	0.742	GX64	0.778
GX05	1.000	GX17	1.000	GX29	0.918	GX41	0.934	GX53	1.000	GX65	1.000
GX06	0.928	GX18	1.000	GX30	1.000	GX42	0.845	GX54	1.000	GX66	1.000
GX07	0.926	GX19	1.000	GX31	1.000	GX43	0.814	GX55	1.000	GX67	0.996
GX08	1.000	GX20	1.000	GX32	1.000	GX44	0.853	GX56	0.939	GX68	0.929
GX09	0.898	GX21	0.744	GX33	0.834	GX45	1.000	GX57	1.000	GX69	0.720
GX10	1.000	GX22	0.795	GX34	1.000	GX46	0.943	GX58	0.872	GX70	1.000
GX11	0.991	GX23	0.777	GX35	0.782	GX47	0.895	GX59	0.873	GX71	1.000
GX12	1.000	GX24	1.000	GX36	1.000	GX48	1.000	GX60	1.000	GX72	1.000

表 5.4 表明 GX04、GX05、GX08、GX10、CX12 等 34 所高校相对有效，效率均为 1.000。GX21、GX52、GX69 效率最低，分别为 0.744、0.742、0.720，其余 48.6% 的高校的办学效率取值范围为 [0.777, 0.996]，72 所高校办学效率的均值约为 0.929，标准差约为 0.085。

综合上述 4 个模型的计算结果，可以发现，无论选择何种模型，GX05、GX08、

第 5 章　面向教育数据的互联网统计方法与案例

GX10、GX12、GX24、GX28、GX30、GX32、GX37、GX48、GX54、GX60、GX61 和 GX71 这 14 所高校都相对有效，效率均为 1.000。经过 4 个模型的计算后，其余 58 所高校的办学效率未能完全达到 1.000，这 58 所高校里面有 38 所高校的办学效率均未达到 1.000，说明这些高校在办学效率上仍存在较大提升空间，不同高校在办学效率上仍存在一定差异。

5.1.4　总结与讨论

综上所述，计算高校办学效率可以为高校未来发展寻找参考目标和学习标杆，一方面可为高校保留并发扬自身优势、弥补不足、逐步提升办学效率提供科学的参考标准，另一方面由于短期目标更具有可操作性，可为高校的高质量发展指明阶段性奋斗方向。本案例研究表明，无论采用何种模型，72 所高校中仅 14 所高校的办学效率为 1.000，过半数高校的办学效率未达到 1.000，还有 20 所高校存在部分模型中的办学效率为 1.000。由此说明，多数高校在办学效率上仍然存在提升空间，这些高校应该在 14 所办学效率为 1.000 的高校中选择合适的学习标杆，作为高质量发展的奋斗方向。具体来说，可以从以下三个方面持续发力，提高高校办学效率。

一是建立健全科学、客观、统一的高校办学效率评价指标体系，在同一标尺下横向比较不同高校的办学效率，纵向研究高校自身的发展变化规律，为高校决策的制定提供参考。高校办学效率评价指标体系的建立需要遵循以下原则：公平公正公开原则，评价指标体系应面向所有高校，评价过程应公平公正，数据来源应公开透明；共性和个性兼顾原则，评价指标体系应在充分考虑所有高校共性指标的基础上，结合高校的学科优势和特色，强调个性化指标，以符合我国高校实际办学特点和规律；破除唯论文导向原则，评价指标体系应坚决落实教学与科研双轨制评审制度，审慎选用科研成果数量等量化指标，教师应担负起"传道授业解惑"的责任，不能单一以科研成果为评价之重，要做到人才培养、社会服务与科研成果并重。借助评价指标体系，科学、合理地为高校制定以提高自身办学效率为目标的发展计划，推广"多步走"计划，设定切合实际的短期奋斗目标。

二是以国家政策为指引，建立多元参与、共建和共享的现代教育治理体系。《中国教育现代化 2035》和《加快推进教育现代化实施方案(2018—2022 年)》是中共中央办公厅、国务院办公厅印发的全面贯彻落实党的十九大部署和习近平总书记在全国教育大会上的重要讲话精神的纲领性文献，是总体实现中国教育现代化的施工蓝图。评价指标体系要紧密围绕国家政策和纲领性文件，反映不同高校在资源配置、教学方式、考评制度等方面的优势与问题，兼顾全国统一要求和地方差异化需求，加大艰苦边远地区的扶持力度，充分调动广大高校、师生的积极性，加强高校间的合作交流，鼓励不同学科间的交叉融合，使优质资源得到最大化共享，确保教育发展适应和引领经济社会发展新常态。相关企业与部门应加强与高校之间的沟通，高校应深刻认识到在社会服务中扮演的重要角色，在社会为高校学生提供实习基地与岗位的同时，高校的科研成果应该能够更好地服务于社会发展，实现双方的合作共赢。

三是强化办学特色，因地制宜，努力提高办学质量。高校办学特色是高校在长期发展过程中逐渐形成的比较稳定的特点或属性，办学特色主要体现为高校办学的层次特色、类型特色、学科特色与方向特色等。高校应结合自身发展特点，借鉴同类型高校的经验与方法，遵循灵活性与合理性原则，突出自身特色，制定管理体制，提高资源利用率，将高校类型融合到发展计划的制定中，通过"分类型""设标杆"，制定切实可行的规划。高校应完善教师培训与激励体系，发展培养高水平人才的优质教育，将"互联网+"等新兴技术运用到教学共享平台，在发展地区特色的同时，减少因地区差异而产生的教育资源不平衡和不充分等现象。另外，高校在谋求自身发展的同时，还要加强与国际高校间的联系，形成多样化、区域化、开放化和鲜明化的新格局。

启发视窗

DEA 方法除展示效率值外，还可展示可视化结果。下面以投入导向 CCR 模型为例，讨论该模型的可视化结果。R 软件代码为 plot(result_data)。有效和无效决策单位的频数分布、有效决策单位在参考集中出现的频数如图 5.1 和图 5.2 所示。

(a) 有效和无效决策单位

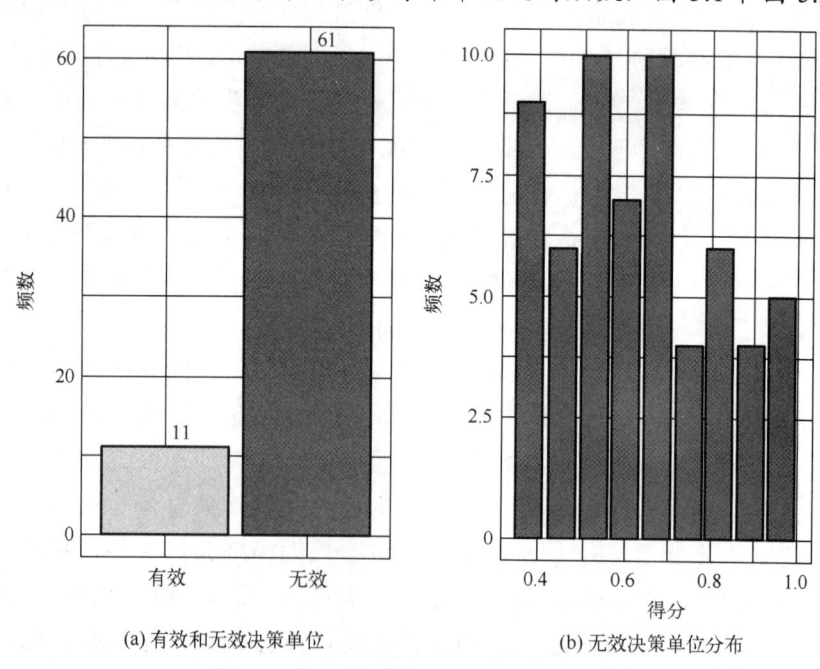

(b) 无效决策单位分布

图 5.1 有效和无效决策单位的频数分布

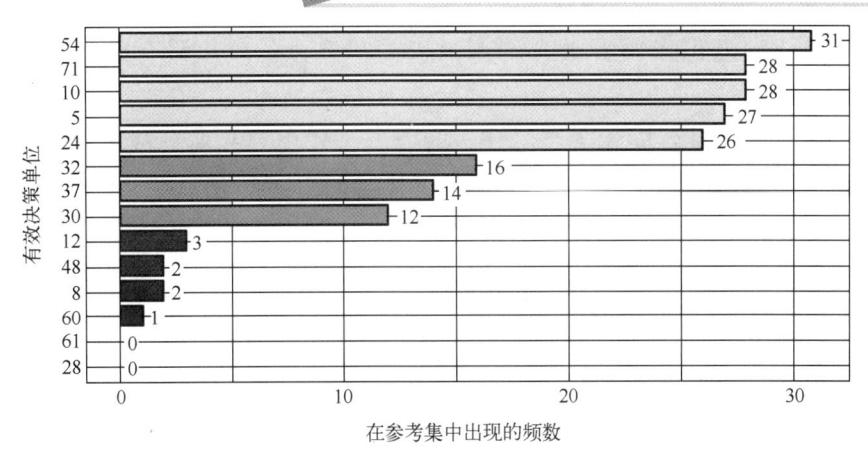

图 5.2 有效决策单位在参考集中出现的频数

思考与练习

1. DEA 方法的适用场景是什么？
2. 请使用前面提供的 R 软件代码分别统计和描述本案例中涉及的副高级及以上职称的专任教师数量、国家和地区教育经费拨款、在校学生数量、网大高校声誉得分、纵向科研经费收入、人文社会科学研究成果得分、自然科学研究成果得分和篇均论文被引次数这 8 个指标。
3. 假设本案例中的 GX01～GX30 属于综合类大学，请对这 30 所大学进行综合类高校办学效率评价，并编写 R 软件代码。
4. 请思考如何分析企业的科技创新效率？投入指标和产出指标包括哪些？

5.2 案例2：教育现代化水平监测指标体系的构建与动态评估

5.2.1 案例背景

教育现代化是教育高水平的发展状态，使用现代化先进教育思想和科技全面武装人们，将教育逐步提高到现代的世界先进水平，有助于培养适应国际竞争的高水平人才。中共中央、国务院印发的《中国教育现代化 2035》明确提出，到 2035 年，总体实现教育现代化，迈入教育强国行列，推动我国成为学习大国、人力资源强国和人才强国，为到 21 世纪中叶建成富强民主文明和谐美丽的社会主义现代化强国奠定坚实基础。教育资源投入是实现教育现代化目标的基础保障，为解决长期以来我国教育资源投入不足、结构性矛盾突出等问题，亟须打破以往从现实问题出发研究教育资源配置的思路，探索以教育现代化为目标的资源配置新路径。

近年来，国内围绕教育现代化开展的研究工作内容扎实、成果丰硕。尹宗利(2009)和顾明远(2012)论述了中国教育现代化的基本特征；褚宏启(2013，2018)先从教育现代化的本质探讨教育现代化需求，阐述了教育现代化 2.0 的中国版本，其中，教育现代化的实质是教育现代性的增长与实现，教育现代化 2.0 包括人道性、民主性、理性化、法治性、生产性、信息化、国际性七个典型的现代性特征，人道性最为关键；马海涛(2018)研究发现，伴随着我国财政制度的改革与发展，高等教育的财政投入在规模、结构、体制、分配方式上都发生了变革，高等教育进入了新的发展阶段，需要进一步创新高等教育财政投入体制和机制，促进高等教育发展转型；曾广会和刘汉明(2019)针对高等教育现代化展开了理性讨论；高凯和刘婷婷(2019)研究了在"全面二孩"政策背景下我国基础教育资源的供需状况；张万朋和李梦琦(2020)讨论在新常态下我国教育资源配置改革的特点、挑战与应对措施；程豪、裴瑞敏和梁会青(2021)从"引进来"和"走出去"角度分析我国高等教育现状，讨论了提升高等教育国际化水平的有效途径；袁振国和王占军(2021)指出在《国家中长期教育改革和发展规划纲要(2010—2020 年)》的指引下，近十年我国教育实现了以快速发展、高水平发展和赶超型发展为特征的新跨越式发展，在以高质量发展引领教育现代化的历史新阶段需要转变教育发展方式，遵循科学发展规律，创新教育供给业态。

考虑到高等学校是推动教育现代化发展的重要力量，其现代化水平直接关系到教育现代化的发展，本案例从高等学校现代化视角说明高等学校的基本情况、研究与试验发展投入情况、研究与试验发展项目(课题)情况和科技产出及成果情况等科技活动情况的发展变化。其中，高等学校的基本情况可以以学校数和研究与试验发展机构数为评价指标；研究与试验发展投入情况可以以人员全时当量和经费内部支出为评价指标；研究与试验发展项目(课题)情况可以以项目(课题)数、项目(课题)人员全时当量和项目(课题)经费内部支出为评价指标；科技产出及成果情况可以以国外发表科技论文、出版科技著作和专利授权数为评价指标。

综上分析，本案例主要解决的问题为构建高等学校现代化水平监测指标体系，分别采用统计学中的综合指数编制方法及多元统计分析中的主成分分析方法，测算高等学校的现代化水平，动态评估高等学校的现代化水平。

5.2.2 综合指数编制方法和主成分分析方法的基本原理

综合指数的编制通常需要建立在科学、合理的指标体系的基础上，一方面指标体系需要尽可能全面地反映研究对象，另一方面结合实际研究背景，并通过定性研究和定量研究筛选关键指标，以提高指标的客观性。与此同时，为便于后续

第 5 章　面向教育数据的互联网统计方法与案例

综合指数的测算工作，指标体系的构建还要考虑数据的可获得性。综上，指标体系的构建需要遵循以下原则：①科学性原则，通过定性和定量相结合的方式，筛选能够客观、完整反映研究对象的科学内涵的指标；②逻辑性原则，注意指标体系的内在逻辑关系，兼顾各级指标间的层次关系，避免指标表意重复；③可行性原则，注意指标数量不宜多，应保证所选指标能相对长期、稳定地存在；④主题性原则，指标要突出研究对象的关键特点，避免构建高普适性、低针对性的指标体系。

在构建指标体系的基础上，本案例采用以下两种方法测算高等学校的现代化水平：一是统计学中的综合指数编制方法（贾俊平、何晓群、金勇进，2021），二是多元统计分析中的主成分分析方法（何晓群，2019）。在统计学中，综合指数编制方法主要包括以下 3 个步骤。

（1）评价指标的无量纲化处理。无量纲化处理的主要目的是消除指标因属性、单位不同而在数量级上表现出的较大差距。一种常用的无量纲化处理方法为

$$T_{nm} = [I_{nm} - \mathrm{mean}(I_{nm})] / \mathrm{std}(I_{nm})$$

其中，T_{nm} 是第 n 个二级指标下标准化处理后的第 m 个三级指标，I_{nm} 是第 n 个二级指标下标准化处理前的第 m 个三级指标，$\mathrm{mean}(I_{nm})$ 是三级指标的均值，$\mathrm{std}(I_{nm})$ 是三级指标的标准差。另一种常用的无量纲化处理方法为

$$T_{nm} = [I_{nm} - \min(I_{nm})] / [\max(I_{nm}) - \min(I_{nm})]$$

其中，T_{nm} 是第 n 个二级指标下标准化处理后的第 m 个三级指标，I_{nm} 是第 n 个二级指标下标准化处理前的第 m 个三级指标，$\min(I_{nm})$ 是三级指标的最小值，$\max(I_{nm})$ 是三级指标的最大值。

（2）各指标的权重计算。本案例采用逐级权重等分的方法，具体来说，二级指标权重为二级指标数量的倒数，三级指标权重为属于同一个二级指标的三级指标数量的倒数乘以每一个二级指标的权重。权重计算方法如表 5.5 所示。

表 5.5　权重计算方法

指标体系	指标数量	权重数值
二级指标	N	$1/N$
三级指标	M_n	$(1/M_n) \times (1/N)$

延展阅读

从权重的赋值方式来看，常见的指标综合评价方法包括两类：一类是简单相加法、层次分析法、综合指标法等主观赋权法，另一类是熵权法、二阶因子模型等客观赋权法。主观赋权法普遍具备简单易懂、清晰明了、方便操作的特点，客

观赋权法则有效规避了主观赋权法在权重确定方面存在的客观性不足的缺陷，利用数据信息构建各指标间的层级关系和相互关联。此外，不同的指标综合评价方法都存在着不同的局限性。例如，简单相加法主要在三个方面存在局限性：一是满足各指标间相互独立的假定条件，在实际情况下很难满足；二是由于不同指标在评价方面的重要性和区分度有区别，指标的等权重线性累加存在一定的不合理性；三是线性累加的结果依赖于指标的组合和数量，指标组合所含的指标数值越高，指标数量越多，则该指标组合的得分越高。层次分析法的评价结果因判断矩阵的不同而有所差异，而且利用九级分制比较指标很容易出现矛盾。熵权法根据指标变异性确定客观权重，但仅可用于权重确定，使用范围有限。

(3) 综合指数计算。综合指数计算是指先将无量纲化处理后的指标乘以相应的权重再逐级汇总。具体来说，无量纲化处理后的每一个三级指标的取值乘以相应的权重$(1/M_n)\times(1/N)$，再根据三级指标和二级指标间的所属关系，将属于同一个二级指标的所有三级指标的无量纲化取值各自乘以权重$(1/M_n)\times(1/N)$后求和，作为相应二级指标的取值，计算公式为

$$S_n = \sum_{m=1}^{M_n} T_{nm} / (N \times M_n)$$

其中，S_n表示第n个二级指标，T_{nm}是第n个二级指标下标准化处理后的第m个三级指标。

接下来，对每一个二级指标的无量纲化取值乘以权重$1/N$后求和，就可以得到一级指标（综合指数）的值，计算公式为

$$S = \sum_{n=1}^{N} S_n / N$$

其中，S表示一级指标，S_n表示第n个二级指标。

在多元统计分析中，主成分分析方法是在考虑多个变量间相关性的基础上，通过少数相互独立的主成分揭示多个原始变量表达的信息，以达到降维的目的，其基本原理如下所示。

设多个随机向量集合为$X = (X_1, X_2, \cdots, X_p)$，其协方差矩阵为

$$\begin{bmatrix} \mathrm{cov}(X_1, X_1) & \mathrm{cov}(X_1, X_2) & \cdots & \mathrm{cov}(X_1, X_p) \\ \mathrm{cov}(X_2, X_1) & \mathrm{cov}(X_2, X_2) & \cdots & \mathrm{cov}(X_2, X_p) \\ \vdots & \vdots & & \vdots \\ \mathrm{cov}(X_p, X_1) & \mathrm{cov}(X_p, X_2) & \cdots & \mathrm{cov}(X_p, X_p) \end{bmatrix}$$

显然，协方差矩阵是一个$p \times p$的对称矩阵，主成分分析的目的是求解此矩阵

第 5 章 面向教育数据的互联网统计方法与案例

的特征值与特征向量,设该协方差矩阵的特征值关系为 $\lambda_1 > \lambda_2 > \cdots > \lambda_k$,相应的特征向量为

$$\boldsymbol{\beta}_1 = \begin{pmatrix} \beta_{11} \\ \beta_{12} \\ \vdots \\ \beta_{1p} \end{pmatrix}, \boldsymbol{\beta}_2 = \begin{pmatrix} \beta_{21} \\ \beta_{22} \\ \vdots \\ \beta_{2p} \end{pmatrix}, \cdots, \boldsymbol{\beta}_p = \begin{pmatrix} \beta_{p1} \\ \beta_{p2} \\ \vdots \\ \beta_{pp} \end{pmatrix}$$

那么该协方差矩阵为

$$\begin{pmatrix} \mathrm{cov}(X_1,X_1) & \mathrm{cov}(X_1,X_2) & \cdots & \mathrm{cov}(X_1,X_p) \\ \mathrm{cov}(X_2,X_1) & \mathrm{cov}(X_2,X_2) & \cdots & \mathrm{cov}(X_2,X_p) \\ \vdots & \vdots & & \vdots \\ \mathrm{cov}(X_p,X_1) & \mathrm{cov}(X_p,X_2) & \cdots & \mathrm{cov}(X_p,X_p) \end{pmatrix} \times (\boldsymbol{\beta}_1, \boldsymbol{\beta}_2, \cdots, \boldsymbol{\beta}_p)$$

$$= (\boldsymbol{\beta}_1, \boldsymbol{\beta}_2, \cdots, \boldsymbol{\beta}_p) \times \begin{pmatrix} \lambda_1 & 0 & \cdots & 0 \\ 0 & \lambda_1 & \cdots & 0 \\ \vdots & \vdots & & 0 \\ 0 & 0 & \cdots & \lambda_p \end{pmatrix}$$

经上述推导可得出主成分得分为

$$\begin{cases} F_1 = \boldsymbol{\beta}_1 \times \boldsymbol{X} = \beta_{11}X_1 + \beta_{12}X_2 + \cdots + \beta_{1p}X_p \\ F_2 = \boldsymbol{\beta}_2 \times \boldsymbol{X} = \beta_{21}X_1 + \beta_{22}X_2 + \cdots + \beta_{2p}X_p \\ F_3 = \boldsymbol{\beta}_3 \times \boldsymbol{X} = \beta_{31}X_1 + \beta_{32}X_2 + \cdots + \beta_{3p}X_p \\ \vdots \\ F_P = \boldsymbol{\beta}_p \times \boldsymbol{X} = \beta_{p1}X_1 + \beta_{p2}X_2 + \cdots + \beta_{pp}X_p \end{cases}$$

由于特征向量 $\boldsymbol{\beta}_1, \boldsymbol{\beta}_2, \cdots, \boldsymbol{\beta}_p$ 两两正交,所以主成分得分之间无相关性。主成分分析之所以能够起到降维的效果,是因为在原则上单个主成分的解释变异(特征值)不应该小于 1,并且选取少量主成分累积的解释变异(特征值)为 80%~90%。主成分解释变异的能力可以以方差解释比例来计算(λ_k 表示主成分 k 的特征值,分母表示所有特征值之和):

$$\frac{\lambda_k}{\lambda_1 + \lambda_2 + \cdots + \lambda_p}$$

可以根据每一个主成分对应的主成分方程来解释主成分的含义,如对于下面的主成分方程:

$$F_1 = \beta_{11}X_1 + \beta_{12}X_2 + \cdots + \beta_{1p}X_p$$

若规定 $|\beta_{12}|$ 最大,则 X_2 所占权重最大,可以使用变量 X_2 的实际含义来解释该主成分。

5.2.3 软件操作

本案例的数据来自《2021中国科技统计年鉴》中有关高等学校科技活动情况的部分数据，教育现代化水平的评价指标体系如表5.6所示。

表5.6 教育现代化水平的评价指标体系

一级指标	二级指标	符号	三级指标	符号
教育现代化水平	高等学校的基本情况	S_1	学校数（单位：个）	T_{11}
			研究与试验发展机构数（单位：个）	T_{12}
	研究与试验发展投入情况	S_2	人员全时当量（单位：万人年）	T_{21}
			经费内部支出（单位：亿元）	T_{22}
	研究与试验发展项目（课题）情况	S_3	项目（课题）数（单位：项）	T_{31}
			项目（课题）人员全时当量（单位：万人年）	T_{32}
			项目（课题）经费内部支出（单位：亿元）	T_{33}
	科技产出及成果情况	S_4	国外发表科技论文（单位：篇）	T_{41}
			出版科技著作（单位：种）	T_{42}
			专利授权数（单位：件）	T_{43}

下面通过 Python 软件读入数据，并按行计算数据的均值、标准差、最小值、最大值和极差，代码如下：

```
#数据读入
import pandas as pd
#导入pandas模块，并记为pd
data = pd.read_csv('D:/ch5_jiaoyu.csv')
#读入CSV格式的数据
data.head()
#查看前5行数据
mean=data.mean(axis=1)
#按行求均值
std=data.std(axis=1)
#按行求标准差
min=data.min(axis=1)
#按行求最小值
max=data.max(axis=1)
#按行求最大值
range=data.max (axis=1)-data.min (axis=1)
#按行求极差
```

下面通过 Python 软件实现数据的第一种无量纲化操作方法：$T_{nm}=[I_{nm}-\text{mean}(I_{nm})]/\text{std}(I_{nm})$。具体代码如下：

```
import numpy as np
```

第 5 章　面向教育数据的互联网统计方法与案例

```
#导入numpy模块，并记为np
da1=(np.array(data)[:,1]-mean)/ std
#2012年数据标准化
da2=(np.array(data)[:,2]-mean)/ std
#2013年数据标准化
da3=(np.array(data)[:,3]-mean)/ std
#2014年数据标准化
da4=(np.array(data)[:,4]-mean)/ std
#2015年数据标准化
da5=(np.array(data)[:,5]-mean)/ std
#2016年数据标准化
da6=(np.array(data)[:,6]-mean)/ std
#2017年数据标准化
da7=(np.array(data)[:,7]-mean)/ std
#2018年数据标准化
da8=(np.array(data)[:,8]-mean)/ std
#2019年数据标准化
da9=(np.array(data)[:,9]-mean)/ std
#2020年数据标准化
danew1=pd.concat([da1,da2,da3,da4,da5,da6,da7,da8,da9],axis=1)
#按列合并2012—2020年数据，形成新数据集danew1
```

按第一种无量纲化操作方法处理后得到的数据如图 5.3 所示[①]。

	0	1	2	3	4	5	6	7	8
0	-1.56283	-1.05606	-0.663053	-0.342443	0.0298776	0.391856	0.722808	0.981364	1.49848
1	-1.18748	-1.02699	-0.821491	-0.535358	-0.189397	0.307174	0.647672	1.19367	1.6122
2	-0.855388	-0.754092	-0.662005	-0.477831	-0.431787	-0.229195	0.0378581	1.456	1.91644
3	-1.0858	-0.899129	-0.797575	-0.55105	-0.37051	0.104879	0.575607	1.40643	1.61715
4	-1.26906	-1.02028	-0.763498	-0.418839	-0.175704	0.158411	0.665903	1.18143	1.64164
5	-0.859456	-0.758404	-0.657351	-0.482806	-0.427687	-0.225582	0.0408293	1.45556	1.91489
6	-1.18292	-0.923194	-0.739889	-0.440787	-0.386405	0.0814691	0.605601	1.38008	1.60604
7	-1.17676	-0.995305	-0.772673	-0.50253	-0.180927	0.0865449	0.619588	1.25891	1.66316
8	-1.22414	-1.53729	-1.02587	0.30872	0.792816	1.16867	0.889496	0.377026	0.250572
9	-1.14739	-0.995189	-0.994075	-0.37351	-0.0480737	0.247451	0.589793	0.885039	1.83595

图 5.3　按第一种无量纲化操作方法处理后得到的数据

下面通过 Python 软件实现数据的第二种无量纲化操作方法：$T_{nm} = [I_{nm} - \min(I_{nm})] / [\max(I_{nm}) - \min(I_{nm})]$。具体代码如下：

```
import numpy as np
#导入numpy模块，并记为np
da1=(np.array(data)[:,1]-min)/ range
```

[①] 读者可通过 Python 中的循环语句实现数据的无量纲化处理。

```
#2012 年数据标准化
da2=(np.array(data)[:,2]-min)/ range
#2013 年数据标准化
da3=(np.array(data)[:,3]-min)/ range
#2014 年数据标准化
da4=(np.array(data)[:,4]-min)/ range
#2015 年数据标准化
da5=(np.array(data)[:,5]-min)/ range
#2016 年数据标准化
da6=(np.array(data)[:,6]-min)/ range
#2017 年数据标准化
da7=(np.array(data)[:,7]-min)/ range
#2018 年数据标准化
da8=(np.array(data)[:,8]-min)/ range
#2019 年数据标准化
da9=(np.array(data)[:,9]-min)/ range
#2020 年数据标准化
danew2=pd.concat([da1,da2,da3,da4,da5,da6,da7,da8,da9],axis=1)
#按列合并 2012—2020 年数据，形成新数据集 danew2
```

按第二种无量纲化操作方法处理后得到的数据如图 5.4 所示。

	0	1	2	3	4	5	6	7	8
0	0	0.165541	0.293919	0.398649	0.52027	0.638514	0.746622	0.831081	1
1	0	0.057326	0.130726	0.232928	0.356499	0.533866	0.655486	0.850506	1
2	0	0.0365449	0.0697674	0.136213	0.152824	0.225914	0.322259	0.833887	1
3	0	0.0690625	0.106634	0.19784	0.264634	0.440512	0.614666	0.922044	1
4	0	0.0854694	0.173691	0.292101	0.375633	0.490421	0.664775	0.841889	1
5	0	0.0364238	0.0728477	0.135762	0.155629	0.228477	0.324503	0.834437	1
6	0	0.0931249	0.15885	0.266095	0.285594	0.453354	0.641284	0.918978	1
7	0	0.0638945	0.142288	0.237412	0.350656	0.444839	0.632536	0.857655	1
8	0.115728	0	0.188997	0.682201	0.8611	1	0.896828	0.707443	0.660712
9	0	0.0510159	0.0513894	0.2594	0.368484	0.467542	0.582294	0.681259	1

图 5.4　按第二种无量纲化操作方法处理后得到的数据

下面根据表 5.6 所示的教育现代化水平的评价指标体系计算各指标的权重。首先，4 个二级指标的权重均为 1/4，前两个二级指标各包括 2 个三级指标，每一个三级指标的权重为 (1/4)×(1/2)=1/8，后两个二级指标各包括 3 个三级指标，每一个三级指标的权重为 (1/4)×(1/3)=1/12。计算综合指数的 Python 代码如下所示。

```
danew=danew1
#将采用第一种无量纲化操作方法处理后的指标数据赋值给 danew
S1=np.array(danew)[0,:]*(1/8)+np.array(danew)[1,:]*(1/8)
#第 1 个二级指标的取值
```

第 5 章 面向教育数据的互联网统计方法与案例

```
    S2=np.array(danew)[2,:]*(1/8)+np.array(danew)[3,:]*(1/8)
    #第 2 个二级指标的取值
    S3=np.array(danew)[4,:]*(1/12)+np.array(danew)[5,:]*(1/12)+np.
array(danew)[6,:]*(1/12)
    #第 3 个二级指标的取值
    S4=np.array(danew)[7,:]*(1/12)+np.array(danew)[8,:]*(1/12)+np.
array(danew)[9,:]*(1/12)
    #第 4 个二级指标的取值
    Sdanew1=S1*(1/4)+S2*(1/4)+S3*(1/4)+S4*(1/4)
    #S 表示 2012—2020 年综合指数的取值

    danew=danew2
    #将采用第二种无量纲化操作方法处理后的指标数据赋值给 danew
    S1=np.array(danew)[0,:]*(1/8)+np.array(danew)[1,:]*(1/8)
    #第 1 个二级指标的取值
    S2=np.array(danew)[2,:]*(1/8)+np.array(danew)[3,:]*(1/8)
    #第 2 个二级指标的取值
    S3=np.array(danew)[4,:]*(1/12)+np.array(danew)[5,:]*(1/12)+np.
array(danew)[6,:]*(1/12)
    #第 3 个二级指标的取值
    S4=np.array(danew)[7,:]*(1/12)+np.array(danew)[8,:]*(1/12)+np.
array(danew)[9,:]*(1/12)
    #第 4 个二级指标的取值
    Sdanew2=S1*(1/4)+S2*(1/4)+S3*(1/4)+S4*(1/4)
    #S 表示 2012—2020 年综合指数的取值

    Ssum=pd.concat([pd.DataFrame(Sdanew1),pd.DataFrame(Sdanew2)],
axis = 1)
    #将采用两种无量纲化操作方法处理后的综合指数取值按列合并,形成 Ssum
```

经过上述过程,可以得到按两种无量纲化操作方法处理后的综合指数(见表 5.7)。

表 5.7 按两种无量纲化操作方法处理后的综合指数

年份	综合指数 1	综合指数 2	年份	综合指数 1	综合指数 2
2012	−0.28952	0.002411	2017	0.049563	0.121726
2013	−0.24654	0.017138	2018	0.133065	0.151058
2014	−0.1952	0.035201	2019	0.29363	0.20829
2015	−0.09937	0.069196	2020	0.393305	0.242931
2016	−0.03893	0.090384			

下面通过 Python 软件绘制两种综合指数的折线图。

```
    import matplotlib.pyplot as plt
    #导入 matplotlib.pyplot 模块,并记为 plt
```

```
fig=plt.figure(figsize=(4,4),dpi=300)
#设定画布,其中,dpi表示图的清晰度,取值越大,图越清晰,耗时越久
x=list(np.arange(2012,2021))
#设定横坐标
y= np.array(Ssum)[:,0]
#设定纵坐标
Plot1=plt.plot(x, np.array(y))
#绘图完成
y= np.array(Ssum)[:,1]
#设定纵坐标
Plot2=plt.plot(x, np.array(y))
#绘图完成
```

按两种无量纲化操作方法处理得到的 2012—2020 年综合指数变化如图 5.5 所示。

(a) 第一种无量纲化操作方法　　(b) 第二种无量纲化操作方法

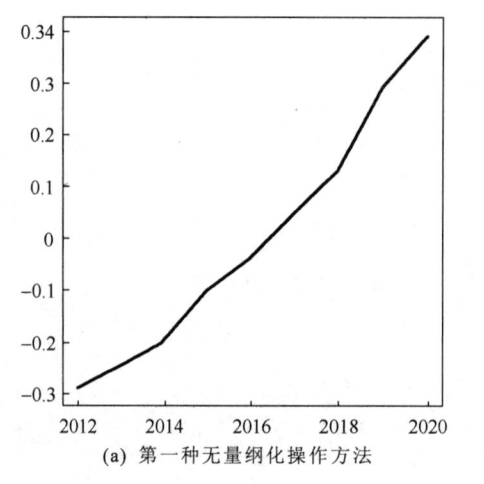

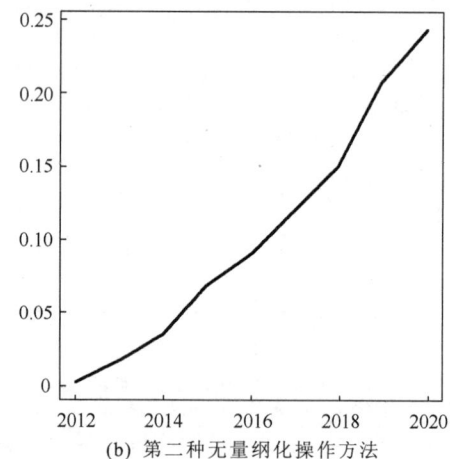

图 5.5　2012—2020 年综合指数变化

由图 5.5 可见,从 2012 年到 2020 年,用于反映教育现代化水平的综合指数呈持续上升趋势,两种无量纲化操作方法仅对综合指数的绝对取值有影响,但对教育现代化水平的动态变化趋势没有影响。

下面通过主成分分析方法对表 5.6 中涉及的指标进行主成分分析,具体 Python 代码如下:

```
#首先导入相关模块
import pandas as pd
import numpy as np
import matplotlib.pyplot as plt
from sklearn.preprocessing import scale
from sklearn.decomposition import PCA
```

第 5 章 面向教育数据的互联网统计方法与案例

```
#读入数据
data = pd.read_csv('D:/ch5_jiaoyu_pca.csv')
data.head()
```

前 5 行数据如图 5.6 所示。

	T_{11}	T_{12}	T_{21}	T_{22}	T_{31}	T_{32}	T_{33}	T_{41}	T_{42}	T_{43}
0	2442	9225	31.4	780.6	657027	31.3	607.3	226097	38760	74550
1	2491	9842	32.5	856.7	711010	32.4	662.7	249673	37866	84930
2	2529	10632	33.5	898.1	766731	33.5	701.8	278599	39326	85006
3	2560	11732	35.5	998.6	841520	35.4	765.6	313698	43136	127329
4	2596	13062	36.0	1072.2	894279	36.0	777.2	355483	44518	149524

图 5.6 前 5 行数据

接下来使用 Python 软件进行主成分分析，代码如下：

```
#首先对数据进行标准化处理
data_scale = scale(data)
#下面运行主成分分析
plt.rcParams['font.sans-serif']=['SimHei']
plt.rcParams['axes.unicode_minus'] = False
#用于处理绘图时中文横纵坐标、标题出现乱码的情况
pca = PCA().fit(data_scale)
#运行主成分分析且限制主成分数
pca.explained_variance_ratio_
#输出贡献率
plt.plot(pca.explained_variance_ratio_,'o-')
#绘制贡献率折线图
plt.xlabel('主成分')
#横坐标为"主成分"
plt.ylabel('贡献率')
#纵坐标为"贡献率"
#读者若需要添加标题，则可运行 plt.title('标题')
plt.plot(pca.explained_variance_ratio_.cumsum(),'o-')
#绘制累积贡献率折线图
plt.xlabel('主成分')
#横坐标为"主成分"
plt.ylabel('累积贡献率')
#纵坐标为"累积贡献率"
plt.axhline(0.9,color='k',linestyle='--',linewidth=1)
#添加辅助线
```

运行上述代码，可以得到不同主成分的贡献率折线图（见图 5.7）。由图 5.7(a)可以看出，折线在第一个主成分后出现突然下降的趋势，尤其在第二个主成分以后，折线保持在非常低的水平，并且呈现与横坐标轴相平行的趋势。不同主成分

的累积贡献率能够更为直观地展现前几个主成分贡献率的累积情况，便于判断代表所有原始变量的主成分数，累积贡献率折线图如图5.7(b)所示。

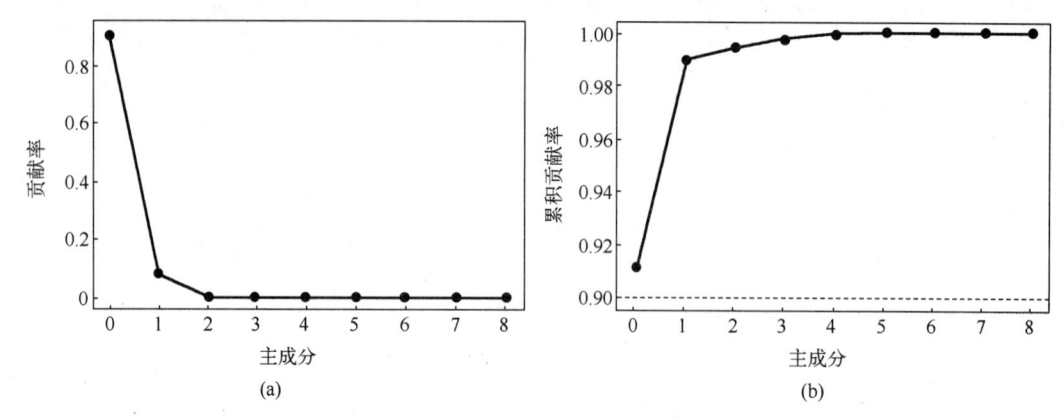

图 5.7 不同主成分的贡献率折线图

经过分析可知，前两个主成分的累积贡献率基本达到100%，下面分别设置主成分数为1和2，Python代码如下：

```
#首先对数据进行标准化处理
data_scale = scale(data)
#然后运行主成分分析
pca = PCA(n_components=2,whiten=True).fit(data_scale)
#设定2个主成分
pca.explained_variance_ratio_
#输出2个贡献率
```

设定2个主成分，运行主成分分析，可以得到主成分在解释原始变量方面的表现，如图5.8所示。

```
#首先对数据进行标准化处理
data_scale = scale(data)
pca = PCA(n_components=2,whiten=True).fit(data_scale)
#设定2个主成分
pca.explained_variance_ratio_
#输出2个主成分解释原始变量的情况
```

图 5.8 主成分在解释原始变量方面的表现

可以看到标准化后的数据仅使用两个主成分就能解释原始变量99.02%的变异，其中第一个主成分就能解释原始变量91.11%的变异。在这种情况下，考虑综合指数编制的需求，本案例设定1个主成分进行主成分分析即可得到教育现代化水平综合指数。具体Python代码如下：

```
pca = PCA(n_components=1,whiten=True).fit(data_scale)
#设定1个主成分
```

第 5 章 面向教育数据的互联网统计方法与案例

```
pca.explained_variance_ratio_
#输出1个主成分解释原始变量的情况
pca.components_
#主成分在每一个原始变量上的权重
pca.transform(data_scale)
#每一个样本的主成分得分
```

主成分数为 1 时主成分分析的运行结果如图 5.9 所示。

```
pca = PCA(n_components=1,whiten=True).fit(data_scale)
#设定1个主成分
pca.explained_variance_ratio_
#输出1个主成分解释原始变量的情况
array([0.91108261])

pca.components_
array([[0.3237245 , 0.33044609, 0.31404578, 0.32877372, 0.33080986,
        0.31429727, 0.32926309, 0.33079597, 0.21525085, 0.32695551]])

pca.transform(data_scale)
array([[-1.2030419 ],
       [-1.02008913],
       [-0.81514866],
       [-0.42284953],
       [-0.17725071],
       [ 0.18562149],
       [ 0.553577  ],
       [ 1.23292028],
       [ 1.66626116]])
```

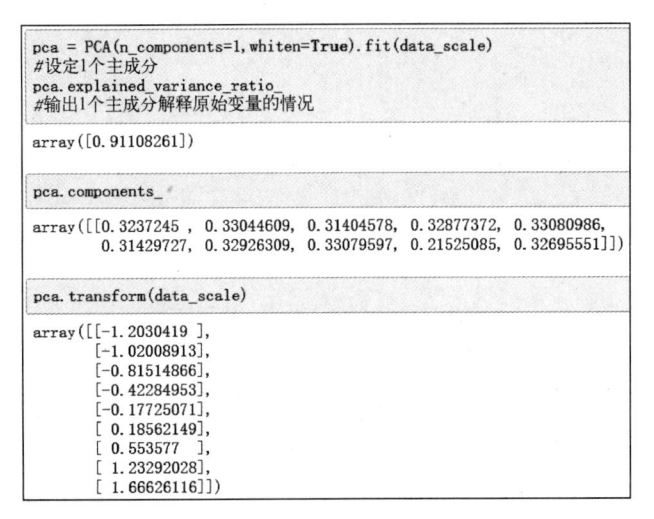

图 5.9 主成分数为 1 时主成分分析的运行结果

"pca.components_"输出的结果可以看作主成分在每一个原始变量上的权重，在变量 T_{11}、T_{12}、T_{21}、T_{22}、T_{31}、T_{32}、T_{33}、T_{41}、T_{42} 和 T_{43} 上的权重依次约为 0.324、0.330、0.314、0.329、0.331、0.314、0.329、0.331、0.215 和 0.327。从权重来看，该成分代表了除 T_{42} 以外的几乎所有原始变量。"pca.transform（data_scale）"的输出结果展示了每一个样本的主成分得分。

延展阅读

主成分数为 2 时主成分分析的运行结果如图 5.10 所示。

在"pca.components_"输出的结果中，第一组向量可以看作第一个主成分在每一个原始变量上的权重，第二组向量可以看作第二个主成分在每一个原始变量上的权重。根据原始变量对应的权重取值，可以在定义主成分时重点考虑权重取值较大时的原始变量含义。例如，对于第二个主成分，"pca.components_"中第二组向量里较大的权重取值是"0.84737988"，对应第九个原始变量。因此，第二个主成分的含义应该主要由第九个原始变量解释。在此基础上，可根据第三个和第六个原始变量补充第二个主成分的含义，因为第三个和第六个原始变量对应的权重绝对值较大，分别为 0.33815866 和 0.33591638。在定义主成分后，可以逐一对样本进行解释。比如,第一个样本的第一个主成分得分的绝对值较大,第二个主成分得分的绝对值较小,在解释时要侧重从第一个主成分出发。

```
pca.components_
array([[ 0.3237245 ,  0.33044609,  0.31404578,  0.32877372,  0.33080986,
         0.31429727,  0.32926309,  0.33079597,  0.21525085,  0.32695551],
       [ 0.18321735,  0.03526131, -0.33815866, -0.09700382,  0.02140144,
        -0.33591638, -0.07695343, -0.03033085,  0.84737988,  0.05687471]])

pca.transform(data_scale)
array([[-1.2030419 , -0.72854071],
       [-1.02008913, -1.02614321],
       [-0.81514866, -0.55120759],
       [-0.42284953,  0.64784532],
       [-0.17725071,  1.15248965],
       [ 0.18562149,  1.37698416],
       [ 0.553577  ,  0.909721  ],
       [ 1.23292028, -0.72539274],
       [ 1.66626116, -1.05575588]])
```

图 5.10 主成分数为 2 时主成分分析的运行结果

5.2.4 总结与讨论

教育现代化是建设世界一流大学的必由之路,打造具有竞争力的高等学校有利于打造世界一流的师资队伍,取得世界一流的科研成果,建立世界一流的管理制度,进而培养世界一流的杰出人才。本案例研究表明,教育现代化水平综合指数的取值与评价指标体系的构建密切相关,因为指标体系中指标的具体内容决定了教育现代化水平综合指数的含义,指标体系中不同维度下的指标数量决定了各指标相应的权重及最终的计算结果。此外,为加快推进教育现代化、建设教育强国,可以从以下三个方面持续发力。

一是以教育国际化推动教育现代化进程。与国际接轨的教育学术环境对于开展国际学术交流和合作非常重要,在同一学术话语体系下对话对于吸引高层次人才回国,吸引高层次国际人才来中国发展至关重要。我们可以从以下方面着手优化我国教育体系的教育、教学、科研环境和教学管理:一、改变现有以灌输式为主的教学方法和评估方式,转变为以培养分析问题和解决问题能力为主的探究式教育模式;二、培养与国际接轨的学术专业精神,约束和协调学者的行为,为学术同行交流、同行评议等提供基础,从而促进学术界的健康发展;三、建立与国际接轨的专业和课程设置,从经济全球化和全球市场需求的角度开设与国际接轨的新专业,更新教学内容和教学模式;四、提升外语教育水平,教育国际化的一个重要指标是用外语教授的课程比例,因此需要加大中国教育体系内用外语授课的课程数量和比例,与国际一流大学紧密合作,共同开发双语教材,共同讨论课程体系;五、加强留学生的管理制度建设,建设与国际接轨的学籍管理制度。

二是多链深度融合共筑教育现代化发展,夯实教育链、产业链、创新链、生

第 5 章　面向教育数据的互联网统计方法与案例

态链的单维发力，集聚可用于教育现代化的资源优势，加强单链条对教育现代化的推动作用。单个链条要主动融入其他链条，形成不同链条间深度融合的良性互动模式。教育链要主动融入产业链、创新链和生态链，以满足自身借助产业升级、科技创新和生态构建内驱力的需求；创新链要主动融入教育链、产业链和生态链，推动三大链条升级，同时以其他链条为鉴，加快实现对自身的完善和重塑；产业链要主动融入教育链、创新链和生态链，加强校企联合、科企融合，形成高水平研究型单位与企业联合共建、绿色产业迅速发展的良性循环；生态链要主动融入教育链、产业链和创新链，营造教育现代化迅猛发展的良好生态。

三是培养数字化人才，加快推进教育现代化，加快建设数字化中国，着力推动教育现代化发展，关注数字化人才培养。换言之，教育现代化一定离不开教育数字化建设，需要从建立数字化人才培养制度、营造开放和包容的数字化人才成长生态等方面，为教育现代化提供人力资源。数字化人才的培养需要借助专家智慧、汇聚社会各界力量，传授专业领域知识、数字化技术和实战性经验，夯实数字化技术，掌握关键本领，解决实际问题，带领他们突破客观条件的束缚、着力创新和创造，让他们有能力在教育现代化的道路上迎接新挑战、解决新问题。

启发视窗

对于习惯使用 R 软件的读者，可采用下面代码实现主成分分析：

```
library(psych)
#加载 psych 软件包
Dat<-read.csv("D:\\ch5_jiaoyu_pca.csv")
#读取数据文件
Data=scale(Dat)
#对数据进行标准化处理
pr2<-principal(Data,nfactors=1,rotate="none",covar=F,score=TRUE)
#nfactors 表示输出主成分数,covar 表示是否使用协方差矩阵进行主成分分析,score=TRUE 表示输出的主成分得分
pr2
#主成分的分析结果
pr2$scores
#主成分得分
```

思考与练习

1. 综合指数编制方法是否需要考虑样本量？请简要说明原因。
2. 请比较本案例给出的两种无量纲化操作方法在数据处理结果方面的差异。总结两种方法的适用场景。

3．还有一种指标的无量纲化操作方法是先确定一个标准值，再比较真实值与标准值，实现指标的相对化处理。请思考这种无量纲化操作方法的适用场景及确定标准值的方法。

4．关于综合指数的动态评价，如何更好地展示综合指数随时间变化的规律？是否可以预测未来综合指数的取值？

参 考 文 献

[1] TONE K. A Slacks-based Measure of Super-efficiency in Data Envelopment Analysis[J]. *European Journal of Operational Research*, 2002, (143)：32-41.

[2] JOHNES J, LI Y U. Measuring the Research Performance of Chinese Higher Education Institutions Using Data Envelopment Analysis[J]. *China Economic Review*, 2008, 19(4)：679-696.

[3] 赵晓阳，刘金兰. 基于 DEA 视窗分析的高校科研投入产出效率动态评价[J]. 西安电子科技大学学报(社会科学版)，2013，(2)：136-142.

[4] 李彦华，张月婷，牛笛. 中国高校科研效率评价：以中国"双一流"高校为例[J]. 统计与决策，2019，35(17)：108-111.

[5] MAMMADOV R, AYPAY A. Efficiency Analysis of Research Universities in Turkey[J]. *International Journal of Educational Development*, 2020, 75(7)：102-176.

[6] BEASLEY J E. Comparing University Departments[J]. *Omega*, 2009, 18(2)：171-183.

[7] BEASLEY J E. Determining Teaching and Research Efficiencies[J]. *Journal of the Operational Research Society*, 1995, 46(4)：441-452.

[8] JOHNES J. Measuring Teaching Efficiency in Higher Education: An Application of Data Envelopment Analysis to Economics Graduates from UK Universities 1993[J]. *European Journal of Operational Research*, 2006, 174(1)：443-456.

[9] 张晓秋，李华，蒋华林. 部属高校人才培养效率综合评价与影响因素分析[J]. 高等工程教育研究，2009，(3)：138-143.

[10] WU J, ZHANG G, ZHU Q. An Efficiency Analysis of Higher Education Institutions in China from a Regional Perspective Considering the External Environmental Impact[J]. *Scientometrics*, 2020, (122)：57-70.

[11] 马永红，刘润泽. 我国高校学科布局生态研究：以理工类学科为例[J]. 中国高教研究，2020，(2)：9-15.

[12] 袁卫，李沐雨，荣耀华. 2011 年教育部直属 72 所高校办学效率研究：基于 DEA 模型[J]. 中国高教研究，2013，(11)：1-7.

[13] PAPADIMITRIOU M, JOHNES J. Does Merging Improve Efficiency? A Study of English Universities[J]. *Studies in Higher Education*, 2018: 1-21.

[14] 荣耀华, 秦珂宇, 程豪, 等. 如何为高校寻求合适的学习标杆: 基于教育部直属72所高校的绩效分析[J]. 今日科苑, 2021, (11): 74-84.

[15] CHARNES A, COOPER W W, RHODES E. Measuring the Efficiency of Decision Making Units [J]. *European Journal of Operational Research*, 1978, (2): 429-444.

[16] CHARNES A, COOPER W W, RHODES E. Short communication: Measuring the Efficiency of Decision Making Units [J]. *European Journal of Operational Research*, 1979, (3): 339.

[17] CHARNES A, COOPER W W, RHODES E. Evaluating Program and Managerial Efficiency: An Application of Data Envelopment Analysis to Program Follow Through [J]. *Management Science*, 1981, 27(6): 668-697.

[18] BANKER R, CHARNES A, COOPER W W. Some Models for Estimating Technical and Scale Inefficiencies in Data Envelopment Analysis [J]. *Management Science*, 1984, (30): 1078-1092.

[19] 尹宗利. 试论中国教育现代化的基本特征[J]. 南京师大学报(社会科学版), 2009, (6): 80-86.

[20] 顾明远. 试论教育现代化的基本特征[J]. 教育研究, 2012, 33(9): 4-10+26.

[21] 褚宏启. 教育现代化的本质与评价: 我们需要什么样的教育现代化[J]. 教育研究, 2013, 34(11): 4-10.

[22] 褚宏启. 教育现代化2.0的中国版本[J]. 教育研究, 2018, 39(12): 9-17.

[23] 马海涛. 我国财政改革与高等教育发展[J]. 国家教育行政学院学报, 2018, (11): 13-22.

[24] 曾广会, 刘汉明. 高等教育现代化的理性思考[J]. 现代职业教育, 2019, (4): 180-181.

[25] 高凯, 刘婷婷. "全面两孩"政策背景下我国基础教育资源供需状况研究[J]. 教育经济评论, 2019, 4(5): 33-51.

[26] 张万朋, 李梦琦. 新常态下我国教育资源配置改革的特点、挑战与应对[J]. 苏州大学学报(教育科学版), 2020, 8(3): 38-45.

[27] 程豪, 裴瑞敏, 梁会青. "引进来"和"走出去": 提升高等教育国际化水平的有效途径[EB/OL]. 中国社会科学网, [2021-07-05].

[28] 袁振国, 王占军. 我国教育发展的新跨越及其历史启示:《教育规划纲要》十年回眸与展望之一[J]. 中国教育学刊, 2021, (1): 4-8.

[29] 贾俊平, 何晓群, 金勇进. 统计学[M]. 8版. 北京: 中国人民大学出版社, 2021.

[30] 何晓群. 多元统计分析[M]. 5版. 北京: 中国人民大学出版社, 2019.

第 6 章

面向医学数据的互联网统计方法与案例

6.1 案例1：医学指标间的网络关系研究

>> ### 6.1.1 案例背景

无论是临床流行病学还是中医学，都存在很多反映患者基本生命体征、疾病发展状况、并发症基本情况、用药后理化特征的医学指标。例如，临床流行病学利用患者个体的临床诊治信息，发现患者群体的共性特征，以探讨疾病的发生、发展、诊断和治疗的规律，并在此基础上提出预防建议。中医学中的证候是一系列有关联的症状总称。临床诊治信息都是通过一系列具体指标表现的，医生通过这些指标的具体取值判断患者的疾病发展状况，以给出最佳治疗方案。

医学指标数量多，而且医生往往需要同时综合考虑多项指标才能给出治疗方案。当患者数量众多、病症复杂且医生人力有限时，往往希望采用统计学方法来量化不同指标交织在一起所形成的较为复杂的网络关系，这一特点在中医学中表现得尤为明显。由于种种原因，较难归纳中医学的整体观念、辨证论治等个体化治疗的方案，因此其疗效评价的差距较大。如何寻找特定疾病的证候共性、规范指导治疗、提高疗效成为目前中医学科研中的重要问题。

面对这些挑战，本案例尝试从社会网络分析的视角探索中医指标间的网络关系（刘军，2004；林聚任，2009；Aggarwal，2011a，2011b）。已有许多国内外学者围绕社会网络分析开展相关研究工作。彭小川和毛晓丹（2004）应用社群图和矩阵法分析社会网络群体，概括 BBS 群体的基本特征，并探讨了群体中成员地位的形成、意见领袖的特点和群体内部人际交往的特征；王霄宁（2005）根据近几年产业集群对地区经济发展的显著影响，尝试从新经济社会学的视角，运用相关联的社会网络分析理论与方法开展产业集群量化研究，旨在为产业集群量化理论奠定基础；张树人、刘颖和陈禹（2006）研究了社会网络分析在组织管理中应用的多个层次，通过对组织内部进行社会网络分析发现组织存在的问题，通过为组织网络建立网络动力学模型，提高组织管理的自觉程度，通过分析组织外在交互网络，挖掘组织角色定位，发现组织发展空间，实施组织的战略管理；付相君和彭颖红（2007）以社会网络分析技术为基础，提出了工作流规划中优化知识流的方法，在满足资源约束的前提下，根据角色在工作流预期的知识流网络中的网络特征，优化角色指派，以提高工作流节点的知识流动效率；吴晓伟、刘仲英和李丹（2008）利用社会网络分析为丰富竞争情报研究方法和深化竞争情报研究内容提供参考途径；胡海波、王科和徐玲（2008）综述了近年来复杂网络理论在在线社会网络研究中取得的进展，重点包括在线交友网络、在线

第 6 章 面向医学数据的互联网统计方法与案例

社区和在线社会媒体等三大类在线社会网络的实证研究，指出在线的和现实的社会网络具有不同的底层机制；周春光、曲鹏程和王曦(2008)提出了一个新的动态社会网络分析方法——DSNE；陈琼、李辉辉和肖南峰(2010)在节点动态属性相似性的基础上，研究了社会网络的社区推荐算法；杨艳春和孟祥武(2011)研究了基于关键词的对等网络节点群相似性度量模型；程豪、吕晓玲和钟琰等(2016)在大数据背景下，借助社会网络分析方法对智能手机应用程序进行组合聚类，并给出推荐方案；程豪和易丹辉(2017)针对不同结构特征的社会网络，讨论复杂网络结构中节点间关系的综合测度；程豪、易丹辉和牟宗毅(2018)将社会网络分析应用于中医指标群划分及群间关系研究。

本案例利用中医诊断获得的症状信息，使用社会网络分析方法探究不同症状指标间存在的网络关系，探索证候的可能构成，评价症状在证素构成方面的重要性，具有一定的应用研究价值。

6.1.2 社会网络分析方法的基本原理

社会网络分析(Social Network Analysis，SNA)理论起源于 20 世纪 30 年代，最开始由布朗在群体内部关系结构的研究中提出，是一种新的社会学研究范式。具体来说，社会网络中存在两个关键元素：节点及连接节点的边。在基于中医指标构建的社会网络中，节点表示症状指标，连接节点的边表示症状间关系。在社会网络中，并非任意两个节点之间都存在连接的边。如果节点间没有连接的边，那么意味着症状间没有关系。连接节点的边的数量称为这个节点的度数。度数越大，在网络中连接节点的边越多，在一定程度上也反映了这个节点在网络中的重要性，通常表示节点度数的指标为度数中心度。但是，综合考虑社会网络环境，有时网络中还存在一些中心性的指标，从不同维度反映节点在社会网络中的重要性，如中间中心度、接近中心度、特征向量中心度。

从网络类型来看，社会网络包括个体网、局域网和整体网。个体网是指个体与之直接相连的个体构成的网络，局域网是指个体网加上与个体网络成员有关联的其他节点构成的网络，整体网是指由一个群体内部所有成员之间的关系构成的网络。本案例主要从整体网角度研究所有中医指标间的网络关系，并分析指标的聚类情况，通过指标聚类情况分析证候的可能构成，乃至症状在证素构成方面的重要性。

在社会网络中，派系是最早被提出的概念，对复杂网络进行派系分析可以将指标节点划分为若干指标群体，但是派系分析对网络结构的划分不够稳定，而且仅考虑了指标节点间的邻接关系而忽视了间接关系。类似地，n-宗派、k-丛、k-核等方法都是根据指标群体内部成员之间的关系来对指标节点进行结构划分的。在复杂网络中，如何对各指标节点进行全面的结构划分，一方面要关注子群体内部的关系,另一方面需要比较指标群体内部节点间的关系强度或频次相对于指标群体内外部指标节点间的关系强度或频次。

因此,在分析指标节点间结构关系时,既需要考虑指标群体内部指标节点间的关系,又需要考虑指标群体内外部指标节点间的关系;既要按照一定标准,把一个网络中的各指标节点分为多个离散的子集,又不能使同一个指标群体内的指标节点相距太远;既要实现对指标节点的划分,形成指标子群体,又要研究不同指标群体间的关系,实现指标子群体的凝聚,形成指标群体,进而探讨复杂网络中指标节点间的结构关系。

本案例采用块模型完成分析需求,块模型的构建包含两步:第一步是把各指标节点分到各块中,常用 CONCOR 方法和 Tabu 搜索算法;第二步是以整个网络的平均密度值(α-密度指标)等作为标准,确定各块的取值(1 或 0)。在对指标节点进行块模型分析后,可以从三个层次对结果进行解释,结果解释如表 6.1 所示。

表 6.1 结果解释

三个层次	具体内容	
个体层次	利用个体属性资料(如性别等)分析块模型的有效性	
块层次	孤立块	块内节点与外界没有任何联系
	谄媚块	块内节点与其他块的节点间的关系比同一个块内的节点间关系多,并且接收的外部关系较少
	经纪人块	既发送又接收外部关系,其内部节点间的关系较少
	首属块	既接收来自外部关系,也有来自本块内部节点的关系
整体层次	利用像矩阵描述总体	

延展阅读

因为现实存在的网络结构千变万化,而且随着网络规模的增加,网络结构会越来越复杂,因此在模拟前需要分类和选择社会网络结构,选择有代表性的社会网络结构进行模拟。经文献查阅可知,无论网络的规模如何,在网络建模方面,社会网络结构可划分为中心网络结构和无中心网络结构,中心网络结构是指在整个网络中存在明显的中心节点,所有的节点均是围绕着中心节点连接的,如图 6.1(a)所示;无中心网络结构是指没有中心,形状类似于渔网,节点间彼此联系的密度分布较为均匀,如图 6.1(b)所示。

在图 6.1(a)中,x_1 是整个网络中心,x_{10}、x_{11}、x_{12}、x_{13}、x_{14} 是与 x_1 直接连接的桥点(对于其两侧节点有重要作用的点),整个网络中存在 6 个比较集中的局部网络结构,6 个局部网络结构的规模不同。x_7、x_2、x_3 的度数相同,设定为 7。以 x_7 为中心的局部网络直接与中心节点 x_1 相连。与以 x_3 为中心的网络结构不同,以 x_2 为中心的局部网络增加了两个桥点 x_8 和 x_9。x_6 的度数为 6,x_5 的度

第 6 章　面向医学数据的互联网统计方法与案例

数为 5，x4 的度数为 4，上述未涉及的节点度数为 1。在图 6.1(b) 中，假设 x1、x2、x3、x4、x5、x6、x7 为度数较大的节点，网络中不设置桥点，邻接中心点的指标节点间增加连接，减少度数为 1 的节点。

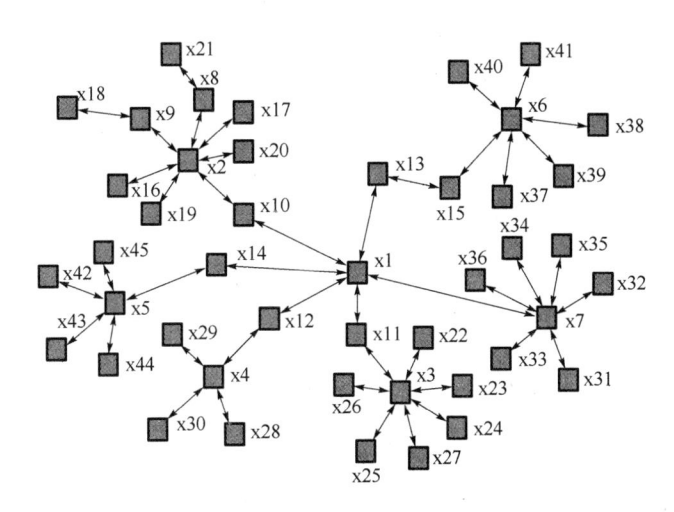

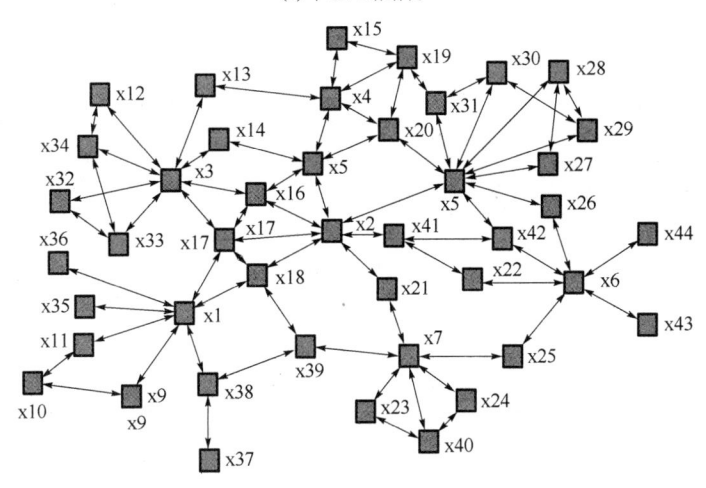

(a) 中心网络结构

(b) 无中心网络结构

图 6.1　网络结构

块模型中最常使用的方法是 CONCOR 方法和 Tabu 搜索算法。Tabu 搜索算法是比 CONCOR 更高级的算法，Tabu 搜索算法遵循的标准是如果一个指标节点集合中的各指标节点截面的组内方差和最小，那么就把这类指标节点分为一组。当图的规模较大时，CONCOR 方法只能呈现树形图，无法迭代出元素只有 1 和 −1 的关系矩阵，因此无法得出指标群体的划分结果，但 Tabu 搜索算法可以得到具体指标群体的划分情况，也可以通过迭代出的密度矩阵呈现指标群体间的关系。

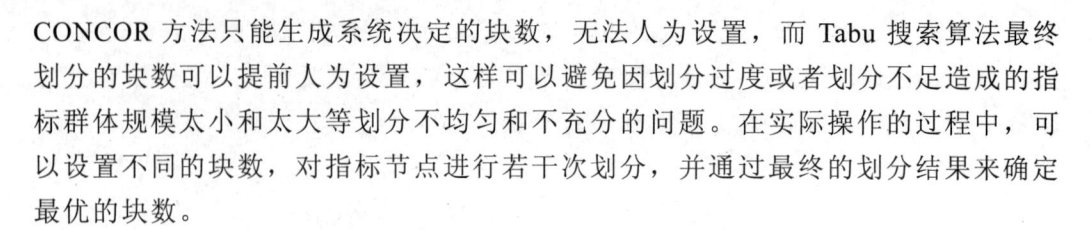

CONCOR 方法只能生成系统决定的块数，无法人为设置，而 Tabu 搜索算法最终划分的块数可以提前人为设置，这样可以避免因划分过度或者划分不足造成的指标群体规模太小和太大等划分不均匀和不充分的问题。在实际操作的过程中，可以设置不同的块数，对指标节点进行若干次划分，并通过最终的划分结果来确定最优的块数。

6.1.3 软件操作

本案例采用冠心病心绞痛发作期的部分诊断数据，包括 595 例患者的个人信息、相关病史、心绞痛发作特点和症状四部分。其中，症状可以概括为面色、唇色、爪甲色、形态、寒热、汗出、头身胸腹、口渴、口味、饮食、大便、小便和睡眠，共 13 个方面、73 个症状指标。医生对每位患者的每个症状指标进行诊断，有这种症状的取值为 1，没有这种症状的取值为 0。在医学理论和专家的指导下，经整理初步形成表达 73 个症状指标间关系的数据集，并在此基础上深入挖掘症状指标间的网络关系。表 6.2 所示为症状指标的编码。

表 6.2 症状指标的编码

方面	症状指标编码
面色	x1、x2、x3、x4、x5、x6、x7、x8
唇色	x9、x10、x11、x12
爪甲色	x13、x14、x15
形态	x16、x17、x18、x19、x20、x21、x22、x23、x24、x25、x26、x27
寒热	x28、x29、x30、x31、x32
汗出	x33、x34
头身胸腹	x35、x36、x37、x38、x39、x40、x41、x42、x43、x44、x45、x46、x47、x48、x49、x50、x51、x52、x53、x54
口渴	x55、x56、x57、x58
口味	x59、x60、x61、x62
饮食	x63、x64
大便	x65、x66
小便	x67、x68、x69、x70、x71、x72
睡眠	x73

下面通过 UCINET 软件读入数据，形成能够用于分析的数据格式文件。读取的步骤为打开 UCINET 软件，依次选择"Data"→"Spreadsheet"→"Matrix Ctrl + S"选项，弹出图 6.2 所示的导入数据对话框。

在图 6.2 所示的对话框中，在"File"的选项卡中选择"Open"选项或者直接单击 按钮，弹出图 6.3 所示的"打开"对话框。

在图 6.3 中，首先选择"计算机"选项，同时在右下角"Ucinet files"的下拉

第 6 章　面向医学数据的互联网统计方法与案例

菜单中选择要导入的数据文件格式"CSV files",选择的数据文件名为 ch6_social. csv,单击"打开"按钮,即可弹出数据导入成功界面(见图 6.4),单击"保存"按钮。

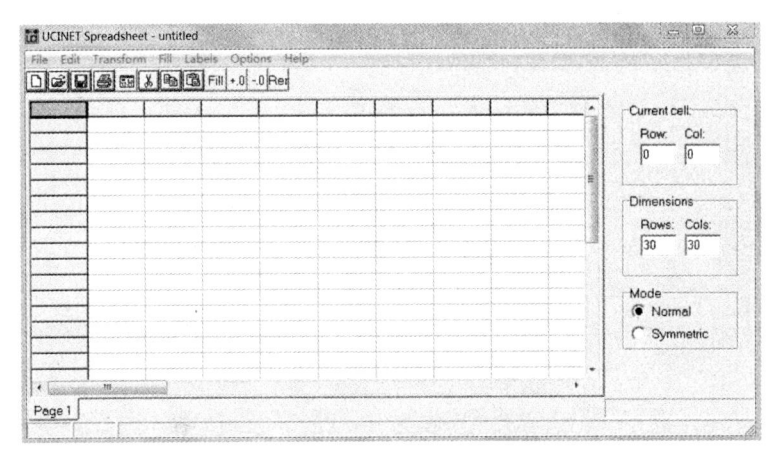

图 6.2　导入数据对话框

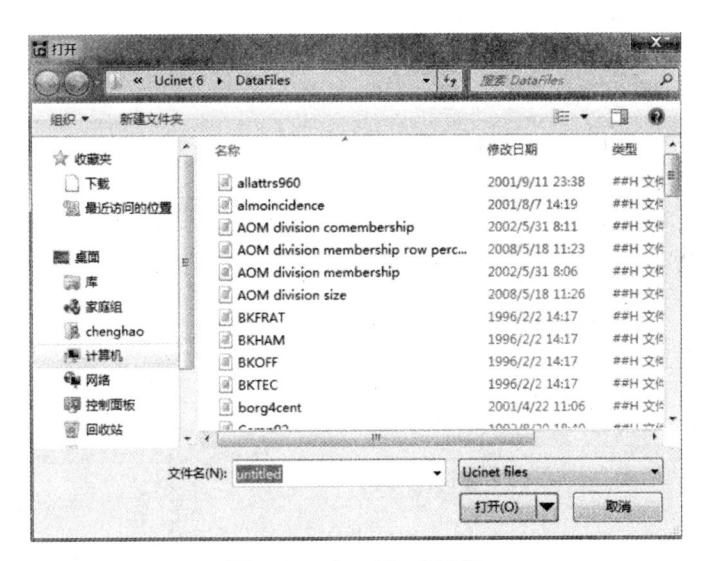

图 6.3　"打开"对话框

经过上述操作,在数据文件的所在位置会生成名为"ch6_social##H"的文件,请不要删除,后续需要基于这个格式的数据文件进行社会网络分析。下面开始社会网络分析,如果软件界面关闭,那么可重新打开软件,不必重新导入数据。社会网络分析界面如图 6.5 所示,"Network"和"Visualize"是进行数据分析和可视化的两大主要选项卡。

在"Visualize"的选项卡中选择"NetDraw"选项,会弹出图 6.6 所示的绘制社会网络图的界面。

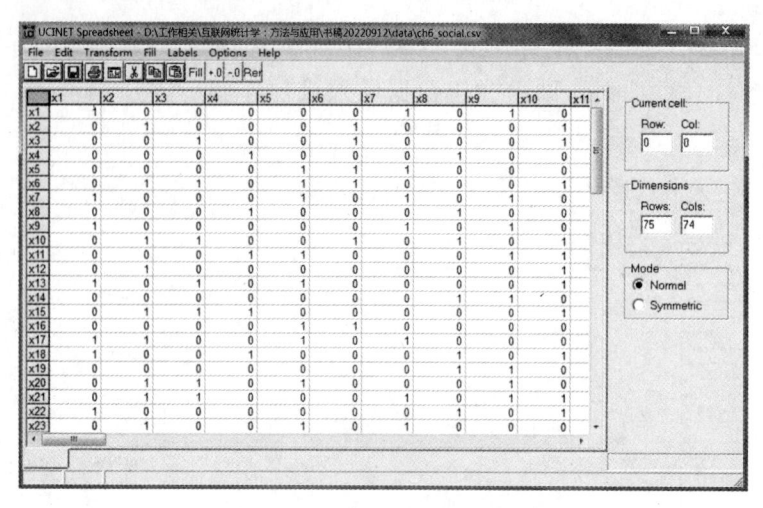

图 6.4 数据导入成功界面

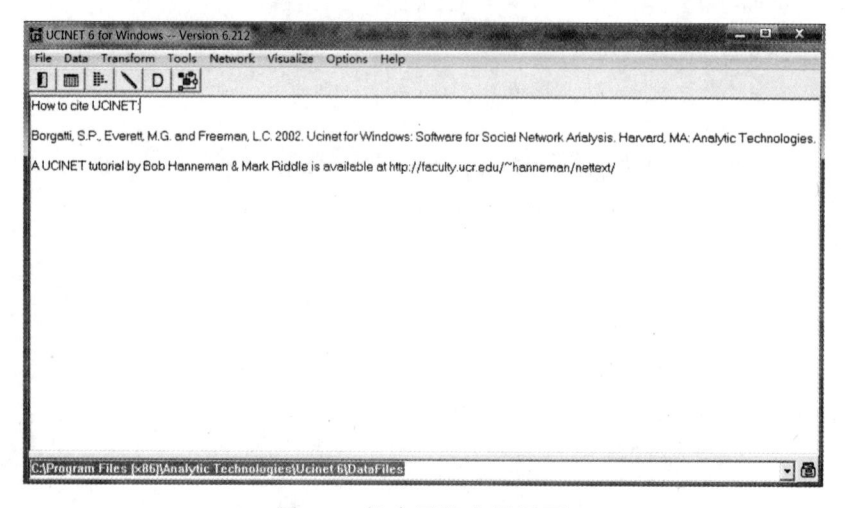

图 6.5 社会网络分析界面

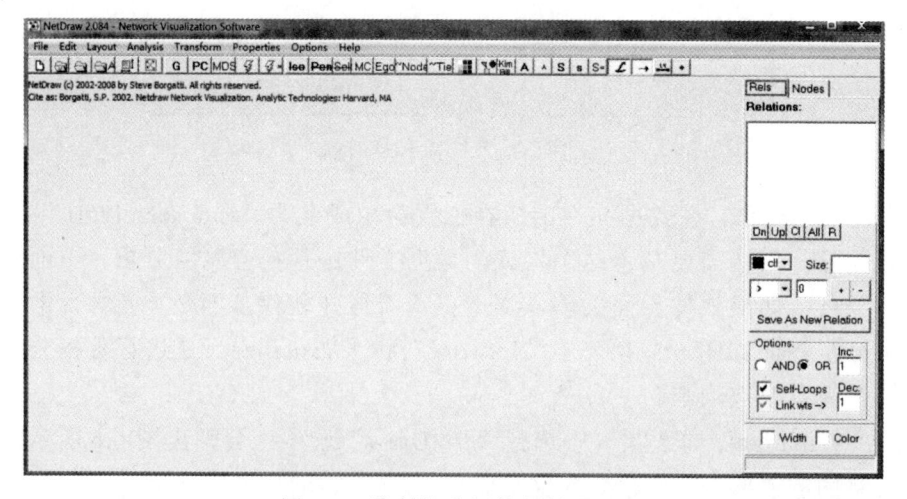

图 6.6 绘制社会网络图的界面

第 6 章　面向医学数据的互联网统计方法与案例

在图 6.6 所示的界面中，打开数据文件"ch6_social##H"会出现图 6.7 所示的 73 个症状指标网络图，不难发现，除 x64 外，所有指标交织在一起，很难直观判断出症状指标的聚类情况。

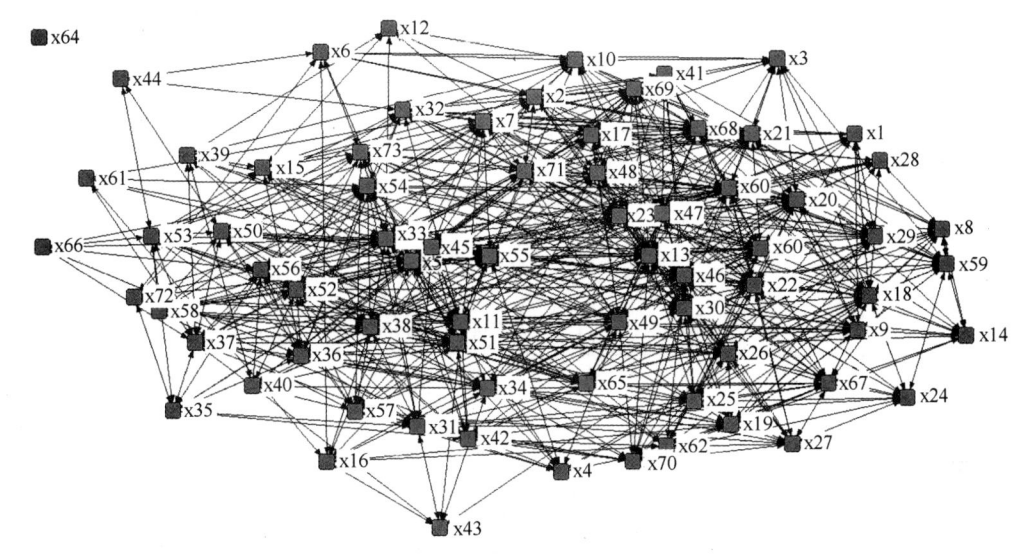

图 6.7　73 个症状指标网络图

下面针对图 6.6 中 73 个症状指标数据进行两方面的社会网络分析：一是对 73 个症状指标的重要性进行计算和排序，二是对 73 个症状指标进行"分块"挖掘。在社会网络分析中，主要根据与"度"相关的概念测算症状指标的重要性。具体操作为依次选择"Network"→"Centrality"→"Multiple Measures"选项，弹出图 6.8 所示的 Centrality 对话框。

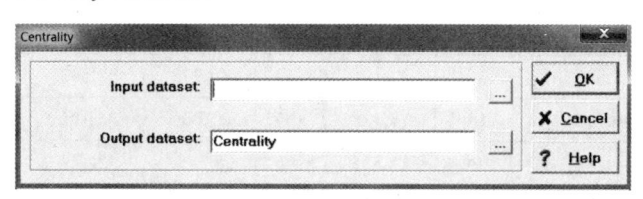

图 6.8　Centrality 对话框

单击"Input dataset"文本框后面的按钮，弹出对话框，选择数据文件"ch6_social##H"，单击"OK"按钮，得到表 6.3 所示的中心度指标计算结果。

表 6.3　中心度指标计算结果

指标	度数中心度	中间中心度	接近中心度	特征向量中心度	指标	度数中心度	中间中心度	接近中心度	特征向量中心度
x1	16.667	34.615	0.268	10.119	x4	15.278	35.122	0.421	7.317
x2	30.556	37.113	1.135	20.234	x5	40.278	38.710	2.883	23.806
x3	16.667	34.450	0.834	7.374	x6	12.500	33.488	0.681	5.164

续表

指标	度数中心度	中间中心度	接近中心度	特征向量中心度	指标	度数中心度	中间中心度	接近中心度	特征向量中心度
x7	30.556	37.113	1.349	19.441	x40	16.667	34.783	0.300	10.531
x8	20.833	34.615	0.514	11.182	x41	23.611	36.000	0.241	17.550
x9	18.056	34.783	0.457	9.807	x42	20.833	35.468	0.642	11.668
x10	22.222	35.821	0.991	11.890	x43	8.333	32.000	0.138	3.727
x11	37.500	38.298	2.472	20.882	x44	5.556	30.000	0.061	2.039
x12	8.333	32.877	0.053	4.460	x45	45.833	39.560	2.413	28.572
x13	40.278	38.710	2.709	23.418	x46	41.667	38.503	2.449	24.796
x14	15.278	33.645	0.200	8.664	x47	45.833	39.130	2.377	28.110
x15	22.222	36.000	1.157	9.829	x48	33.333	37.306	0.504	24.099
x16	13.889	34.123	0.697	6.544	x49	25.000	36.548	0.952	14.089
x17	34.722	37.895	0.777	23.474	x50	25.000	36.181	1.005	13.994
x18	31.944	36.181	1.288	17.144	x51	37.500	38.298	2.095	21.013
x19	26.389	36.364	1.069	13.357	x52	29.167	36.923	0.709	17.562
x20	33.333	37.113	1.341	20.687	x53	22.222	35.294	1.176	9.991
x21	34.722	37.696	1.361	21.084	x54	34.722	37.696	2.493	19.440
x22	36.111	37.895	1.622	21.534	x55	41.667	38.919	2.712	23.471
x23	45.833	39.560	1.851	29.968	x56	30.556	37.113	1.299	16.686
x24	16.667	34.450	0.335	8.389	x57	22.222	35.468	0.678	12.639
x25	26.389	36.364	0.532	15.234	x58	18.056	34.450	0.092	11.373
x26	30.556	36.923	0.948	17.946	x59	22.222	35.468	0.576	12.318
x27	19.444	34.951	0.294	10.672	x60	34.722	37.696	1.069	23.278
x28	16.667	34.951	0.227	11.485	x61	8.333	32.432	0.131	4.243
x29	23.611	36.000	0.866	14.536	x62	16.667	35.294	0.432	9.086
x30	36.111	37.895	1.436	22.175	x63	40.278	38.503	1.910	25.061
x31	27.778	36.735	1.739	13.328	x65	25.000	36.181	0.710	15.471
x32	26.389	36.548	1.506	15.855	x66	8.333	32.143	0.016	4.425
x33	45.833	39.560	4.891	24.424	x67	26.389	35.821	0.654	14.122
x34	31.944	37.500	2.270	16.338	x68	33.333	37.306	1.252	20.922
x35	13.889	33.488	0.188	7.138	x69	25.000	36.364	0.273	17.974
x36	29.167	37.113	1.663	15.051	x70	20.833	35.294	0.397	11.509
x37	25.000	36.000	1.169	12.088	x71	37.500	38.298	0.861	25.779
x38	36.111	38.095	1.835	20.234	x72	13.889	34.450	0.462	6.162
x39	13.889	34.450	0.350	7.285	x73	25.000	36.364	0.901	15.036

表 6.3 中未显示 x64，这是因为 x64 是孤立节点，与其他节点没有任何关系。此外，UCINET 还会生成症状指标的 4 个中心度指标的统计特征（见表 6.4）。

第 6 章　面向医学数据的互联网统计方法与案例

表 6.4　症状指标的 4 个中心度指标的统计特征

	度数中心度	中间中心度	接近中心度	特征向量中心度
均值(Mean)	25.875	36.173	1.073	15.018
标准偏差(Std Dev)	10.614	1.942	0.883	6.960
总和(Sum)	1 888.889	2 604.465	78.365	1 096.289
方差(Variance)	112.649	3.772	0.780	48.443
最小值(Minimum)	0.000	30.000	0.000	0.000
最大值(Maximum)	45.833	39.560	4.891	29.968

下面使用 CONCOR 算法挖掘 73 个症状指标间的关系。具体操作：依次选择"Network"→"Roles & Positions"→"Structural"→"CONCOR"选项，弹出图 6.9 所示的 CONCOR 对话框。

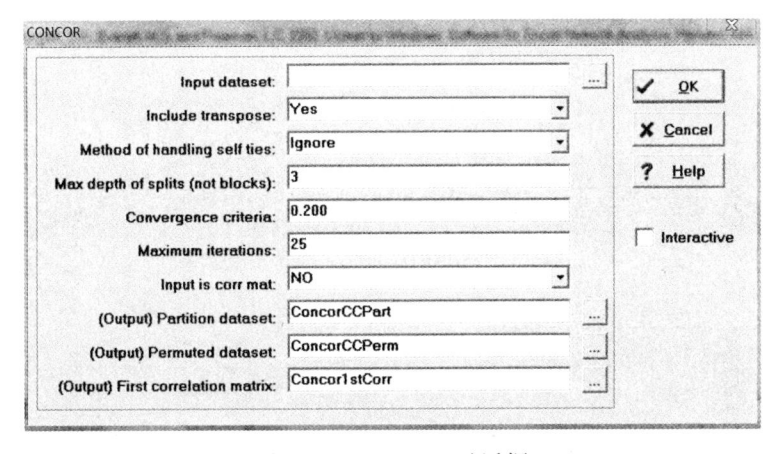

图 6.9　CONCOR 对话框

单击"Input dataset"文本框后的按钮，选择数据文件"ch6_social##H"，在没有特殊要求的情况下，其他选择默认即可。单击"OK"按钮即可得到 CONCOR 算法的运行结果(见图 6.10)。

图 6.10 展示了 CONCOR 算法 3 个层次的"分块"过程。具体"分块"过程的层次数量可以由读者自行设定，见图 6.9 中的参数"Max depth of splits (not blocks)"，可通过改变后面的数字，设置层次数量。在图 6.10 上方，"3"下面是第 3 个层次的聚类结果，可以看出一共聚为 8 类，其中，第 1 类包括的指标有 x1、x29、x3、x22、x9、x10 和 x13。第 2 个层次一共聚为 4 类，第 1 个层次一共聚为 1 类。图 6.11 所示为 CONCOR 运行界面。

在图 6.11 中，单击"Save"按钮可以将运行结果直接保存为图片格式，"Zoon Scale"中默认"X"取 1，"Y"取 1。但是由于指标数量过多，在 CONCOR 的"分块"过程图中会出现指标编号重叠的情况。读者可以通过设置"Y"的取值，以得到图 6.10 所示的较为清晰的图。

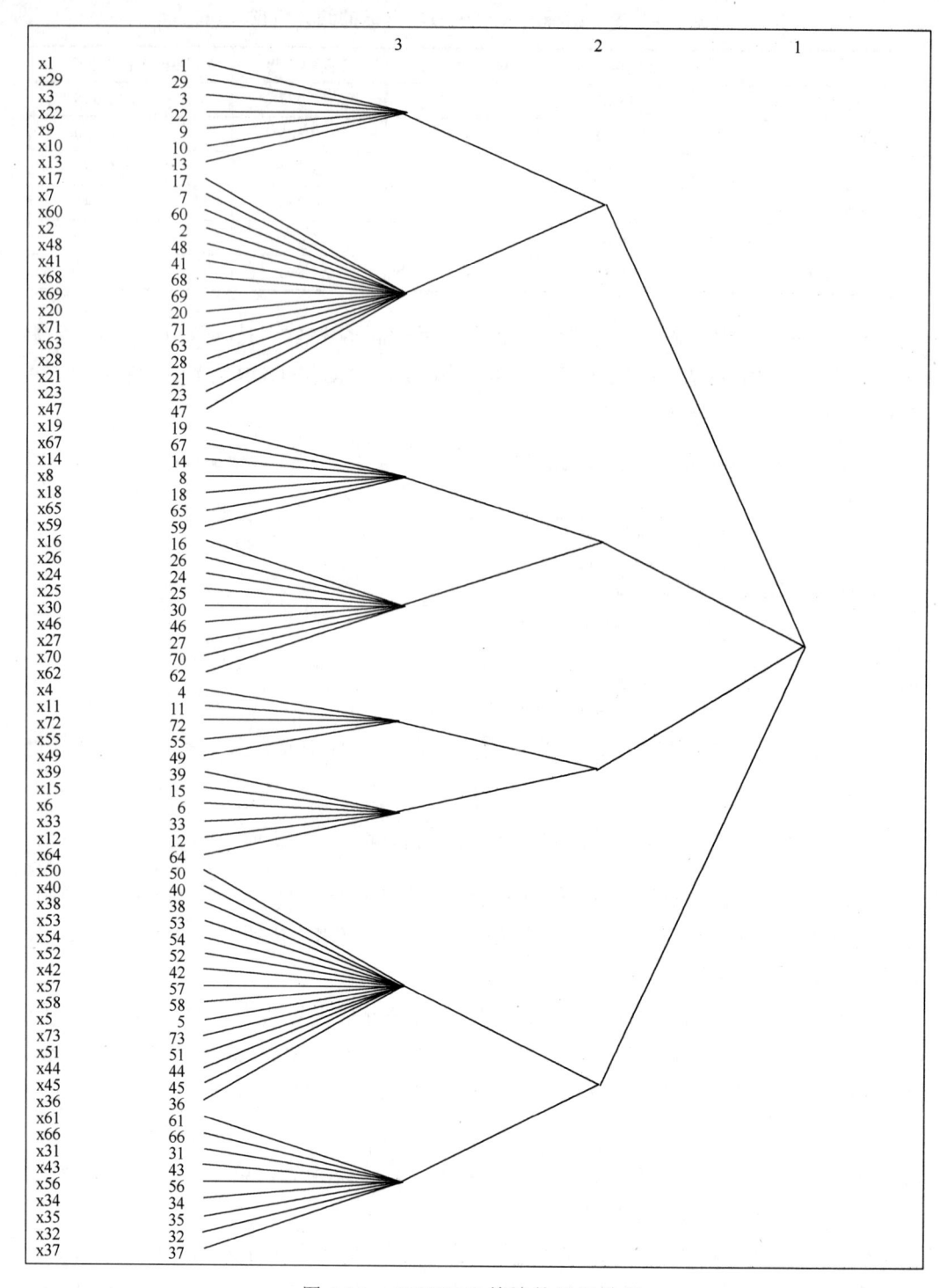

图 6.10 CONCOR 算法的运行结果

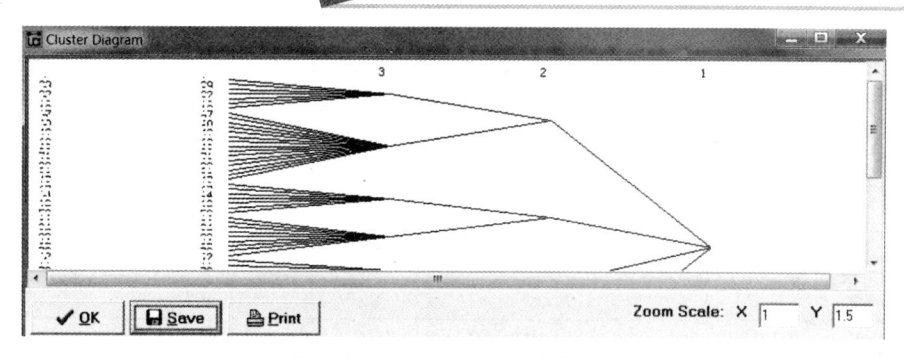

第 6 章 面向医学数据的互联网统计方法与案例

图 6.11 CONCOR 运行界面

下面通过 Tabu 搜索算法对 73 个症状指标进行"分块"挖掘。首先设置一组最终形成的"分块"数量(记为 k),通过最终形成的症状指标群体的规模来判断"分块"数量是否合适。例如,如果划分出了单个症状指标群体,那么就要考虑是否过度划分(一般要求最小指标群体的规模大于或等于 3,独立指标节点除外,不纳入分析);如果每个指标群体规模都很大,那么需要考虑加大 k 值,增加划分的充分性。依次分析 $k = 10$、11、12、13 四种情况后发现,当 $k = 11$ 时,"分块"的结果较佳,各个"块"内包含的指标数量较为均衡。具体操作:首先依次选择"Network"→"Roles & Positions"→"Structural"→"Optimization"→"Binary"选项,然后在图 6.12 中选择待分析的数据文件"ch6_social##H"。

在图 6.12 所示的界面中,单击"Input dataset"文本框后的按钮,选择待分析的数据文件,在"Number of blocks"文本框中键入 11。

图 6.12 Tabu 搜索算法运行界面

综合考虑,采用 $k = 11$ 时的方案,将 73 个症状指标划分为 11 个"块"(block),每个"块"包括若干个指标,基于 Tabu 搜索算法的"分块"结果如表 6.5 所示。

表 6.5 基于 Tabu 搜索算法的"分块"结果

块	块内指标
block1	x2、x20、x22、x41、x48、x60、x63
block2	x17、x21、x23、x47、x68、x69、x71

续表

块	块内指标
block3	x18、x30、x46
block4	x33、x55
block5	x8、x14、x59
block6	x1、x3、x6、x9、x10、x12、x16、x35、x39、x40、x42、x43、x44、x61、x62、x64、x66
block7	x19、x24、x25、x26、x27、x31、x34、x67、x70
block8	x36、x38、x45、x50、x51、x52、x56、x58、x73
block9	x4、x11、x15、x49、x72
block10	x5、x37、x53、x54、x57、x65
block11	x7、x13、x28、x29、x32

接下来继续探索上述 11 个症状指标子群体（"块"）间的关系。计算初始密度矩阵，症状指标子群体（"块"）的密度矩阵如表 6.6 所示。

表 6.6 症状指标子群体（"块"）的密度矩阵

	1	2	3	4	5	6	7	8	9	10	11
1	0.860	0.840	0.810	0.210	0.240	0.130	0.170	0.170	0.140	0.290	0.260
2	0.840	1.000	0.330	0.640	0.330	0.110	0.110	0.270	0.170	0.170	0.830
3	0.810	0.330	1.000	0.330	0.780	0.100	0.700	0.220	0.200	0.280	0.130
4	0.210	0.640	0.330	1.000	0.000	0.180	0.170	0.890	1.000	0.420	0.700
5	0.240	0.330	0.780	0.000	1.000	0.060	0.260	0.070	0.070	0.060	0.130
6	0.130	0.110	0.100	0.180	0.080	0.130	0.090	0.120	0.180	0.190	0.140
7	0.170	0.110	0.700	0.170	0.260	0.090	0.830	0.160	0.160	0.200	0.240
8	0.170	0.270	0.220	0.890	0.070	0.120	0.160	0.780	0.180	0.800	0.130
9	0.140	0.170	0.200	1.000	0.070	0.180	0.160	0.110	1.000	0.130	0.120
10	0.290	0.120	0.280	0.420	0.060	0.190	0.200	0.800	0.130	0.200	0.300
11	0.290	0.830	0.130	0.700	0.130	0.140	0.240	0.130	0.120	0.300	0.400

接下来，对表 6.6 所示的密度矩阵进行"0-1"矩阵的转换，这里的"0-1"矩阵是指矩阵元素取值只有 0 和 1 的矩阵。具体转换规则：①计算整个社会网络的密度值；②将表 6.6 中大于整个社会网络密度值的元素赋值为 1，小于整个社会网络密度值的元素赋值为 0。计算整个社会网络密度值的具体操作：依次选择"Network"→"Cohesion"→"Density"→"(new) Density Overall"选项或"Old Density procedure"选项，弹出窗口，选择待分析数据，计算社会网络密度值，得到整个社会网络的密度值为 0.257，所以对表 6.6 的密度矩阵进行 0 和 1 的赋值：大于 0.257 的元素赋值为 1，小于 0.257 的元素赋值为 0，可得到表 6.7 所示的症状指标子群体（"块"）的"0-1"矩阵。

第 6 章 面向医学数据的互联网统计方法与案例

表 6.7 症状指标子群体（"块"）的"0-1"矩阵

	1	2	3	4	5	6	7	8	9	10	11
1	1	1	1	0	0	0	0	0	0	1	1
2	1	1	1	1	1	0	0	1	0	0	1
3	1	1	1	1	1	0	1	0	0	1	0
4	0	1	1	1	0	0	0	1	1	1	1
5	0	1	1	0	1	0	0	0	0	0	0
6	0	0	0	0	0	0	0	0	0	0	0
7	0	0	1	0	1	0	1	0	0	0	0
8	0	1	0	1	0	0	0	1	0	1	0
9	0	0	0	1	0	0	0	0	1	0	0
10	1	0	1	1	0	0	0	0	0	0	1
11	1	1	0	1	0	0	0	0	0	1	1

从表 6.7 可得到"块"间关系，从密度矩阵的非对角线位置上是否出现 1 可以看出"块"间是否存在关系。具体来说，1 表示"块"间存在关系，0 表示"块"间没有关系。通过下面操作可以得到直观表示"块"间关系的社群图：打开 UCINET 软件，依次选择"Data"→"Spreadsheets"→"Matrix Ctrl + S"→"File"→"Open"选项。首先在左侧列表框中选择"计算机"，同时在右下角"Ucinet files"的下拉菜单中选择要导入数据文件的格式"CSV files"，选择数据文件名 ch6_blocksocial.csv，单击"打开"按钮后单击"保存"按钮。依次选择"Visualize"→"NetDraw"→"ch6_blocksocial##H"选项，就会出现图 6.13 所示的 11 个症状指标子群体网络。

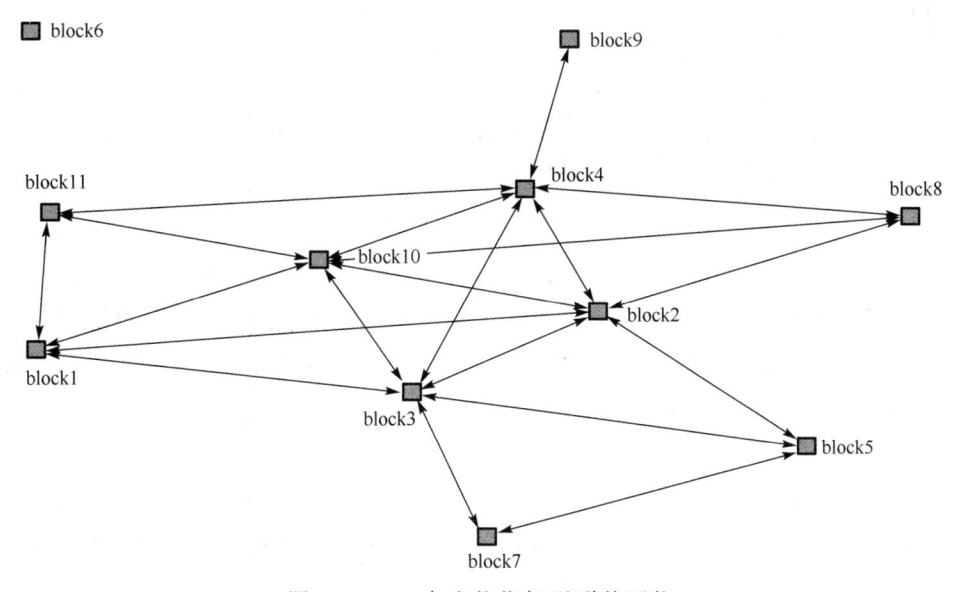

图 6.13　11 个症状指标子群体网络

可以发现，下述症状指标子群体（"块"）间存在关系：{block1，block2}、{block1，block3}、{block1，block10}、{block1，block11}、{block2，block3}、{block2，block4}、{block2，block5}、{block2，block8}、{block3，block4}、{block3，block5}、{block3，block7}、{block3，block10}、{block4，block8}、{block4，block9}、{block4，block10}、{block4，block11}、{block5，block7}、{block8，block10}、{block10，block11}。除了症状指标子群体（"块"）block6与任何其他的症状指标子群体（"块"）间无关外，其余10个症状指标子群体间均存在关系。综上所述，通过社会网络分析方法可以探索症状指标子群体的构成及症状指标群体间的网络关系。

6.1.4 总结与讨论

中医指标数量众多，医生需要通过望、闻、问、切诊断患者的不同指标，而后综合判断，给出医嘱。在这种情况下，我们希望能够深入研究中医指标间的关系，并通过一定的统计学方法量化指标间关系。本案例研究表明，社会网络分析方法在探索中医指标聚类情况上起到了重要作用，尤其是在不同指标地位平等且指标间关系难以捕捉的情况下，通过社会网络分析方法捕捉不同指标间的网络关系，明确地归纳指标聚类及聚类后各类之间的关系，有助于提高中医学的诊断效率，缓解医生问诊、患者就医压力。针对相关研究本书提出以下建议。

一是在形成指标群体和指标子群体后，群内指标节点的综合评价是重要研究问题，因为即便在同一个群体或子群体中，指标节点也不是同等重要的。尤其在复杂的网络关系中，如何对同一个指标子群体内的指标节点的影响力进行综合评价，即说明该节点与其他指标节点联系的紧密程度和在网络中所起到的连接作用，以及与影响力较大的指标节点的邻接程度，在一定程度上是对中医指标间关系的量化。量化中医指标间网络关系需要提出一个综合测度指标，对同一指标群体内的指标节点的影响力进行全面且客观的评价。

二是深入研究指标节点间多值有向结构的关系。本案例中的研究以二值无向图为主，二值是指取值只有0和1，无向图是指节点间关系没有方向性，也没有指向性。相关分析工作可以解决指标节点间的关系矩阵是二值对称的情况，而对于指标节点间关系存在方向的情况（如从一个节点流向另一个节点）或关系可分为不同等级的情况（如关系不仅是有和无两种，而是分为从疏远到紧密的多个不同层次）仍有待进一步研究。

三是加强指标节点间动态网络结构关系的研究。在真实世界中，中医指标会随着患者在接受治疗的不同阶段呈现出不同特征。现实生活中的社会网络很可能是开放且流动的，随着时间的推移，整个网络会加入新节点，淘汰旧节点，也会

第 6 章 面向医学数据的互联网统计方法与案例

增加新的边，剔除旧的边。在这种情况下，就需要考虑基于动态的指标节点间多层次结构关系的分析方法，研究每种方法的局限性及适用情况。

启发视窗

结合前面对于节点中心度指标间关系的研究可知，综合评价一个节点在网络中的影响力时，需要考虑度数中心度、中间中心度、接近中心度、特征向量中心度四个测度指标，并对节点的影响力进行综合评价。因为一个节点的度数中心度越大，行动者局部中心性越好；中间中心度越大，节点的控制能力越好；接近中心度越大，该节点越不受其他节点的控制，特征向量中心度越大。计算时将目标节点的中心度视为其他邻接点中心度的函数，并将该方程组转化为矩阵运算方程的主特征根，得到节点的中心度。不同指标的取值有时在数量级上不同，会影响综合评价节点中心度的客观性和准确性，因此在计算节点影响力时，要先对节点的度数中心度、中间中心度、接近中心度、特征向量中心度的取值进行标准化。

下面提出一个评价节点在网络中影响力的综合指标，并称其为网络中节点影响力评价指标（Evaluation Indicator of Node's Influence，EINI），表示为

$$\text{EINI} = C_{\text{ND}} C_{\text{NB}} (1/C_{\text{NC}}) + E_{\text{N}}$$

其中，C_{ND} 是标准化后的度数中心度（Normalized Degree，ND），C_{NB} 是标准化后的中间中心度（Normalized Betweenness，NB），C_{NC} 是标准化后的接近中心度（Normalized Closeness，NC），E_{N} 是特征向量中心度（Eigenvector Centrality，EC）。

读者可以根据 EINI 的计算公式和表 6.2 计算评价指标，也可以自行构建评价指标。

思考与练习

1. 网络关系和相关关系、回归关系、结构关系有何不同？能否继续根据相关系数、回归模型、结构方程模型研究症状指标间的关系？请具体说明原因。

2. 本案例采用社会网络分析方法中的"块"模型得到了 11 个症状指标子群体（"块"），其中，每个症状指标群体由若干个症状构成，那么如何通过社会网络分析方法对每个症状指标群体里的症状指标的重要性进行评价，以区分同一个症状指标群体内部的症状，便于医生在给出医嘱时有所侧重。

3. 如正文所述，CONCOR 方法也可以用于症状指标的"分块"。而且与 Tabu 搜索算法相比，CONCOR 方法不需要提前设置"块"数，因为这种方法会出现"块"数从 1 到 73 的全部"分块过程"。请尝试实现 CONCOR 方法，并得出相应分析结果。

4．请思考如何测度"块"内不同症状指标的重要性？是否可以基于中心度等社会网络分析标准提出一个综合评价标准，为"块"内所有症状指标的重要性排序？

6.2 案例2：中医宗气综合变量的构建及诊断效果研究

6.2.1 案例背景

中医诊断通常需要医生先望、闻、问、切，对患者多方面的症状进行诊断，再综合给出结论。中医宗气诊断也不例外，中医宗气是指由水谷精微化生，聚积胸中，与呼吸之气相合发挥作用的气。宗气聚于两乳之间的膻中，走息道而行呼吸，凡语言、声音、嗅味、呼吸皆与宗气有关，同时还有维持气血运行、维持心脏运动、维持肢体体温与活动能力的作用。因此，在中医宗气诊断过程中需要综合考虑上述宗气定义中部位的不同功能表现，医生诊断的工作量较大。在这种情况下，从统计学角度构建中医宗气综合变量，并通过指数得分判断患者是否患有宗气不足，对于缓解医生工作压力、提高就诊效率具有较大现实意义。

一直以来，宗气研究都是许多专家关注的重点领域。杨燕、胡镜清、彭锦等(2014)总结了宗气理论概述及现代研究进展；程豪、易丹辉、胡镜清等(2017)根据中医宗气的内涵，构建测量中医宗气的指标体系，并提出一种综合变量构建方法；程豪和易丹辉(2019)从心率、血氧、体温和呼吸的角度，将分位回归偏最小二乘算法应用于体现中医宗气的二阶因子模型；邵牛和包素珍(2021)以中医理论和经典文献为基础，参考临床常见节律失调相关疾病的病因病机、症状表现和治疗现状，通过梳理宗气的生理特性和功能特点，阐释宗气与生命节律的调控关系；于广莹和刘维(2021)探讨中医药治疗硬皮病合并肺间质病变的发病机制及治疗原则，将该病进程归纳为"宗气亏虚、宗气痹阻、宗气下陷"；陈波和肖斌(2021)从宗气理论出发，探讨临床镇痛镇静治疗在贯心脉、行呼吸、动胃肠等方面的作用，阐明镇痛镇静与宗气之间的相关性，在治疗过程中注意调补宗气以降低镇痛镇静并发症；侯晓凤、任明、张翔宇等(2022)总结徐宗佩教授运用宗气理论指导冠心病心绞痛的诊疗经验，发现宗气理论指导冠心病心绞痛的辨证治疗具有可行性，而且理论清晰、辨证准确、用药方便、疗效良好；赵玉珂和陆峰(2022)研究了宗气理论在慢性心力衰竭治疗中的指导意义，阐释了宗气的产生、分布、功能及宗气失调的表现、临床应用等内容；Cheng(2022)针对一阶和高阶因子模型，提出了一组基于分位数的偏最小二乘估计算法。

第 6 章 面向医学数据的互联网统计方法与案例

中医宗气诊断通常需要根据多个具体症状指标综合判断。具体来说,需要分别从心肺、脾胃和肾脏这三个方面加以测度。其中,紫绀、咳嗽、气短、胸闷、胸痛、大便干燥、咳痰、头晕、目眩、面色白、面色暗、语声低微、懒言、心慌、自汗、神疲、乏力、失眠反映的是心肺;消瘦、纳差、腹痛、腹胀、大便稀薄反映的是脾胃;水肿、畏寒、口渴、饮水、四肢逆冷、小便量少、小便不畅反映的是肾脏。需要从心肺、脾胃和肾脏这三个方面的 30 个具体症状指标综合评价中医宗气综合变量。

综上所述,科学、合理地构建中医宗气综合变量显得尤为重要。首先需要给出中医宗气综合变量的定义,即将多个与宗气相关的指标按照一定的统计方式结合为一个综合评价指标,用于判断患者是否存在宗气不足。中医宗气综合变量既要围绕综合评价目的,又要反映综合评价问题的各个方面。在实际医学研究中,人们往往采用量表测度患者的感受,中医的症状表现亦多采用量表加以量化。量表的测量结果在条目相互独立时,可以将各条目得分直接加总或先赋予不同条目不同权重再加总。这是一种简单、常用的中医宗气综合变量构建方法。但是,如果条目间不相互独立,那么无法使用该方法。

本案例选择基于分位数的二阶因子模型作为中医宗气综合变量构建与测算的统计方法,该方法在构建中医宗气综合变量时不要求独立性假定,根据数据特点客观计算不同指标的权重,具有一定参考价值。

6.2.2 基于分位数的二阶因子模型与 ROC 曲线的基本原理

二阶因子模型是表达不可直接观测的潜变量和可直接观测的可测变量间关系的一类模型。与经典的结构方程模型不同,二阶因子模型中的潜变量间存在不同层级的关系,即一阶因子和二阶因子间关系。通常,二阶因子用于表示综合变量,一阶因子用于表示综合变量的不同方面。二阶因子模型可以表示为

$$x_{jh} = \lambda_{jh}\xi_j + \varepsilon_{jh}$$

$$\xi_j = \beta_j \eta + \delta_j$$

其中,第一个式子为测量模型,第二个式子为结构模型;测量模型反映了可测变量 x_{jh} 与一阶因子 ξ_j 间的关系,λ_{jh} 是载荷系数,表示一阶因子 ξ_j 对可测变量 x_{jh} 的影响;结构模型反映了一阶因子 ξ_j 与二阶因子 η 间的关系,β_j 是路径系数,表示二阶因子 η 对一阶因子 ξ_j 的影响,ε_{jh} 和 δ_j 为测量误差。相应地,30 个具体症状指标就是二阶因子模型中的可测变量,心肺、脾胃和肾脏是潜变量(一阶因子),中医宗气作为更高一阶的潜变量(二阶因子),综合反映了其他三个低阶潜变量的表现。中医宗气与心肺、脾胃、肾脏之间的关系可以用结构模型表示。

互联网统计学：方法与应用

基于分位数的二阶因子模型是在二阶因子模型基础上发展而来的，将路径系数和载荷系数转化为分位数的函数，模型形式如下：

$$Q_\tau(x_{jh}) = \lambda_{jh,\tau} \xi_j$$

$$Q_\tau(\xi_j) = \beta_{j,\tau} \eta$$

其中，$Q_\tau(x_{jh}) = \lambda_{jh,\tau} \xi_j$ 为测量模型，$Q_\tau(\xi_j) = \beta_{j,\tau} \eta$ 为结构模型。不难发现，路径系数和载荷系数均转化为分位数 τ 的函数。模型中未展示随机误差项是因为 $Q(\varepsilon_{jh,\tau}) = 0$ 和 $Q(\delta_{j,\tau}) = 0$。中医宗气综合变量的理想概念模型如图 6.14 所示。

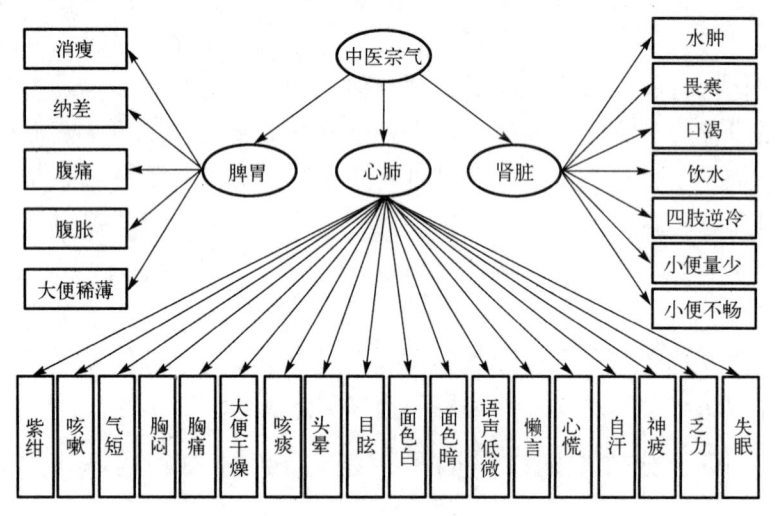

图 6.14 中医宗气综合变量的理想概念模型

对于传统的二阶因子模型，偏最小二乘估计算法的迭代过程如下：

(1) 初始化外部权重。

(2) 外部估计。对于第 I 次迭代，完成一阶因子和二阶因子的外部估计。

(3) 内部估计。对于第 I 次迭代，计算内生权重，完成一阶因子和二阶因子的内部估计。

(4) 更新权重估计。确定可测变量权重需要根据测量模型是反映型模型还是构成型模型选择计算方式。其中，各个可测变量都反映了对应的潜变量，潜变量指向可测变量的这类测量模型称为反映型模型，可测变量指向潜变量的这类测量模型称为构成型模型。

重复上述迭代过程直至收敛。常用的收敛判断标准为在有限迭代次数范围内相邻两次的权重估计值相差小于 10^{-5}。

针对基于分位数的二阶因子模型，上述偏最小二乘估计算法已无法估计不同分位数下的载荷系数与路径系数。在这种情况下，就需要借助分位数回归估计的思想改进偏最小二乘估计算法，核心在于权重更新部分的改进。首先设定一组分

第 6 章 面向医学数据的互联网统计方法与案例

位数 τ，然后按照分位回归的参数估计方法，估计潜变量与可测变量间的外部权重，估计二阶因子和一阶因子间的外部权重。

延展阅读

从模型结构上看，二阶因子模型（见图 6.15）与结构方程模型（见图 6.16）的不同之处主要是表示潜变量间关系的结构模型部分，其中，圆圈表示不可直接观测的潜变量，方框表示可直接观测的可测变量。

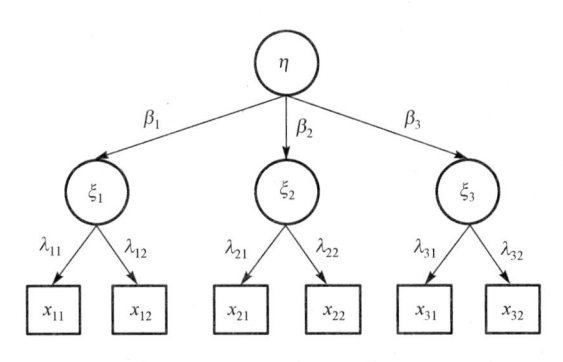

图 6.15 二阶因子模型

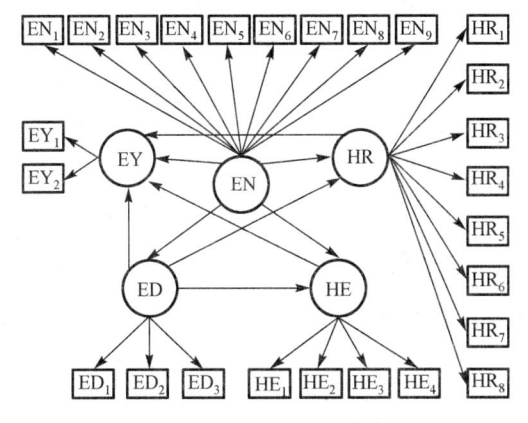

图 6.16 结构方程模型

显然，图 6.15 中的潜变量间存在"阶级"关系，最高层潜变量（二阶因子）"统筹"下一层潜变量（一阶因子），之所以出现"阶级"关系，是因为一阶因子间相互独立，没有直接关系。图 6.16 则不同，出现了潜变量间相互交织的结构关系，不存在"阶级"关系。

根据二阶因子得分，可以绘制接收者操作特性（Receiver Operating Characteristic，ROC）曲线。ROC 曲线是以真阴性率（特异度）为横坐标轴，以真阳性率(灵敏度)为纵坐标轴所组成的坐标图。灵敏度可以理解为实际患有宗气不足且按该筛检试验的标准被正确地判断为宗气不足的百分比,它反映了筛检试验发现宗气不足患者的能力。特异度可以理解为实际没有宗气不足且根据筛检试验被判断为没有宗气不足的百分比。不难理解,ROC曲线越靠近左上方,实际患有宗气不足且按该筛检试验的标准被正确地判断为宗气不足的百分比越大,也就是基于分位数的二阶因子模型估计得到的中医宗气综合变量得分对于判断患者是否宗气不足的分类越准确。相反,ROC曲线越靠近右下方,分类越不准确。

为了更好地通过ROC曲线来定量表述基于分位数的二阶因子模型在中医宗气综合变量计算方面的诊断效果,可以计算ROC曲线下面积(Area Under Curve,AUC),即由ROC曲线和右下方坐标轴围成的面积。AUC越大,基于分位数的二阶因子模型在中医宗气综合变量计算方面的诊断准确性越高;AUC越小,基于分位数的二阶因子模型在中医宗气综合变量计算方面的诊断准确性越低。

延展阅读

二阶因子模型充分考虑了变量间的相关关系,建立潜变量间及其与可测变量间的关系能够较为客观地反映实际数据,并具有较好的解释性,因此得到了较广泛的应用。偏最小二乘估计算法作为一种估计方法,对数据的分布没有特别严格的要求,即可测变量无须满足服从多元正态分布且相互之间独立的苛刻条件,在完成参数估计的同时,还可以计算得到因子的得分,方便用于综合评价和排名。不难发现,二阶因子模型具有"可测变量汇总成为一阶因子、一阶因子再汇总成为二阶因子"的结构特点。不同于普通的结构方程模型,偏最小二乘-二阶因子模型根据估计过程中可测变量的分配方式,还可以细分为重复指标(Repeated Indicators,RI)法、两阶段(Two-Step,TS)法和混合法(Hybrid Approach,HA)。三种方法的具体解释与内容比较如表6.8所示。

表6.8 三种方法的具体解释与内容比较

方法	可测变量的分配方式	不足
重复指标法	将分配到低阶潜变量上的所有可测变量再全部重新分配到高阶潜变量上	参数估计可能存在有偏性
两阶段法	计算各个低阶潜变量所含的可测变量的主成分并作为低阶潜变量的取值,根据结构模型和低阶潜变量的取值完成估计	在计算低阶潜变量的得分时,没有考虑高阶潜变量
混合法	随机将一半可测变量分配给它们所反映的低阶潜变量,其余的分配给高阶潜变量	分配的随机性会导致不同的估计结果

6.2.3 软件操作

受数据保密性限制,本案例通过R软件生成模拟数据。30个变量代表30个

第 6 章　面向医学数据的互联网统计方法与案例

症状得分。生成一个表示宗气是否不足的变量，其中，1 表示宗气不足，0 表示宗气足。样本量为 100，数据文件名称为 ch6_zongqi.csv。

延展阅读

关于 30 个症状指标数据的生成机制，若严格按照中国中医科学院《中医宗气评估调查表》的量表数据，根据取值特征，设计这 30 个变量为分类型变量，受访者根据最近 4 周的实际情况，评分为 1~5，分别表示该症状从轻到重的程度，含义为第 1 级、第 2 级、第 3 级、第 4 级和第 5 级。第 1 级表示症状最轻，第 5 级表示症状最重。例如，紫绀分为没有、轻度、中度、较重、严重 5 个等级。

生成 30 个症状指标数据的 R 软件代码如下：

```
n=100
#样本量为 100
DATA=NULL
#定义 30 个变量的数据集名称及空间
for (i in 1:30)
#通过 for 循环生成 30 个变量
{
    x=ordered(sample(c(1:5),n,replace=TRUE,p=c(0.1,0.5,0.15,0.15,0.1)))
    #每个变量的取值为 1~5，各个取值的概率为 p，例如，0.1 表示每个变量取值为 1 的概率
    DATA=cbind(DATA,x)
    #每次生成的变量按列排列，形成 100 行、30 列的数据集
}
```

30 个症状指标数据选择服从正态分布是因为基于分位数的二阶因子模型在估计时借鉴了分位数回归估计方法，主要考虑变量是连续型变量的情况，变量数较多（如本案例中为 30）且均为分类型变量，不是基于分位数的二阶因子模型的最佳适用场景。综合考虑，本案例生成症状指标数据的 R 软件代码如下：

```
n=100
#样本量为 100
DATA=NULL
#定义 30 个变量的数据集名称及空间
for (i in 1:30)
#通过 for 循环生成 30 个变量
{
    x=rnorm(n,5,1)
#每个变量服从均值为 5、标准差为 1 的正态分布
    DATA=cbind(DATA,x)
#每次生成的变量按列排列，形成 100 行、30 列的数据集
```

互联网统计学：方法与应用

```
}
zongqi=ordered(sample(c(0:1),n,replace=TRUE,p=c(0.7,0.3)))
#生成一个表示宗气是否不足的变量。根据实际情况，少数人宗气不足，因此宗气
不足(取值为1)的概率设置为0.3，宗气足(取值为0)的概率设置为0.7
Zongqi=cbind(zongqi,DATA)
colnames(Zongqi)=c("zongqi", "X11", "X12", "X13", "X14", "X15",
"X21", "X22", "X23", "X24", "X25", "X26", "X27", "X28", "X29", "X210",
"X211", "X212", "X213", "X214", "X215", "X216", "X217", "X218", "X31",
"X32", "X33", "X34", "X35", "X36", "X37")
write.csv(Zongqi,"D:\\ch6_zongqi.csv")
#保存数据文件，文件名为ch6_zongqi.csv
```

在生成数据后，通过 R 软件包 qcpm 估计基于分位数的二阶因子模型。本案例采用混合法将 30 个可测变量分配给二阶因子和 3 个一阶因子。R 软件的相关代码如下：

```
library(qcpm)
#加载软件包
data=read.csv("D:\\ch6_zongqi.csv")
#读入数据
zongqi=data[,-c(1:2)]
#根据可测变量的分配方式可知，第1个一阶因子包括5个可测变量，第2个一阶
因子包括18个可测变量，第3个一阶因子包括7个可测变量
I1=sample(1:5,2,replace=F)
#随机抽取第1个一阶因子中可测变量所在列数
I2=sample(6:23,9,replace=F)
#随机抽取第2个一阶因子中可测变量所在列数
I3=sample(24:30,3,replace=F)
#随机抽取第3个一阶因子中可测变量所在列数
colnames(zongqi[,c(I1,I2,I3)])
#分配给二阶因子的可测变量
#[1] "X14" "X12" "X29" "X21" "X215" "X212" "X217" "X214" "X26"
"X213" "X211" "X34" "X33" "X31"
colnames(zongqi[,-c(I1,6:30)])
#分配给第1个一阶因子的可测变量
#[1] "X11" "X13" "X15"
colnames(zongqi[,-c(I2,1:5,24:30)])
#分配给第2个一阶因子的可测变量
#[1] "X22" "X23" "X24" "X25" "X27" "X28" "X210" "X216" "X218"
colnames(zongqi[,-c(I3,1:23)])
#分配给第3个一阶因子的可测变量
#[1] "X32" "X35" "X36" "X37"
```

完成可测变量的分配后，需要根据中医宗气综合变量显示结构模型和反映型测量模型中潜变量与可测变量间的关系，R 软件的具体代码如下：

第 6 章　面向医学数据的互联网统计方法与案例

```
model <- "
#结构模型
xi1~eta
xi2~eta
xi3~eta

#反映型测量模型
xi1 =~X11+X13+X15
xi2 =~X22+X23+X24+X25+X27+X28+X210+X216+X218
xi3 =~X32+X35+X36+X37
eta =~X14+X12+X29+X21+X215+X212+X217+X214+X26+X213+X211+X34+X33+X31
"
```

通过下面 R 软件代码估计基于分位数的二阶因子模型中的路径系数、载荷系数及因子得分。

```
well_qcpm <- qcpm(model,data=zongqi, tau=c(0.1,0.25,0.5, 0.75, 0.9))
#估计分位数为 0.10、0.25、0.50、0.75 和 0.90 的模型
summary(well_qcpm)
#汇总模型估计结果
well_qcpm$latent.scores
#模型因子得分，先是二阶因子得分，后是 3 个一阶因子得分
well_qcpm$outer.loadings
#模型载荷系数的估计值
well_qcpm$path.coefficients
#模型路径系数的估计值
write.csv(well_qcpm$latent.scores,"D:\\latent.scores.csv")
#保存因子得分
write.csv(well_qcpm$outer.loadings,"D:\\loadings.csv")
#保存载荷系数
write.csv(well_qcpm$path.coefficients,"D:\\path.csv")
#保存路径系数
```

基于分位数的二阶因子模型估计的路径系数可以表示中医宗气(η)与脾胃(ξ_1)、心肺(ξ_2)、肾脏(ξ_3)间的数值关系，中医宗气综合变量模型的路径如图 6.17 所示。受篇幅所限，此处仅展示分位数为 0.25、0.50 和 0.75 时的参数估计结果。

研究表明，无论在何种分位数水平下，二阶因子中医宗气与一阶因子心肺间均存在正向关系，且在路径系数方面均大于二阶因子中医宗气与其他一阶因子肾脏和脾胃间路径系数的绝对值。在中医宗气的评估上，心肺的效应最大(路径系数分别为 0.533、0.404 和 0.552)，肾脏和脾胃的效应次之。而且分位数为 0.25 时，

脾胃对中医宗气评估的效应为负（路径系数为-0.281），而分位数为0.50和0.75时，肾脏对中医宗气评估的效应为负（路径系数分别为-0.363和-0.174）。表6.9所示为不同分位数水平下载荷系数的估计值。由于本案例采用的是模拟数据，所以不代表实际医学结论，仅用于解释不同分位数水平下的路径系数。

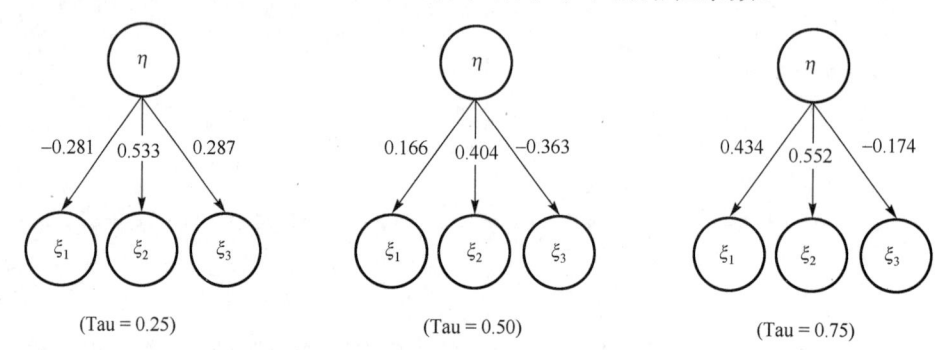

图6.17 中医宗气综合变量模型的路径

表6.9 不同分位数水平下载荷系数的估计值

载荷系数	0.25	0.50	0.75	载荷系数	0.25	0.50	0.75	载荷系数	0.25	0.50	0.75
eta-X14	0.052	0.434	0.304	eta-X211	-0.326	-0.184	-0.339	xi2-X25	0.494	-0.004	0.017
eta-X12	-0.679	-0.562	-0.472	eta-X34	-0.189	-0.174	-0.589	xi2-X27	-0.176	-0.572	-0.442
eta-X29	0.023	-0.193	-0.208	eta-X33	0.308	0.557	0.371	xi2-X28	-0.334	-0.092	0.281
eta-X21	-0.486	-0.436	-0.546	eta-X31	-0.284	0.291	0.053	xi2-X210	-0.720	-0.653	-0.923
eta-X215	0.396	-0.039	-0.255	xi1-X11	0.536	-0.759	-0.625	xi2-X216	0.469	0.114	0.100
eta-X212	-0.115	-0.339	-0.083	xi1-X13	0.613	-0.271	0.471	xi2-X218	-0.104	0.160	0.234
eta-X217	-0.142	0.063	-0.215	xi1-X15	-0.764	0.828	0.772	xi3-X32	-0.313	0.404	0.300
eta-X214	-0.473	-0.036	-0.291	xi2-X22	-0.152	-0.025	0.030	xi3-X35	-0.001	0.789	-0.060
eta-X26	-0.271	0.132	0.066	xi2-X23	-0.285	-0.226	0.027	xi3-X36	-0.049	0.221	-0.324
eta-X213	-0.377	-0.207	-0.360	xi2-X24	-0.343	-0.606	-0.462	xi3-X37	0.956	-0.411	-0.967

除路径系数和载荷系数外，因子得分作为重要的估计结果之一，可以用于绘制ROC曲线，并计算AUC值，以评价中医宗气综合变量的区分度和分类准确性。具体R软件代码如下：

```
library(pROC)
#加载软件包
par(mfrow=c(1,3))
#因展示3个分位数，所以这里设置3个图的排列方式为1行3列
plot.roc(data[,2], well_qcpm$latent.scores$`0.25`[,1], col="1")
#绘制分位数为0.25的ROC曲线
```

第 6 章 面向医学数据的互联网统计方法与案例

```
rocauc1<- roc(data[,2], well_qcpm$latent.scores$`0.25`[,1])
#计算分位数为 0.25 的 AUC 值
legend(0.5,0.3,paste("AUC-Tau0.25:",round(auc(rocauc1),3),sep=""))
#在横坐标为 0.5，纵坐标为 0.3 的位置，标注 AUC 值
plot.roc(data[,2], well_qcpm$latent.scores$`0.5`[,1],col='2')
#绘制分位数为 0.50 的 ROC 曲线
rocauc2 <- roc(data[,2], well_qcpm$latent.scores$`0.5`[,1])
#计算分位数为 0.50 的 AUC 值
legend(0.5,0.3,paste("AUC-Tau0.50:",round(auc(rocauc2),3),sep=""))
#在横坐标为 0.5，纵坐标为 0.3 的位置，标注 AUC 值
plot.roc(data[,2], well_qcpm$latent.scores$`0.75`[,1],col='3')
#绘制分位数为 0.75 的 ROC 曲线
rocauc3 <- roc(data[,2], well_qcpm$latent.scores$`0.75`[,1])
#计算分位数为 0.75 的 AUC 值
legend(0.5,0.3,paste("AUC-Tau0.75:",round(auc(rocauc3),3),sep=""))
#在横坐标为 0.5，纵坐标为 0.3 的位置，标注 AUC 值
```

不同分位数水平下的 ROC 曲线如图 6.18 所示。需要说明的是，本案例的 ROC 曲线是基于模拟数据生成的，因此 AUC 值为 0.5 左右，其实际含义为随机判断是否宗气不足。在这种情况下，宗气不足和宗气足应各占 50%。因此，AUC 值为 0.5 代表随机判断，AUC 值为 1 代表理想模型。由图 6.18 可知，分位数为 0.25，0.50 和 0.75 时的 AUC 值分别为 0.540、0.522 和 0.483。

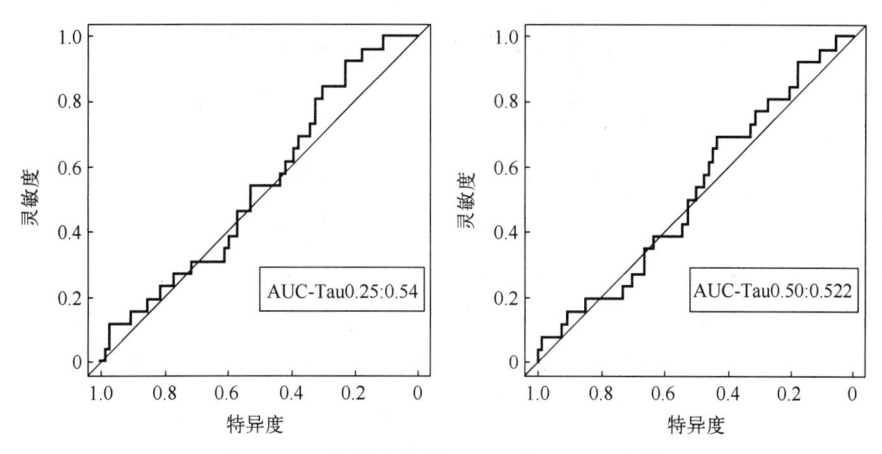

图 6.18 不同分位数水平下的 ROC 曲线

互联网统计学：方法与应用

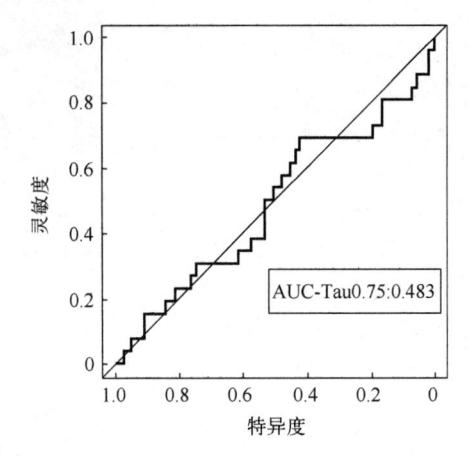

图 6.18　不同分位数水平下 ROC 曲线（续）

6.2.4　总结与讨论

一般来说，中医宗气理论复杂、其诊断往往需要考虑不同部位的功能表现。一方面，导致宗气不足的因素很多，需要根据患者情况具体分析；另一方面，判断宗气是否不足需要借助较多的工具和方法。在确保诊断正确性的前提下，通过高效的诊断工具提高中医宗气诊断效率，缓解医疗资源压力。经过中医宗气综合变量的构建及诊断的案例研究，不难发现，基于分位数的二阶因子模型与 ROC 曲线在解决实际问题中存在一定的应用价值，对该方法的评价主要概括为以下三个方面。

一是作为一种综合变量的构建方法，基于分位数的二阶因子模型满足全面性、目的性和可比性的基本原则，其所构建的综合变量在考虑所有量表条目、利用全部数据信息的基础上，全面反映了综合评价问题的各个方面，研究目的是清晰的，综合变量本身就是评价意图的体现。基于分位数的二阶因子模型对综合变量的构建结果是可比的，其参数估计完全基于真实数据，客观估计路径系数和载荷系数。尽管简单线性相加也满足全面性、目的性和可比性原则，但在层次性和科学性方面不足。

二是基于分位数的二阶因子模型突破了强独立性假定和主观赋权的局限。在构建过程中，基于分位数的二阶因子模型从客观数据出发，不必考虑数据是否具有异质性、是否存在异常点。在兼顾变量间相关关系的前提下，反映不同分位数下的数据全貌和结构关系，完整诠释了评估主题的多层次内涵。而且基于分位数的二阶因子模型可以计算得到综合变量得分，该得分可用于诊断或预测不同研究对象的所属类别。因此，作为一种新的分析工具，基于分位数的二阶因子模型为评估中医宗气提供可能，在减轻诊治负担的同时，也节约了医疗资源，提高了医学研究效率。

第 6 章 面向医学数据的互联网统计方法与案例

三是基于分位数的二阶因子模型对于数据的连续性有一定要求,因为在本质上基于分位数的二阶因子模型是对传统二阶因子模型参数进行分位回归估计,而分位回归通常用于处理连续型变量。当数据为分类型变量时,基于分位数的二阶因子模型可能出现无法识别的问题。经尝试,当 30 个变量取值均为 1~5 的五分类时,该算法无法识别低分位数水平下的模型参数估计。与传统二阶因子模型相比,基于分位数的二阶因子模型对数据的连续性具有更高要求。但是,基于分位数的二阶因子模型的使用范围和推广价值仍然较大,尤其在大数据时代,该模型在分级、分类刻画不同分位数水平下的综合变量内部结构变化上具有非常重要的意义。

启发视窗

在绘制 ROC 曲线时,也可以将不同分位数水平下的曲线绘制在一张图上,具体代码如下所示。本案例之所以没有选择这种方式是因为 ROC 曲线基本都在对角线周围,将 3 条 ROC 曲线放在一张图上会出现曲线重叠的现象。

```
library(pROC)
#加载软件包
par(mfrow=c(1,3))
#因展示 3 个分位数,所以这里将 3 个图的排列方式设置为 1 行 3 列
plot.roc(data[,2], well_qcpm$latent.scores$`0.25`[,1],col="1")
#绘制分位数为 0.25 的 ROC 曲线
rocauc1<- roc(data[,2], well_qcpm$latent.scores$`0.25`[,1])
#计算分位数为 0.25 的 AUC 值
legend(0.5,0.3,paste("AUC-Tau0.25:",round(auc(rocauc1),3),sep=""))
#在横坐标为 0.5、纵坐标为 0.3 的位置,标注 AUC 值
lines.roc(data[,2], well_qcpm$latent.scores$`0.5`[,1],col='2')
#分位数为 0.5 时的 ROC 曲线
rocauc2 <- roc(data[,2], well_qcpm$latent.scores$`0.5`[,1])
#计算分位数为 0.5 的 AUC 值
legend(0.5,0.3,paste("AUC-Tau0.50:",round(auc(rocauc2),3),sep=""))
#在横坐标为 0.5、纵坐标为 0.3 的位置,标注 AUC 值
lines.roc(data[,2], well_qcpm$latent.scores$`0.75`[,1],col='3')
#分位数为 0.75 时的 ROC 曲线
rocauc3 <- roc(data[,2], well_qcpm$latent.scores$`0.75`[,1])
#计算分位数为 0.75 的 AUC 值
```

```
legend(0.5,0.3,paste("AUC-Tau0.75:",round(auc(rocauc3),3),sep
=""))
#在横坐标为 0.5、纵坐标为 0.3 的位置,标注 AUC 值
```

思考与练习

1. 基于分位数的二阶因子模型属于客观赋权法,请检索和研读文献,比较现有的主观赋权法和客观赋权法。

2. 回忆第 2 章中用到的分位回归模型、第 4 章中用到的结构方程模型和偏最小二乘估计算法,与本案例中的基于分位数的二阶因子模型有何联系和不同?

3. 根据 ROC 曲线的最佳阈值(即 AUC 值),按照"中医宗气综合变量取值大于最佳阈值时取 1,小于最佳阈值时取 0"的方式可以构造不同分位数下的混淆矩阵(见表 6.10),请在表中标注字母处填写。

表 6.10 混淆矩阵

分位数	真实情况		中医宗气综合变量得分		合计
			是	否	
0.25	是否宗气不足	是	26	A1	D1
		否	74	B1	E1
	合计		100	C1	F1
0.50	是否宗气不足	是	26	A2	D2
		否	74	B2	E2
	合计		100	C2	F2
0.75	是否宗气不足	是	26	A3	D3
		否	74	B3	E3
	合计		100	C3	F3

4. 在偏最小二乘估计算法的非参数检验方法中,Boostrap 最常用。请用 R 软件实现基于分位数的二阶因子模型参数估计的模型评价和基于 Boostrap 的非参数检验,具体代码如下。

```
well_assessment <- assessment(well_qcpm)
names(well_assessment)
well_assessment$pseudo.R2
well_assessment$Redundancy
well_assessment$Block_Redundancy
well_assessment$Communality
well_assessment$Block_Communality
well_boot=boot(well_qcpm)
well_boot$boot.loadings
well_boot$boot.path
```

参 考 文 献

[1] 刘军. 社会网络分析导论[M]. 北京：社会科学文献出版社，2004.

[2] 林聚任. 社会网络分析：理论、方法与应用[M]. 北京：北京师范大学出版社，2009.

[3] AGGARWAL C C. Social Network Data Analytics[M]. Berlin: Springer, 2011.

[4] 彭小川，毛晓丹. BBS群体特征的社会网络分析[J]. 青年研究，2004，（4）：39-44.

[5] 王霄宁. 基于社会网络分析的产业集群定量化模型[J]. 统计与决策，2005，（6）：43-45.

[6] 张树人，刘颖，陈禹. 社会网络分析在组织管理中的应用[J]. 中国人民大学学报，2006，(3)：74-80.

[7] 付相君，彭颖红. 社会网络分析促进组织结构及其知识流优化[J]. 计算机集成制造系统，2007，（11）：2169-2177.

[8] 吴晓伟，刘仲英，李丹. 竞争情报研究的创新途径：基于社会网络分析的观点[J]. 情报学报，2008，（2）：295-301.

[9] 胡海波，王科，徐玲. 基于复杂网络理论的在线社会网络分析[J]. 复杂系统与复杂性科学，2008，（2），1-14.

[10] 周春光，曲鹏程，王曦. DSNE：一个新的动态社会网络分析算法[J]. 吉林大学学报，2008，38(2)：408-413.

[11] 陈琼，李辉辉，肖南峰. 基于节点动态属性相似性的社会网络社区推荐算法[J]. 计算机应用，2010，30(5)：1268-1272.

[12] 杨艳春，孟祥武. 基于关键词的对等网络节点群相似性度量模型研究[J]. 武汉大学学报（理学版），2011，57(6)：489-493.

[13] 程豪，吕晓玲，钟琰，等. 大数据背景下智能手机App组合推荐研究[J]. 统计与信息论坛，2016，31(6)：86-91.

[14] 程豪，易丹辉. 社会网络分析视角下复杂网络结构关系的综合测度[J]. 统计与决策，2017，(7)：14-17.

[15] 程豪，易丹辉，牟宗毅. 基于社会网络分析的指标群划分及群间关系研究[J]. 世界科学技术-中医药现代化，2018，20(4)：505-513.

[16] 杨燕，胡镜清，彭锦，等. 宗气理论概述及现代研究进展[J]. 世界科学技术-中医药现代化，2014，（11）：2435-2439.

[17] 程豪，易丹辉，胡镜清，等. 一种综合变量构建方法的探讨[J]. 统计与决策，2017，(3)：21-23.

[18] 程豪，易丹辉. 基于分位回归的偏最小二乘算法的应用[J]. 统计与决策，2019，35(02)：19-21.

[19] 邵牛,包素珍.宗气与生命节律的调控[J].中国中医基础医学杂志,2021,27(10): 1543-1544+1548.

[20] 于广莹,刘维.从宗气理论探治硬皮病合并肺间质病变[J].光明中医,2021,36(19): 3233-3236.

[21] 陈波,肖斌.基于宗气理论探讨重症镇痛镇静治疗[J].中国中医急症,2021,30(10): 1761-1763.

[22] 侯晓凤,任明,张翔宇,等.徐宗佩教授运用宗气理论指导冠心病心绞痛诊疗经验[J].中西医结合心脑血管病杂志,2022,20(01):190-192.

[23] 赵玉珂,陆峰.宗气理论在慢性心力衰竭治疗中的指导意义[J].辽宁中医药大学学报,2022,24(11):211-214.

[24] CHENG H. A Class of New Partial Least Square Algorithms for First and Higher Order Models [J]. *Communications in Statistics - Simulation and Computation*, 2022, 51(8): 4349-4371.